쉽고 재미있는 스페인어

El Español fácil e interesante

Gramática y Diálogo

장선영 지음

신아사

다시 드리는 인사

제가 스페인어를 전공으로 삼은 지가 어언간 반세기가 넘었습니다. 그리고 이 『쉽고 재미있는 스페인어』가 햇빛을 본 지도 벌써 30년이 훨씬 지났습니다. 요새는 스페인어에 관한 좋은 책들이 많이 나와 있지만, 이 책을 처음 만들 때만 해도, 스페인어 학습서가 많지 않아 스페인어 애호가들로부터 이 책은 독보적인 존재로서 많은 사랑을 받았습니다. 그 이유는 다음의 조건들에 충실했기 때문입니다.

1. 문법에 대해 까다롭고 복잡한 설명을 피함으로써 스페인어에 대한 초보자들의 흥미를 계속 유지토록 하였다.

2. 배운 문법을 실생활에 그대로 적용할 수 있게끔 모든 문장들을 처음부터 끝까지 대화체로 하였다. 그리고 대화의 내용도 가장 잘 통용되는 일상용어들로 꾸몄다.

3. 연습문제는 시험문제와 똑같이 가장 틀리기 쉬운 것들만 골라서 해답까지 곁들여 내놓았다.

4. 대화에 대한 해석은 연습문제의 해석편(Traducción)을 보면 알 수 있게 해놓았다.

5. 책 체목이 말해 주듯이 초보자들이 쉽고 문법적으로 틀리지 않는 스페인어를 익힐 수 있도록 책의 내용을 꾸며놓았다.

그러나 독자들에게 불편을 주는 조건들도 없지 않아 있었습니다. 그 중에서도 한자(漢子)가 너무 많아 젊은 세대들이 너무 고통스러웠다는 점이었습니다. 이 책을 통해 한문을 배우자는 건 아니잖습니까? 그래서 이번 기회에 아예 한자들을 인정사정없이 모두 한글로 표기하였습니다. 이 책으로 공부하면 스페인어에 대한 여러분의 시야가 확 트일 것으로 생각됩니다. 많이 애용해주시기 바랍니다.

2011년 1월 1일 장선영 올림

쉽고 재미있는 스페인어

차 례

1. 알파베또 Alfabeto español o abecedario

스페인어도 영어나 또는 프랑스어와 마찬가지로 로마문자를 사용한다. 인쇄체나 필기체나 또는 대문자나 소문자나 그 사용방식은 영어와 같으나 한 가지 다른 점은 자모수가 30개로 되어 있다는 것이다. 그 명칭은 아래와 같다.

a	아 [a]	n	에-네	[´ene]
b	베 [be]	ñ	에-녜	[´eɲe]
c	세 [θe]	o	오	[o]
ch	체 [tʃe]	p	빼	[pe]
d	데 [de]	q	꾸	[ku]
e	에 [e]	r	에-레	[´ere]
f	에-훼 [efe]	rr	에ㄹㄹ에	[´ɛrɛ]
g	헤 [xe]	s	에-세	[´ese]
h	아-체 [´atʃe]	t	떼	[te]
i	이 [i]	u	우	[u]
j	호-따 [´xota]	v	베	[be] 또는 [´ube]
k	까 [ka]	w	베-도블레	[be´doble]
l	엘-레 [´ele]	x	에-끼스	[e´kis]
ll	에이예 [eʎe]	y	이그리에가	[i´grjega]
m	에-메 [´eme]	z	쎄-따	[´ceta]

ch, ll, ñ, rr는 모두 독립된 별개의 문자들이다. rr는 단어 첫머리에 나오는 법이 없으므로 대문자로 쓰는 일이 없다. k와 w는 외래문자이므로 외래어일 때나 표기된다. ñ의 ~는 파형부호로서 tilde '띨데'라고 부른다.

2. 발음 Pronunciación

스페인어는 영어나 프랑스어보다 발음하는 것이 무척 쉽다. 그대로 읽으면 되니까 말이다. 예를 들면 name라는 단어를 영어로는 '네임'이라고 발음하지만 스페인어로는 글자 그대로 '나메'라고 발음하면 된다. Coca cola도 '꼬까 꼴라'라고 발음하고 banana도 '바나나'라고 발음한다. 그러니까 어물쩍하게 넘어가는 것이 없고 곧이곧대로 발음하는 것이 스페인어의 매력이다. 영어와 조금 다른 것이 있다면 ca, ta, pa를 '카', '타', '파'라고 하지 않고, '까', '따', '빠'라고 발음해야 된다는 점이다.

✔ 그러나 약간의 예외는 있다.

1. g는 다음에 i와 e가 오면 '히'(gi), '헤'(ge)라고 발음한다. ga나 go나 gu는 '가', '고', '구'로 발음함은 물론이다.
2. c는 다음에 i와 e가 오면 '씨'(ci), '쎄'(ce)라고 발음한다. 그러니까 ca, co, cu가 '까', '꼬', '꾸'로 발음됨은 물론이다.
3. j는 ji, je, jo, ja, ju를 '히', '헤', '호', '하', '후'라고 발음하는데 아주 강하게 발음해야 한다.
4. ñ는 '냐'(ña) '뇨'(ño)라고 발음한다.
5. ll는 '야'(lla) '요'(llo)로 발음한다.
6. ch는 '챠'(cha) '쵸'(cho)로 발음한다.
7. h는 어떠한 경우에도 발음되지 않는다. 즉 무성음이다. 그러니까 '아'(ha), '오'(ho)로 발음된다.
8. b와 v는 발음상 차이가 없다.
9. z는 za '사', zo '소', ze(세) 등으로 발음한다.

3. 악센트 Acento

악센트는 끝머리가 모음이나 n, s로 되어 있는 낱말에서는 끝에서부터 두 번째 음절 위에 있고, 그 밖에 어미가 자음으로 끝나는 낱말은 마지막 음절에 있다.

casa 까사
campos 깜뽀스
espa***ñol*** 에스빠뇰
am***or*** 아모르
s***a***len 살렌
entr***a***da 엔뜨라다
hospit***al*** 오스삐딸
Urugu***ay*** 우르과이

만약에 이런 원칙을 무시하고 악센트를 두는 경우에는 악센트 부호 (´)를 붙여 악센트의 위치를 밝힌다.

lápiz 라삐스　　entré 엔뜨레

그 밖에도 발음상 주의할 것과 악센트의 위치, 음절의 분해에 관해서 여러 가지 규정들이 있으나 앞으로 배워나가면서 점차적으로 익히도록 하자. 왜냐하면 초보자들이 너무 이런 문체에 구애되면 까딱하면 스페인어에 지레 겁부터 내기가 십상이기 때문이다. 가장 바람직한 것은 발음에 관해서만은 스페인어를 정식으로 배운 분에게 직접 배우는 것이다. 만약에 주위에서 그런 분을 발견 못할 시에는 저자에게 발음에 관해 문의해주기 바란다. (011-9031-4782).
*요즘에는 대문자일 경우 악센트 부호를 생략하는 추세에 있다.

4. 문법용어 Términos gramaticales

el adjetivo	형용사
~ demostrativo	지시~
~ posesivo	소유~
el adverbio	부사
el artículo	관사
definido	정
indefinido	부정
la cláusula	절
el comparativo	비교
el complemento	보어
la composición	작문
la concordancia	성·수 변화의 일치
la conjugación	동사 변화
la conjunción	접속사
el consonante	자음
la consonante	자음자
el diptongo	이중모음
el género	성
~ masculino	남성
~ femenino	여성
el gerundio	현재분사
el infinitivo	부정사
la interjección	간투사
la interrogación	의문
el modo indicativo	직설법
el nombre	명사
el número	수
~singular	단수
~plural	복수
el participio pasado	과거분사
la persona	인칭

primera~	1인칭
segunda~	2인칭
tercera~	3인칭
la preposición	전치사
el pronombre	대명사
la pronunciación	발음
el acento	악센트
la sílaba	음절
el sujeto	주어
el superlativo absoluto	절대최상급
el tiempo	시제
futuro	미래
presente	현재
pretérito	과거
el triptongo	삼중모음
el verbo	동사
~ auxiliar	조동사
~ intransitivo	자동사
~ transitivo	타동사
~ irregular	불규칙 동사
~ reflexivo	재귀 동사
~ regular	규칙 동사
la vocal	모음
la voz activa	능동태
la voz pasiva	수동태

5. 구두점 Signos de puntuación

,	coma	( )	paréntesis
;	punto y coma	« »	comillas
:	dos puntos	´	acento escrito
.	punto final	¨	diéresis
…	puntos suspensivos	~	tilde
¿?	signos de interrogación	-	guión
¡!	signos de admiración	—	raya

6. 교실용어 Frases para la clase

Voy a pasar la lista. 출석을 부르겠습니다.
Presnete. 출석했습니다.
Ausente. 결석입니다.
¿Qué lección tenemos para hoy? 오늘 배울 과목이 뭐지요?
¿En qué página empieza? 몇 페이지부터 시작하나요?
Abra Ud. el libro. 책을 펴세요.
Cierre Ud. el libro. 책을 덮으세요.
Lea Ud. en español. 스페인어로 읽으세요.
Traduzca Ud. al español. 스페인어로 해석하세요.
Pronuncie Ud. 발음해 보세요.
Basta. 됐습니다.
Escriba Ud. 쓰세요.
Siéntese Ud. 앉으세요.
Está bién. 좋습니다.
¿Quién quiere hacer una pregunta? 누가 질문하고 싶어 합니까?
Escuche Ud. bien. 잘 들으세요.
Ha sonado el timbre. 종이 울렸군요.
La clase ha terminado. 수업이 끝났습니다.
Hasta mañana. 내일 봅시다.

7. 성과 정관사 Género y artículo definido

명사는 남성과 여성으로 구분된다. 남성단수 정관사는 el이고 여성단수 정관사는 la이다.

el libro 책	la casa 집
el oro 금	la pluma 펜

위에서 보듯이 어미가 o로 끝나는 것은 남성이고 어미가 a로 끝나는 것은 여성이다. 그러나 문제는 모든 명사들이 이러한 규정을 따르지 않는다는데 있다. 그러니까 남성인지 여성인지 알기 위해서는 사전을 찾아보는 것이 제일 좋다. 그러나 다음과 같은 요령을 알면 성을 구별하는데 무척 도움이 된다.

a, d, z, ie, umbre, ción, tión, xión으로 끝나는 단어는 여성이고, o를 비롯해서 그 나머지는 남성이라고 생각하면 대체적으로 무난하다.

여성	남성
casa 집	diccionario 사전
ciudad 도시	sol 태양
nariz 코	cupón 쿠폰
superficie 표면	parque 공원
cumbre 꼭대기	olor 냄새
acción 행동	bigote 콧수염
ocasión 기회	papel 종이
cuestión 문제	crimen 범죄
conexión 연결	animal 동물

주의 그러나 mano(손)는 어미가 -o로 끝나지만 여성이고, día(날)는 어미가 -a로 끝나지만 남성이다. 이와 비슷한 것들이 많으니 초보자들은 끈기 있게 하나씩 하나씩 외어 나가기 바란다. 그리고 사람이나 동물에 관한 명사는 그 자연의 성(sexo)과 문법의 성(género)이 일치한다.

남성명사	여성명사
padre 아버지	madre 어머니
duque 공작	actriz 여배우
emperador 황제	emperatriz 여황제, 황후

8. 동사 - 직설법 현재 Verbo - presente de indicativo

스페인어에는 규칙동사와 불규칙동사가 있어서, 초보자들로 하여금 무척 애를 먹이게 한다. 왜냐하면 전부 외우지 않으면 안 되기 때문이다. 그러나 실제에 있어서는 그렇게 걱정하지 않아도 된다. 흔히 쓰이는 동사를 몇 개만 알아두면 되니까 말이다. 아무튼 인내심을 가지고 꾸준히 해나가면 스페인어 동사변화처럼 재미나고 쉬운 것도 없다 하겠다. 우선 어미가 -ar로 끝나는 규칙 동사를 하나 예로 들어 살펴보자.

✽Hablar(말하다)의 직설법 현재

habl까지는 어간이고 -ar는 어미이다. 규칙동사들은 이 어미만 변한다.

단수 1인칭	Yo habl***o***		나는 말한다.
단수 2인칭	Tú habl***as***		너는 말한다.
단수 3인칭	El habl***a***		그는 말한다.
	Ella habl***a***		그녀는 말한다.
	Ud. habl***a***		당신은 말한다.
복수 1인칭	Nosotros Nosotras	habl***amos***	우리들은 말한다.
복수 2인칭	Vosotros Vosotras	habláis	너희들은 말한다.
복수 3인칭	Ellos hablan		그들은 말한다.
	Ellas hablan		그녀들은 말한다.
	Uds. hablan		당신들은 말한다.

✔ Tú는 친구지간, 부부지간, 애인 간, 부모와 자식 간에 쓰이는, 극히 친한 뜻을 나타내는 2인칭이다. 그리고 usted는 경어로 쓰는 경우에 사용되는 인칭이다. 복수인 vosotros(또는 vosotras)나 ustedes도 이와 마찬가지인데, 요즈음 스페인어에서는 vosotros대신 ustedes를 사용하는 경향이 높다. 이유는 인격 존중 때문이라나. 그리고 남미 아르헨띠나 같은 나라에서는 tú대신에 vos를 많이 쓴다. Vos는 제 2인칭 대명사와 고어로서 우리나라 말의 '귀공'과 같은 뜻을 가지고 있다. 그러나 여기서는 vos를 취급하지 않기로 한다.

주의 Ud.와 Uds.는 usted과 ustedes의 약자이다. Nosotros와 vosotros는 남자들 또는 남녀들을 함께 가리키는 인칭대명사이고, nosotras와 vosotras는 여성들만을 가리키는 인칭대명사다. usted는 우스뗏, ustedes는 우스떼데스라고 발음한다.

9. 부정문 Oración negativa

부정문은 부정어 no를 동사 앞에 놓으면 된다.

Yo no hablo bien. 나는 말을 잘하지 못한다.

✻ Hablar 다음에 오는 명사는 정관사가 생략된다.
Hablo coreano. 나는 한국어를 말한다.

10. 의문문 Oración interrogativa

영어와 마찬가지로 주어가 동사 뒤에 놓인다. 특이한 현상은 의문부호가 문장 첫 머리와 후미에 각각 놓인다는 점이다. 그런데 첫 머리의 것은 거꾸로 놓이는 것이 보기에 재미있다.

¿Habla Ud. español? 당신은 스페인어를 말합니까?

DIALOGO

- Carlos, ¿habla usted español?
- Sí, señor. Yo hablo español, pero yo hablo mal.
- ¿Habla usted coreano también?
- Sí, señor. Yo hablo coreano también.
- ¿Habla Juan francés?
- No, señor. El no habla francés.
- ¿Habla usted alemán?
- Sí, señor. Yo hablo alemán.
- Muy bien, Hasta mañana.
- Hasta mañana.

❖ PRONUNCIACION

1. 다음 단어들의 음절 분류를 익히고 큰 소리로 읽어 보자. 대문자로 쓰인 부분은 악센트가 있는 곳이다.

MAL　　HAST-ta　　HA-bla　　PE-ro
se-ÑOR　　Ha-blo　　us-TED　　BIEN
ma-ÑA-na　　co-re-A-no　　MUY　　es-pa-ÑOL
a-le-MAN　　fran-CES　　CAR-los　　pro-fe-SOR

2. 다음 ‿에서는 중단함이 없이 발음된다.

HAS-ta‿ma-ÑA-na.　　¿HA-bla‿us-TED‿fran-CES?
Ha-blo‿es-pa-ÑOL　　HA-blo‿fran-CES.

3. Usted을 초보자들은 흔히 '우스떼드'라고 발음하는데 '우스뗃'이라고 해야 정확한 발음이다.

❖ PREGUNTAS

1. ¿Habla Ud. español?
2. ¿Habla Ud. chino?
3. ¿Habla Ud. japonés?
4. ¿Habla Ud. portugués?
5. ¿Habla Ud. inglés?

❖ EJERCICIOS

1. 다음 단어들은 그 쪽 사람들의 흔한 이름들이다. 이것들을 음절분해시키고, 또 한 악센트의 위치를 밝혀 보자.

   남자이름

Marco	Alberto	Arturo	Tomás
Teodoro	Pablo	Luis	Leonardo

   여자이름

Dolores	Carlota	Leonor	Marta
Teresa	Dorotea		

2. 다음 동사들은 hablar와 똑같이 변화하는 규칙동사들이다. 직설법 현재로 어미 변화를 시켜 보자.

   ⓐ preparar ⓑ estudiar
   ⓒ amar ⓓ ayudar

3. 다음 단어들에게 정관사를 붙여 보자.

   ⓐ conversación ⓑ madre ⓒ inglés
   ⓓ español ⓔ padre ⓕ coreano
   ⓖ ciudad ⓗ día ⓘ mano

❖ COMPOSICION

1. 당신은 스페인어를 말합니다.
2. 우리들은 한국어를 말합니다.
3. 그들은 프랑스어를 말합니다.

4. 당신들은 스페인어를 말합니까?
5. 그들은 영어를 말하지 못합니다.

❖ TRADUCCION

1. Yo hablo español pero hablo mal.
2. ¿Habla usted coreano también?
3. Sí, señor. El habla alemán.
4. Hasta mañana.
5. Yo hablo alemán.

LECCION DOS

❖ GRAMATICA

11. 명사의 수 Número del nombre

정관사의 남성 복수는 los이고 여성 복수는 las이다.

성 \ 수	단 수	복 수
남 성	el	los
여 성	la	las

단수 명사를 복수명사로 만들려면 원칙적으로 s를 붙인다. 그러나 다음과 같은 약간 까다로운 규정들이 없지 않아 있다.

1. 악센트가 없는 모음으로 끝나는 낱말에는 s를 붙인다.

libro → libro*s* 책
padre → padr*es* 아버지
madre → madr*es* 어머니
pluma → pluma*s* 펜
casa → casas 집
hija → hijas 딸

2. 자음으로 끝나는 낱말에는 es를 붙인다.

ciudad → ciudad*es* 도시
flor → flor*es* 꽃
mes → mes*es* 달
ley → ley*es* 법률
profesor → profesor*es* 교수
color → color*es* 빛깔

3. 다음의 낱말들은 복수형을 취하면 악센트가 떨어져 나간다. 이유는 악센트의 부호가 없어도 악센트의 위치가 정상적으로 와있기 때문이다.

naci*ó*n → naci*o*nes 국가
lecci*ó*n → lecci*o*nes 과목

✻Y는 낱말의 첫머리에 오거나 또는 끝에 오면 음절상으로는 자음으로 취급된다.
yo, ley.

❀ 스페인어 문장에서는 usted나 ustedes를 제외하고는 흔히 인칭대명사를 생략해 버린다. 왜냐하면 인칭대명사가 없어도 그 동사변화만 보고도 그 소속을 알 수가 있기 때문이다.

Yo hablo → Hablo.

DIALOGO

- David, ¿habla Ud. español?
- Sí, señor. Hablo español?
- Alberto, ¿hablan francés los alumnos de España?
- No, señor. Los alumnos de España estudian el francés y el portugués, pero hablan español.
- Carmen, ¿estudia Ud. mucho?
- Sí, señor. Estudio mucho en casa. Estudio la lección de español.
- ¿Prepara Ud. la lección en la clase de español?
- No, señor. Preparo las lecciones de español en casa. Estudio las palabras y las frases con Anita.
- ¿No habla Ud. español con el profesor de alemán?
- No, no hablo[1] español con el profesor de alemán. Hablo español con el profesor de español.

주 1) 우리 식대로 sí, no hablo··· 하면 틀린다.

❖ PRONUNCIACION

1. ce '쎄', ci '씨'는 스페인에서는 영어의 think의 th처럼 발음한다. 라틴아메리카에서는 영어의 sent의 s처럼 발음한다. 그러나 스페인 남부지방인 안달루시아(Andalucía)에서는 s로 발음한다. 초보자들은 형편에 따라 스페인식 또는 라틴아메리카식으로 발음하는 것이 무난하다.

2. z는 zo'소', za'사', zu'수', ze'세', zi'시'로 발음하는데, 이것도 스페인에서는 th로 발음되고 라틴아메리카에서는 s로 발음한다는 것을 명심하기를 바란다.

3. Lección, también, clase의 음절분해는 다음과 같다.
lec-CION, tam-BIEN, CLA-se

❖ PREGUNTAS

1. ¿Hablan español los alumnos de Corea?
2. ¿Habla Ud. español con los alumnos de España?
3. ¿Estudia Ud. mucho?
4. ¿Habla Ud. español con el profesor de español?
5. ¿Habla Ud. inglés y francés?

❖ EJERCICIOS

1. 다음 문장들을 익숙해질 때까지 큰 소리로 읽어라.
HA-blo‿con‿el‿a-LUM-no.
la‿CLA-se‿de‿es-pa-ÑOL.
la‿lec-CION‿de‿fran-CES.
pre-PA-ro‿la‿lec-Ción. es-TU-dio. es-TU-dian.

2. 다음 낱말들의 복수형을 써라.
ⓐ el alumno ⓑ el profesor ⓒ la lección
ⓓ la ciudad ⓔ la pared ⓕ la sección

3. 다음 (　　) 안에 적당한 전치사를 써 넣어라.
ⓐ Ella estudia (　　) casa.
ⓑ Ud. propara la lección (　　) la clase de español
ⓒ Nosotros hablamos (　　) el profesor.
ⓓ Hablo (　　) los alumnos y (　　) los profesores de español.
ⓔ Uds. hablan coreano (　　) Corea.

❖ COMPOSICION

1. 한국 학생들은 한국어를 말한다.
2. 우리들은 집에서 스페인어 과목들을 준비한다.
3. 당신은 스페인어 수업 중에 스페인어를 말합니까?
4. 나는 스페인어 교수와 스페인어를 말한다.
5. 학생들은 집에서 스페인어를 공부한다.

❖ TRADUCCION

1. ¿Prepara Ud. la lección en casa?
2. No estudio el español en casa.
3. Nosotros hablamos español con el profesor de español.
4. Estudio las palabras y las frases con Uds.
5. Ella prepara las lecciones de español en casa.

LECCION TRES

❖ GRAMATICA

❃ En casa(집에서)라고 할 때 en la casa라고 하면 잘못된 표현이다. 이유는 en casa 자체가 하나의 부사구로 되어 있기 때문이다.

❃ 스페인어의 직설법 현재에는 현재진행형의 의미도 포함되어 있다.

Ella habla español. 그녀는 스페인어를 말한다.
그녀는 스페인어를 말하고 있다.

12. 성명 Nombre y apellido

비단 초보자뿐만 아니라 스페인어를 오래 동안 배운 사람도 스페인어의 이름과 성을 구별하는데 있어서 가끔 실수를 한다. 서양 사람들이 '김'이 성인지 '영수'가 이름인지 구별 못하는 경우와 같다 하겠다. 그러니까 앞으로 이 문제에 대해서 신경을 써 주기 바란다. Carmen, Anita, Juan, Alberto는 이름이고 어미가 z로 끝나는 것은 성이라고 보면 별로 실수가 없을 것이다. 즉, López, Fernández, Gómez 등은 성이다. 그런데 Cubillo나 Alarcón, Bécquer 같은 성은 이름과 구별하기가 매우 힘들다. 그저 하나씩 하나씩 외우는 수밖에 없다. Señor, señora, señorita는 성 앞에 붙이는 경칭이다.

el señor Kim 김씨, 김선생(남자)
la señora Yi 이여사
la señorita Park 박양

La señora Yi 일 때 그녀의 부군의 성씨가 이씨가 아니라 부인의 성씨가 이씨이다. 그러니까 부군의 성씨가 박씨라고 한다면 다음과 같이 표기해야 된다. La señora Yi de Park 또는 la señora de Park.

위에서 보다시피 성 앞에 señor, señora, señorita를 붙일 때는 반드시 정관사를 붙여야 한다. 그러나 호격인 경우에는 정관사를 붙이지 않는다.

Señorita Park, ¿habla Ud. español? 박양, 당신은 스페인어를 말합니까?

13. Desear (원하다), buscar (찾다), pronunciar (발음하다)의 직설법 현재

수	인칭	desear	buscar	pronunciar
단수	1	dese***o***	busc***o***	pronunci***o***
	2	dese***as***	busc***as***	pronunci***as***
	3	dese***a***	busc***a***	pronunci***a***
복수	1	dese***amos***	busc***amos***	pronunci***amos***
	2	dese***áis***	busc***áis***	pronunci***áis***
	3	dese***an***	busc***an***	pronunci***an***

주의 복수 2인칭에 악센트 부호가 있다는 것을 명심하라.

14. Qué에 대하여

Qué는 의문형용사이다. 앞으로 곧 배우겠지만 형용사는 그 소속된 명사의 성·수와 일치하지만, 이 qué는 그러한 구속을 받지 않는다. 어디까지나 qué이다. 초보자들이 극히 조심해야 될 것은 qué를 '께'라고 발음해야 된다는 점이다. '꾸에'라고 발음하는 초보자들이 많으니까 말이다. 언제나 qu는 e와 i앞에 놓일 때는 각각 '께', '끼'라고 발음해야 한다.

DIALOGO

- Elena, ¿qué estudia Ud.?
- Estudio el libro de español. Deseo pronunciar ahora las palabras de la lección tres.
- Fernando, ¿qué busca Ud.?
- Busco la pluma, la tinta y el papel, señor.
- ¿Qué busca Eduardo?
- Busca el lápiz[1] y el libro francés. Él y yo deseamos[2] preparar la lección de francés ahora.
- Roberto. ¿qué buscan Elena y Ánita en el libro?
- Buscan el mapa de España y el (mapa) de México. Desean estudiar los mapas[3].
- Anita, ¿habla Ud. español con Roberto?
- No hablo con Roberto, señor Fernández. El no estudia mucho. Yo hablo con Elena y María porque ellas siempre preparan las lecciones y pronuncian bien las palabras.

주 1) 연필(lápiz)의 복수는 los lápices이다.
주 2) 인칭이 복수 1인칭이라는 것을 명심할 것.
주 3) 지도 mapa는 무조건 남성이다. 왜냐하면 그리스어에서 온 것이기 때문이다.

❖ PRONUNCIACION

1. Qu는 i나 e앞에 놓일 때 '끼', '께'로 발음해야 된다. 앞에서도 잠깐 언급하였지만 많은 초보자들이 qué를 '꾸에'라고 발음하는 것을 본다. 반드시 '께'라고 발음해야 한다.

2. México는 '메히꼬'라고 발음한다. '멕시꼬'라고 발음하면 안 된다.

3. 음절분해: se-Ño-ra, GO-mez, BUS-ca, LA-piz

❖ PREGUNTAS

1. ¿Pronuncia Ud. bien las palabras?
2. ¿Qué busca Ud. en la clase de español?
3. ¿Qué busca Ud. en casa?
4. ¿Desea Ud. preparar la lección de español en casa?
5. ¿Desea Ud. buscar el lápiz en casa?

❖ EJERCICIOS

1. 다음 단수명사들을 복수형으로 고쳐라.
   ⓐ libro　ⓑ lápiz　ⓒ papel　ⓓ mapa

2. 다음 명사들의 성을 밝혀라.
   ⓐ papel　ⓑ lápiz　ⓒ mapa　ⓓ clase

3. (　　) 안에 들어 있는 동사를 변화시켜라.
   ⓐ Nosotros (pronunciar)　ⓑ Ud. (desear)
   ⓒ Vosotros (buscar)　ⓓ Ellos (preparar)

❖ COMPOSICION

1. 교수들은 스페인어를 잘 말한다.
2. 김양은 스페인어를 잘 말하지 못합니다. 왜냐하면 공부를 하지 않기 때문입니다.

3. 나는 지금 스페인어 지도를 찾고 있다.
4. 나는 스페인어 낱말들을 잘 발음한다.
5. 당신은 지금 무엇을 찾고 있습니까?

❖ TRADUCCION

1. Estudio el libro de español.
2. Deseo pronunciar ahora las palabras de español.
3. El señor Gómez busca la lección de francés.
4. Carmen prepara ahora la lección de francés.
5. Ellas preparan siempre las lecciones en casa.

LECCION CUARTO

❖ GRAMATICA

✽z로 끝나는 명사의 단수는 복수형이 될 때 ces로 변한다.
lápiz → lápi***ces***

✽Usted y yo(당신과 나)일 때 동사는 복수 1인칭을 사용해야 된다.
Usted y yo ***estudiamos*** mucho. 당신과 나는 공부를 많이 한다.

주의 yo를 usted 다음에 놓는다는 것을 명심할 것.

✽Ellos y tú(그들과 너)일 때는 복수 2인칭을 사용해야 이치에 맞지 않을까?
Ellos y tú ***habláis*** mucho. 그들과 너는 말을 많이 한다.

15. 부정관사 Artículo indefinido

부정관사를 도표에 그려 보면 다음과 같다.

성 \ 수	단수	복 수
남 성	un	unos
여 성	una	unas

un libro 한 권의 책
una mesa 탁자 한 개

unos libros 몇 권의 책들
unas plumas 약간의 펜들

✽unos과 unas는 몇 개 또는 약간이라는 뜻으로 표시된다.

16. Ser의 직설법 현재

Ser는 '…이다'라는 뜻을 가지고 있다. 불규칙적으로 변하니까 무조건 외우기 바란다.

soy somos
eres sois
es son

Yo ***soy*** alumno. 나는 학생입니다.

Ud. ***es*** profesor. 당신은 교수입니다.

※ ser 동사 다음에 직업을 나타내는 명사가 올 때는 관사가 생략된다. 그리고 ser 다음에 오는 명사는 당연히 인칭의 성·수에 일치해야 한다.

Somos alumnos. 우리들은 학생들이다.

Ella ***es*** alumna. 그녀는 여학생이다.

Nosotras ***somos*** alumnas. 우리들은 여학생들이다.

17. 형용사 Adjetivo

형용사도 그 수식하는 명사의 성·수에 무조건 일치해야 한다. 비단 초보자뿐만 아니라 스페인어를 익숙하게 하는 사람들도 흔히 실수를 하는 것이 바로 이것이니, 초보자들은 틀리지 않게 처음부터 부지런히 연습하기 바란다.

el libro ***blanco*** 흰 색의 책

la alumna ***bonita*** 예쁜 여학생

los profesores ***altos*** 키 큰 교수들

las sillas ***bajas*** 낮은 의자들

위의 예문에서 보는 바와 같이 형용사의 위치는 명사 뒤에 놓인다. 그러나 어떤 특정한 형용사들은 명사 앞에 놓이는데, 이런 것들은 앞으로 차차 배우게 될 것이다.

형용사의 어미변화는 명사의 법칙에 따르며, 중요한 몇 가지를 예로 들면 다음과 같다.

1. 형용사는 어미가 -o로 끝나는 것은 여성형이 될 때, 어미가 -a가 되며, 남성복수일 때는 -os, 여성복수일 때는 -as가 된다.

el libro blanc***o***	los libros balanc***os*** *하얀 책
la mesa blanc***a***	las mesas blanc***as***

2. 자음으로 끝나는 것은 특별한 경우를 제외하고는 수 변화만 한다.

el libro azul	los libros azul***es*** *파란
la mesa azul	las mesas azul***es***

z로 끝나는 것은 복수에서는 ces가 된다.

el alumno feliz	los alumnos feli***ces*** *행복한
la alumna feliz	las alumnas feli***ces***

3. 동사 ser 다음에 오는 형용사도 인칭의 성·수와 일치한다.

Yo soy feliz.	Somos feli***ces*** *나는 행복합니다.
Ella es baja.	Ellas son baj***as*** *키가 작다.

> **주의** 초보자들 중에 자기소개를 할 때 흔히 'yo soy el señor Kim'(나는 김씨입니다)라고 말하는데, 이때는 'Yo soy Kim'이라고 해야 한다. 그러나 'Ud. es el señor Kim.'이라고 말하는 것은 괜찮다.

DIALOGO

- Amalia, ¿qué estudia Ud.?
- Estudio la lección de coreano.
- ¿Son fáciles las lecciones?
- No son fáciles pero trabajamos mucho. Las lecciones son difíciles pero son interesantes.
- ¿De qué desea Ud. hablar hoy, Alejandro?
- Deseo hablar de los colores.
- Muy bien. En la silla hay[1)] dos libros y en la mesa hay cuatro lápices, una pluma y un cuaderno. ¿De qué colores son?
- Un libro es verde y el otro es azul. Los lápices son amarillos, la pluma es negra, y el cuaderno es blanco.
- Enrique, ¿qué hay en la pared?
- Hay un mapa y una bandera.
- ¿Qué colores hay en la bandera de México?
- Es[2)] blanca, roja y verde.
- ¿Qué colores hay en la bandera de España, Jorge?
- Es roja y amarilla.
- ¿Qué colores hay en la bandera de Corea, Suni?
- Es blanca, azul, roja y negra, Es una bandera muy bonita.
- Muy bien. Hasta luego, alumnos.
- Adiós, señor Rodríguez.

주 1) Hay는 무인칭동사로서 제 3인칭 단수형이다. 그러므로 다음에 오는 명사가 단수이든 복수이든 어디까지나 hay다. 영어의 there is와 there are와 같다고 하겠다.

Hay un libro en la mesa. 탁자에는 책 한 권이 있다.

Hay tres libros en la mesa. 탁자에는 책 세 권이 있다.

주 2) Es는 영어의 it is와 같은 구실을 한다. 동사의 주어로서 사용되는 영어의 it는 스페인어에서는 좀처럼 쓰이지 않는다.

❖ PRONUNCIACION

1. J는 강한 'ㅎ'로 발음한다. 즉 목구멍에서부터 터져 나오는 듯한 소리를 내야 된다. 예 Jorge '호르헤', 잘못 발음하면 오르에가 되기 쉽다.

2. n은 c앞에서는 한글의 'ŋ'으로 발음한다. 예 blanco '블랑꼬'.

3. 첫머리에 나오는 r는 혀를 떨게 해서, 즉 바이브레이션 해서 발음해야 한다. 마치 따발총 소리처럼 말이다. 예 rojo 'ㄹ~오호'. 이 발음을 제대로 못하는 사람들이 많다.

❖ PREGUNTAS

1. ¿Es fácil estudiar el español?
2. ¿Qué colores hay en la bandera de Corea?
3. ¿Es interesante hablar español?
4. ¿Qué hay en la silla?
5. ¿Es bonita la bandera de Guatemala?

❖ EJERCICIOS

1. 다음 낱말들의 음절을 분해하고 악센트를 표시하여라.
   ⓐ usted ⓑ adiós ⓒ pared ⓓ negro

2. 다음 낱말들은 라틴 아메리카에 있는 나라들의 이름이다. 그 정확한 발음을 익힐 때까지 몇 번이고 큰 소리로 읽어라.
   Ve-ne-ZUE-la, Co-LOM-bia, El Pe-RU, CHI-le,
   La‿Ar-gen-TI-na, Bo-LI-via.
   Cos-ta‿RI-ca, Hon-DU-ras, El‿Sal-va-DOR,
   Pa-na-MA, CU-ba, La Re-PÚ-bli-ca‿Do-mi-ni-Ca-na.
   Gua-te-Ma-la, Ni-ca-RA-gua, El‿Pa-ra-GUAY

3. 다음 명사들과 형용사들을 복수로 만들어라.
   ⓐ mesa alta ⓑ pared negra ⓒ hombre feliz
   ⓓ color azul ⓔ mano blanca ⓕ profesor bajo

❖ COMPOSICION

1. 탁자에 책 한 권이 있다.
2. 당신의 펜은 무슨 색깔입니까?
3. 여학생들은 많이 공부한다. 그러나 남학생들은 공부를 많이 하지 않는다.
4. 나는 스페인에 관해서 말하고 싶습니다. * hablar de….
5. 그녀는 여학생이다. 그녀의 아버지는 교수다.

❖ TRADUCCION

1. Las lecciones de español son fáciles.
2. El profesor desea hablar de Corea.
3. En la mesa hay cinco libros azules.
4. La bandera de Corea es bonita.
5. El padre de María trabaja mucho porque es profesor de coreano.

LECCION CINCO

❖ GRAMATICA

18. 국적 Nacionalidad

나라 이름의 형용사는 경우에 따라 명사로서 그 나라 언어, 그 나라 사람이라는 의미도 가지고 있다.

España → español　스페인의, 스페인어, 스페인사람
Corea → coreano　한국의, 한국어, 한국사람

국적을 나타내는 형용사나 명사는 여성형으로 만들 때 어미가 -o이면 물론 -a가 되겠지만, 어미가 자음으로 끝나는 것도 -a를 덧붙인다.

coreano → corean***a***　한국 남자 → 한국여자
español → español***a***　스페인 남자 → 스페인 여자
francés → frances***a***　프랑스 남자 → 프랑스 여자
alemán → aleman***a***　독일 남자 → 독일 여자
inglés → ingles***a***　영국 남자 → 영국 여자
japonés → japones***a***　일본 남자 → 일본 여자

주의 위에서 보는 바와 같이 악센트가 있는 것은 여성형이 될 때 악센트가 있어야 될 필요가 없으므로 자동적으로 떨어져 나간다.
국적을 나타내는 형용사나 명사의 복수형은 여성일 경우 다음과 같이 변한다.

남성	여성	남성	여성
coreanos →	coreanas	alemanes →	alemanas
españoles →	españolas	ingleses →	inglesas
franceses →	francesas	japoneses →	japonesas

❀ 앞서 직업을 나타낼 때는 관사를 생략한다고 말했다. 이것은 국적에서도 마찬가지이다.

Yo soy coreano. 나는 한국인입니다.
Ella es argentina. 그녀는 아르헨티나 여자다.

그러나 직업이나 국적을 막론하고 단수 명사에 형용사가 올 때는 부정관사를 붙인다.

Yo soy ***un*** alumno diligente. 나는 부지런한 학생이다.

Ella es ***una*** mexicana bonita. 그녀는 예쁜 멕시코 여성이다.

El español es ***una*** lengua interesante. 스페인어는 재미있는 언어이다.

DIALOGO

- Trabaja Ud. mucho, Amalia?
- Sí, señor Suárez. María Carmen[1] y yo preparamos un ejercicio difícil.
- ¿Es pequeña la universidad?
- No, señor, Es grande.
- ¿Qué hay en la clase?
- En las paredes hay pizarras, mapas grandes y cuadros bonitos. También hay una puerta y cinco ventanas y en el techo hay cuatro luces.
- ¿Hay sillas y mesas?
- Sí, señor. Las sillas son muy cómodas. En una mesas pequeña hay plumas y lápices. En otra mesa hay tiza y papel. Es cómodo estudiar[2] en la universidad española.
- ¿Qué mira Ud., Juan?
- Miro el mapa de la Argentina.
- ¿Es Ud. peruano?
- No, señor. Soy chileno. María es cubana y Anita es uruguaya.
- ¿De dónde es Sun-cha?
- Es coreana.
- ¿De dónde son Juan y Ud.?
- Somos de Venezuela. Somos venezolanos.
- Muchas gracias.
- No hay de qué, señor.

주 1) María Carmen은 두 이름으로 되어 있지만 실은 하나의 이름이다. 이런 식의 이름은 여러 개있지만 남자 이름으로 가장 흔한 것은 José María다.

주 2) 여기서 estudiar는 의미상의 주어 구실을 한다. 성·수는 남성단수를 취한다. comódo는 '편한'이라는 뜻.

❖ PRONUNCIACION

1. 이중모음 diptongo : 강모음은 a, e, o 이고, 약모음은 i, u 인데, 강모음 한 개와 약모음 한 개가 한데 어울릴 때 이것을 가리켜 이중모음이라고 한다. 이중모음이 될 수 있는 것은 ai, ia, ei, ie, oi, io, ui, au, ua, ou, uo, iu이다. 이것들은 한 음절을 이루고 있으므로 결코 분해되지 않는다.
   GRA-cias, BIEN, MUY, es-CUE-la, CUA-dro, JUAN, PUER-ta.

2. 강모음 두 개가 한데 어울릴 때는 음절상 당연히 분류된다.
   de-se-o, Co-RE-a

   이중모음에서 약모음이 악센트가 있을 경우는 강모음으로 간주된다.
   Ma-Rí-a, dí-a

   그러나 다음 낱말들은 예외이다.
   a-DIOS, tam-BIEN.

❀ 이밖에도 발음에 대한 여러 가지의 까다로운 규정이 있지만 초보자들은 규정에 신경 쓸 것이 아니라 단어 중심으로 무조건 외우는 것이 더 효과적이다.

❖ PREGUNTAS

1. ¿De dónde es Ud.?
2. ¿Es Ud un alumno coreano?
3. ¿Es difícil estudiar el español?
4. ¿Trabaja Ud. mucho en casa?
5. ¿Es pequeña la ciudad de Madrid?

❖ EJERCICIOS

1. 다음 문장들 중에서 틀린 것들을 지적하여라.

   ⓐ Yo hablo el español en la casa.
   ⓑ Ella estudia español en escuela.
   ⓒ El padre de Juan es un profesor.

ⓓ Juana es argentina bonita.
ⓔ Las mesas son azulas.

2. 다음 나라들의 형용사를 쓰고 또한 여성형으로 변화시켜라.
예 Corea - coreano - coreana
ⓐ Francia
ⓑ Alemania
ⓒ Inglaterra
ⓓ España
ⓔ China
ⓕ Portugal

❖ COMPOSICION

1. 나는 한국의 지도를 바라봅니다.
2. 나는 스페인 사람입니다. 당신은 프랑스 여자입니까?
3. 우리들은 집에서 어려운 연습을 예습합니다.
4. 호르헤는 공부를 하지 않습니다. 마리아는 공부를 많이 합니다.
5. 집은 매우 편합니다. 알레한드로는 집에서 공부하기를 원합니다.

❖ TRADUCCION

1. En el techo hay siete luces.
2. Es fácil hablar en español.
3. ¿De dónde es Ud.? Yo soy de Corea.
4. Las sillas son cómodas.
5. No hay de qué.

LECCION SEIS

19. Aprender (배우다)와 leer (읽다)의 직설법 현재

어미가 -er로 끝나는 동사의 직설법 현재는 다음과 같이 변한다.

aprend*o*	aprende*mos*	leo	lee*mos*
aprend*es*	aprend*éis*	lees	le*éis*
aprend*e*	aprend*en*	lee	le*en*

Aprendo francés. 나는 프랑스어를 배운다.
Leo la novela española. 나는 스페인 소설을 읽고 있다.

20. 생략 Contracción (de에 관한 것)

스페인어에서는 생략되는 것이 별로 없다. 그러나 별로 없는 것 중에서도 전치사 de는 다음에 정관사가 붙는 남성단수 명사가 올 때는 글자 하나가 생략된다.

libro del profesor 교수의 책

즉 수식으로 표시하면 de + el = del인데, 생략하는 그 이유는 발음상의 편이를 위해서이다.

* De는 소유를 나타내는 경우에는 다음에 오는 명사에 관사를 붙이지만 재료를 표시하는 경우에는 관사가 생략된다.

reloj del señor López 로뻬스씨의 시계
reloj de oro 금시계

그러니까 de oro는 reloj를 수식하는 형용사구인 인지라, de 다음에 관사가 없다.

DIALOGO

- Sancho, ¿qué aprende Ud. hoy?
- Aprendo español. Leo las frases de la lección de hoy.
- ¿Comprenden los alumnos cuando la profesora lee en español?
- Comprenden un poco, si ella lee despacio. Poco a poco aprendemos la lengua. No es fácil aprender una lengua extranjera.
- ¿Cómo es la profesora?
- Es joven y muy simpática.
- ¿Hay alumnos extranjeros en la universidad?
- Hay cinco coreanos.
- ¿Son ricos o pobres?
- No son ricos, pero son felices y muy simpáticos.
- ¿De dónde son?
- Son de Seul. Es una ciudad muy grande.
- Es verdad. Es vieja pero es muy moderna. ¿Qué mira Ud. ahora?
- Miro el reloj del alumno. Es de oro.
- ¿De qué es el reloj de Alicia?
- Es de plata. Manaña yo deseo comprar un reloj de oro para Juana.
- Adiós, hasta luego.
- Hasta mañana.

❖ PRONUNCIACION

1. x는 자음 앞에서 [s]로 발음된다.
   ex-tran-JE-ro [에스뜨랑헤로]

✽n은 j앞에서는 'ŋ'으로 발음된다. n이 c앞에서도 'ŋ'으로 발음된다는 것은 앞서 말했다.

2. 다음 낱말들의 음절 분해를 주의 깊게 살펴보자.
   VIE-jo, re-LOJ, des-PA-cio, LUE-go, LE-o, LE-e

❖ PREGUNTAS

1. ¿Cómo es su profesor?
2. ¿Es Ud. un alumno de universidad?
3. ¿De qué es el reloj de Ud.?
4. ¿Habla Ud. español despacio?
5. ¿Qué lengua extranjera aprende Ud.?

❖ EJERCICIOS

1. Comprender(이해하다)와 comer(먹다)의 직설법 현재를 써라.

2. 다음 (　　)에 적당한 것을 써 넣어라.
   ⓐ Mi casa es (　　) piedra. *돌
   ⓑ Es el libro (　　) profesor.
   ⓒ Es (　　) puerto grande. *큰 항구
   ⓓ (　　) muchos libros aquí.
   ⓔ Ella busca un libro español (　　) Juan.

❖ COMPOSICION

1. 교수님께서 천천히 읽을 때 나는 잘 이해합니다.
2. 서울은 현대적인 도시이다.
3. 우리들은 친절합니다. 그들은 친절하지 않습니다.
4. 나는 가난합니다. 그러나 나는 행복합니다.
5. 호세의 시계는 낡은 것입니다. 그러나 그것은 금시계입니다.

❖ TRADUCCION

1. Leo las frases de la lección de hoy.
2. Yo deseo comprar un libro de español para Suni.
3. Seul es una ciudad vieja pero es muy moderna.
4. Son pobres pero muy felices.
5. Hay muchas alumnas extranjeras en Lima.

LECCION SIETE

❖ GRAMATICA

21. Escribir(쓰다)와 vivir(살다)의 직설법 현재

어미가 -ir로 끝나는 규칙동사의 직설법 현재는 다음과 같다.

escrib***o***	escrib***imos***	viv***o***	viv***imos***
escrib***es***	escrib***ís***	viv***es***	viv***ís***
escrib***e***	escrib***en***	viv***e***	viv***en***

✽ 스페인어에서는 목적어가 사람이거나 동물일 때 전치사 a를 붙이며, 도시일 경우에도 a를 붙인다.

Ella esapera a José. 그녀는 호세를 기다린다.
Yo amo a Seul. 나는 서울을 사랑한다.
Nosotros esperamos un taxi. 우리들은 택시를 기다린다.

✽ a 다음에 남성 단수 정관사가 올 때는 de + el = del의 경우와 마찬가로 a + el = al이 된다.

Ud. espera al profesor. 당신은 교수를 기다린다.
Yo amo a Seul. 나는 서울을 사랑한다.

22. 소유형용사 Adjetivo posesivo

소유형용사에는 생략형과 완전형이 있다. 생략형은 전치형으로서 그 수식하는 명사 앞에 놓이고, 완전형은 후치형으로서 그 뒤에 놓인다. 완전형은 나중에 배우기로 하고 우선 생략형부터 알아 두기로 하자.

인칭 \ 수	단 수	복 수
1	mi 나의	nuestro 우리들의
2	tu 너의	vuestro 너희들의
3	su { 그의 / 그녀의 / 당신의	su { 그들의 / 그녀들의 / 당신들의

소유형용사는 그 수식하는 명사의 성·수에 일치한다는 것을 꼭 명심하기 바란다. 이것은 몹시 중요하므로 하나의 완전한 예를 들기로 하자.

mi libro	나의 책	mis libros	나의 책들
mi casa	나의 집	mis casas	나의 집들
mi libro	나의 책	mis libros	나의 책들
su libro	그의 책 / 그녀의 책 / 당신의 책	sus libros	그의 책들 / 그녀의 책들 / 당신의 책들
su casa	그의 집 / 그녀의 집 / 당신의 집	sus casas	그의 집들 / 그녀의 집들 / 당신의 집들
nuestro libro	우리들의 책	nuestros libros	우리들의 책들
nuestra casa	우리들의 집	nuestras casas	우리들의 집들
vuestro libro	너희들의 책	vuestros libros	너희들의 책들
vuestra casa	너희들의 집	vuestras casas	너희들의 집들
su libro	그들의 책 / 그녀들의 책 / 당신들의 책	sus libros	그들의 책들 / 그녀들의 책들 / 당신들의 책들
su casa	그들의 집 / 그녀들의 집 / 당신들의 집	sus casas	그들의 집들 / 그녀들의 집들 / 당신들의 집들

주의 다른 인칭은 괜찮은데 삼인칭 su에 있어서는 초보자들이 항상 실수를 범한다. 그러니까 재삼 명심할 것은 '그들의 집'이라고 할 때 '그들의'에 대하여 신경을 쓸 것이 아니라, '집'이 단수냐 복수냐에 대해 신경을 쓰도록 해야 한다. 따라서 여기서는 '그들의'가 아무리 복수라고 해도 다음에 오는 명사의 수와 일치해서 su casa라고 해야 된다.

주의 Su libro라고 할 때 그의 책인지, 그녀의 책인지 또는 당신의 책인지 잘 구별이 안 된다고 생각될지 모르나 문맥을 짚어 보면 쉽게 구별이 된다.

Ella tiene un libro. 그녀는 책 한 권을 가지고 있다.

Su libro es rojo. 그녀의 책은 빨간색이다.

그러나 밑도 끝도 없이 su libro라고 할 때에는 일단 '그의 책'이라고 해석하는 것이 일반적이다.

DIALOGO

- Concha, ¿qué escribe usted?
- Escribo una carta a un amigo que[1] estudia en la Universidad de México.
- ¿Quién es su amigo?
- Leopoldo Roales,[2] y es el hijo de una amiga de mi madre. Siempre escribe carta en español.
- ¿Vive en México la familia de su amigo?
- No, María. Vive con sus tíos y con un primo y una prima. Su tío enseña en la universidad y su tía enseña también pero en una escuela primaria.
- ¿Dónde vive su familia, Concha?
- Mis padres y mi hermano viven en Santo Domingo. Mi hermana vive en Santiago.
- ¿Con quién vive Ud.?
- Mi amiga Ana y yo vivimos con mis abuelos.
- ¿De dónde son sus abuelos?
- Mi abuelo es portugués y mi abuela es peruana
- ¿Quién es Ana?
- Es la hija de un amigo de mi padre. La familia de Ana vive en Santo Domingo tambíen.
- Ud. habla español muy bien, Concha.
- Muchas gracias. Ud. es muy amable.

주 1) Que는 관계대명사로 영어의 that과 같다.

주 2) Leopoldo는 이름이고 Roales는 성이다.

❖ PRONUNCIACION

1. 자음 n은 b, v, m, p 앞에서는 m으로 발음된다.

con Bárbara → com BÁR-ba-ra.
Juan vive → Juam VI-ve
un poco → um PO-co
un primo → um PRI-mo

2. 마지막으로 오는 자음은 다음에 오는 음절과 같이 발음된다.

el amigo → e-la-MI-go
son amables → So-na-MA-bles.

3. 두개로 된 같은 음의 모음은 한 모음처럼 발음된다.

la abuela → la-BUE-la
el libro de español → E-LI-bro-des-pa-ÑOL

❖ PREGUNTAS

1. ¿Escribe Ud. cartas en español al profesor de español?
2. ¿Vive en Seul su familia?
3. ¿Qué enseña el profesor Yi en la universidad?
4. ¿Con quién vive Ud.?
5. ¿Es amable el profesor de español?

❖ EJERCICIOS

1. (　　)에 맞는 소유형용사 생략형을 써 넣어라.

ⓐ (나의) casa　　ⓑ (그들의) mesas
ⓒ (우리들의) profesor　　ⓓ (그의) jardín (정원)
ⓔ (너희들의) madre　　ⓕ (당신의) libro
ⓖ (그녀의) barcos (배)　　ⓗ (그녀의) diccionario

2. 다음 문장들 중에서 틀린 것을 고쳐라.

ⓐ Es hijo de una amiga de mi madre.
ⓑ Yo amo mi padre.
ⓒ Mi padres viven en Seul.
ⓓ Ella es una fráncés.
ⓔ Ud. es alumno coreano.

❖ COMPOSICION

1. 나의 부모는 언제나 한국어로 편지를 쓰십니다.
2. 나의 가족은 마드리드에 살고 있다. 그의 가족은 부에노스 아이레스에서 살고 있다.
3. 당신은 무엇을 배우고 있습니까? 나는 중국어(chino)를 배우고 있습니다.
4. 그녀는 그녀의 양친과 함께 살고 있다.
5. 나의 숙부과 숙모는 나의 가족과 함께 살고 있지 않다.

❖ TRADUCCION

1. Escribo una carta en español a un amigo que estudia en la Universidad de Madrid.
2. Juan Rodríguez es francés y su señora es portuguesa.
3. Ud. es muy amable.
4. ¿Quién es Paco? Es el hijo de un amigo de mi tío.
5. ¿Con quién vive Ud.? Yo vivo con mis abuelos.

LECCION OCHO

❖ GRAMATICA

23. Tener(가지다)의 직설법 현재

tengo	tenemos
tienes	tenéis
tiene	tienen

Tener는 불규칙적인 변화를 하는 동사이다. 앞으로 이러한 동사들을 수없이 외워야 할 텐데 초보자들은 끈기를 가지고 하나씩 하나씩 정복해 나가기 바란다. 그러다 보면 자신도 모르는 사이에 저절로 외워지게 된다.

❋Tener의 특수용법

1. Tener que 다음에 원형이 오면 '…해야 된다'는 뜻이 된다.
   Ella tiene que estudiar mucho. 그녀는 공부를 많이 해야 된다.

2. Tener ganas de 다음에 원형이 오면 '…하고 싶다'는 뜻이 된다.
   Yo tengo ganas de bailar. 나는 춤을 추고 싶다.

3. 그 밖에 calor(더위), frío(추위), hambre(배고픔), sed(갈증), sueño(졸음) 등은 tener 다음에 오면 다음과 같은 뜻이 된다.
   Tengo calor. 나는 덥다.
   Ud. tiene frío. 당신은 춥다.
   Ella tiene hambre. 그녀는 배가 고픕니다.
   Ellos tienen sed. 그들은 목이 마릅니다.
   Juan tiene sueño. 후안은 졸립니다.

주의 '나는 매우 덥다'할 때 'yo tengo muy calor'라고 하면 틀린 표현이다. 왜냐하면 calor나 frío나 다 명사이니까 말이다. 그러니까 'tengo mucho calor.'라고 해야 된다. 마찬가지로 '매우 배고프다'라고 표현할 때도, hambre는 여성이니까 'tengo mucha hambre'라고 한다.

24. 기수 Números cardinales

1 uno	17 diez y siete
2 dos	18 diez y ocho
3 tres	19 diez y nueve
4 cuatro	20 veinte
5 cinco	21 veinte y uno
6 seis	22 veinte y dos
7 siete	23 veinte y tres
8 ocho	30 treinta
9 nueve	40 cuarenta
10 diez	50 cincuenta
11 once	60 sesenta
12 doce	70 setenta
13 trece	80 ochenta
14 catorce	90 noventa
15 quince	100 ciento
16 diez y seis	

✽16, 17, 18, 19는 발음상 dieciséis, diecisiets, dieciocho, diecinueve라고 표기되며, 마찬가지 이유로 21에서 29까지도 veintiuno, veintidós, veintitrés, veinticuatro, veinticinco, veintiséis, veintisiete, veintiocho, veintinueve로 표기되기도 한다.

✽Uno는 남성 명사 앞에서는 un으로 되고 여성명사 앞에서는 una로 된다는 것은 우리가 이미 알고 있는 바이다. 이것은 veintiuno, treinta y uno… 일 때도 마찬가지다.

veintiún alumnos 21명의 학생들

cuarenta y una mesas 41개의 탁자들

✽ciento는 명사 앞에서는 cien이 된다.

cien ciudadanos 백 명의 시민들

cien bailarinas 백 명의 무희들

DIALOGO

- ¿Qué tiene Ud. en la mesa?
- Tengo papel y una pluma. Tengo que escribir una carta en español a una amiga que vive en Chile.
- ¿Hablan[1] español allí?
- ¡Cómo no! Hablan español en todos los países de la América del Sur, excepto en el Brasil, donde hablan portugués.
- ¿De quién es el pasaporte?
- Es del profesor Fernández, que desea viajar por España.
- ¿De quién es la revista chilena?
- Es de mi amiga Concha que es alumna de la Universisas de Santiago. Ella tiene que leer varias páginas de la revista, y tiene que escribir un tema[2] para mañana. ¿Desea Ud. mirar la revista?
- Sí, con mucho gusto.
- ¿Cuántos años tiene Ud.?
- Tengo veintiún años.
- ¿Cuántos años tiene Concha?
- Tiene diecinueve años.
- ¿Qué leccion tenemos para hoy?
- Tenemos la lección ocho.
- ¿Cuántos alumnos hay en su clase de español?
- Hay treinta y nueve alumnos.

주 1) Hablan의 주어는 그들, 즉 그곳 사람들을 의미한다.

주 2) tema(주제), telegrama(전보), programa(프로그램)처럼 그리스어에서 유래된 명사들은 어미가 ma로 되어 있으면 성이 남성이다.

❖ PRONUNCIACION

1. 다음 낱말들의 음절분해를 살펴보자.

El‿Bra-SIL,GUS-to, VA-rios,VEIN-te
LE-e, u-ni-ver-si-DAD, por-tu-GUES, LEN-gua

❖ PREGUNTAS

1. ¿Tiene Ud. que leer muchas páginas del libro de español?
2. ¿Qué tema tienes Ud. que escribir para mañana?
3. ¿En qué país hablan coreano?
4. ¿Cuántos años tiene Ud.?
5. ¿Cuántos alumnos hay en su clase?

❖ EJERCICIOS

1. 다음 문장들 중에서 틀린 것을 고쳐라.

ⓐ Ella tiene el calor.
ⓑ Ud. tiene muy frío.
ⓒ Vientiun alumnos.
ⓓ cientas mujeres.
ⓔ diesiocho plumas.

2. 다음의 도시들은 남아메리카의 유명한 항구들이다. 그 정확한 발음을 익히고, 지도에서 그 위치를 찾아보아라.

RI-o-de Ja-NEI-ro, SAN-tos, Mon-te-vi-DE-o
BUE-nos AI-res, Val-pa-ra-I-so, EL-Ca-LLA-o
Gua-ya-QUIL, Bue-na-ven-TU-ra, Ba-rran-QUI-lla

❖ COMPOSICION

1. 나의 어머니의 연세는 45세이시다.
2. 한국에서는 한국어를 말한다. 나는 한국어 잡지들을 많이 가지고 있다.
3. 그녀는 꼰챠와 스페인어로 말하고 싶어 한다.
4. 서울에는 8명의 멕시코인(mexicano)들이 있다.
5. 나는 몹시 목이 마릅니다.

❖ TRADUCCION

1. Hablan espñol en todos los países de la América del Sur, excepto en el Brasil, donde hablan portugués.
2. ¿De quién es el libro español que está en la silla?
3. Tenemos que escribir un tema para mañana.
4. Con mucho gusto.
5. ¡Cómo no!

LECCION NUEVE

❖ GRAMATICA

25. Ir(가다)의 직설접 현재(＊지독한 불규칙 동사)

voy	vamos
vas	váis
va	van

Ir 다음에 원형이 오거나 명사가 올 때는 전치가 a가 붙는다.

Voy ***a*** la escuela. 나는 학교에 간다.
Voy ***a*** aprender español. 나는 스페인어를 공부하려고 합니다.
Voy ***a*** su casa ***a*** pasar la noche. 나는 그의 집에 가서 밤을 지내려고 한다.

✽ ir + a + 원형은 영어의 be going to 와 같은 뜻을 가지고 있다.

> **주의** 앞으로 동사를 새로 배울 때 다음에 원형이 오는 경우 전치사가 붙는지, 붙지 않는지, 만약에 붙으면 어떤 전치사가 오는지 주의해서 살펴보기 바란다. Desear 다음에 원형이 올 때에는 전치사가 붙지 않는다는 것을 우리는 이미 배웠다.
> Desco hablar. 나는 말하기를 원한다.

26. + − ÷

+는 y로, −는 menos로, ×는 por로, ÷는 dividido por로 각각 표시된다.

2 + 3 = 5	Dos y tres son cinco.
7 − 4 = 3	Siete menos cuatro son cinco.
4 × 2 = 8	Cuatro por dos son ocho.
6 ÷ 2 = 3	Seis dividido por dos son tres.

27. 시간 Hora

¿Qué hora es? 몇 시입니까?
Es la una. 1시입니다.
Es la una y media. 1시 반 입니다.

Son las dos. 2시 입니다.
Son las dos y diez. 2시 10분입니다.
Son las cuatro y cuarto. 4시 15분입니다.

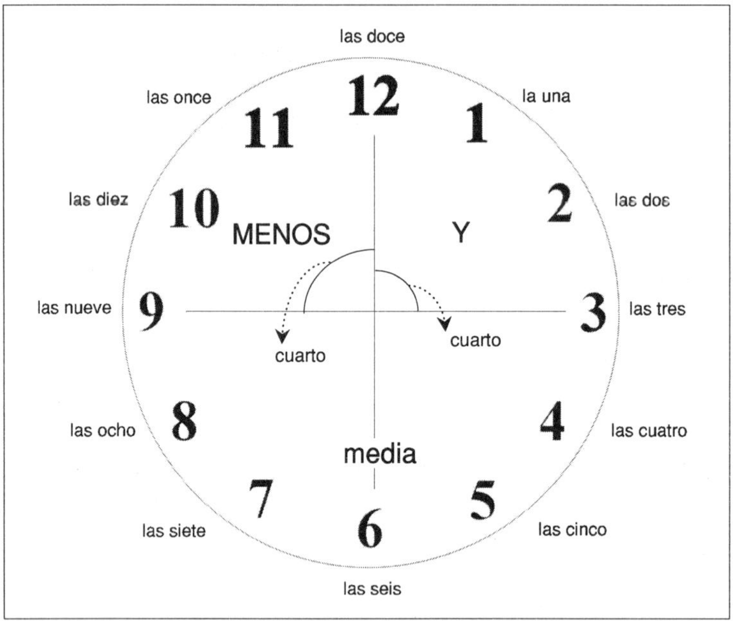

※글자나 숫자에는 여성 정관사를 붙인다. 그래서 시간을 표시하는 숫자에 여성 관사를 붙인 것이다.

※15분은 quince보다 4분의 1을 나타내는 cuarto를 흔히 사용한다.

※'몇 시에~' 할 때는 'a las'라고 표시한다.
¿A qué hora estudia Ud.? 몇 시에 당신은 공부합니까?
Estudio a las tres. 3시에 공부합니다.

※'오전 몇 시~', '오후 몇 시~' 할 때는 다음과 같이 표시한다.
Voy a las ocho de la mañana. 나는 오전 8시에 갑니다.
Ud. tiene que ir a las cinco y media de la tarde. 당신은 5시 반에 가야 합니다.

De la mañana나 또는 de la tarde는 오전 10시, 오후 3시, 이렇게 특정한 시간이 명시되었을 때 사용한다. 시간의 표시가 없이 그저 막연히 '오전에, 오후에' 할 때는 다음과 같이 해야 된다.

Yo leo por la mañana. 나는 오전에 독서를 한다.
Ella escribe por la tarde. 그녀는 오후에 글을 쓴다.

> 주의 '1시다'라고 할 때만 es la una.라고 하고 '2시다'부터는 'son las dos…'로 표시해야 된다.

DIALOGO

- Amalia, ¿qué hora es?
- Son las siete y media, Pablo.
- ¿A dónde va Ud.?
- Primero, voy a tomar el desayuno.
- ¿Cuántas[1] clases tiene Ud. por la mañana?
- Generalmente[2] tengo tres, pero hoy tengo solamente una a las nueve.
- ¿A qué hora termina?
- A las diez menos diez.
- ¿Tiene Ud. clases por la tarde?
- Sí, tengo una clase de literatura española a la una y media.
- ¿A qué hora toma Ud. el almuerzo[3]?
- A la una. Cenamos a las seis y media.
- ¿Estudia Ud. por la tarde o por la noche?
- Generalmente estudio desde las ocho y cuarto hasta las diez y diez de la noche. Pero hoy María y yo vamos a estudiar juntas desde las siete hasta las doce porque mañana tenemos un examen. Tengo que ir a la biblioteca ahora. Luego voy a casa. Adiós.
- Adiós. Hasta mañana.

주 1) Cuánto는 분량, 수, 정도, 시간 등에 관한 의문형용사로서, 당연한 말이지만 다음에 오는 명사의 성·수와 일치한다.

주 2) mente는 영어의 -ly와 같은 것으로 형용사 여성형에 붙어서 부사를 만든다.

주 3) Almuerzo : 점심

❖ PRONUNCIACION

1. 음절 분해와 억양

ex-CEP-to	VAIS
SEIS	VEIN-te
VOY	SOIS
HA-bla‿us-TED	a‿la‿U-na
MUY	U-na‿PLU-ma

2. Uno는 원칙적으로 u-no로 발음되지만 다음에 오는 명사가 있으면 um-LI-bro, 로 발음된다.

3. Generalmente처럼 -mente가 붙을 때는 일반적으로 악센트가 두 개 붙는다. gener***al***m***e***nte

❖ PREGUNTAS

1. ¿Qué hora es ahora?
2. ¿A qué hora toma Ud. el desayuno?
3. ¿A qué hora toma Ud. el almuerzo?
4. ¿Tiene Ud. un examen hoy?
5. ¿Desea Ud. estudiar en la biblioteca o en casa?

❖ EJERCICIOS

1. 다음 문장들 중에서 틀린 것들을 고쳐라.

ⓐ Ella va hablar español con Ud.
ⓑ Es las tres y media.
ⓒ Tengo una clase de la historia en las cinco.
ⓓ Yo tomo desayuno a las nueve por la mañana.
ⓔ Nosotros deseamos a ir a sus casa.

2. 다음은 스페인의 주요 도시들이다. 큰 소리로 몇 번이고 읽어서 그 발음을 익히도록 하라.

Bar-ce-Lo-na	To-LE-do	Ma-DRID
Se-VI-lla	Sa-la-MAN-ca	CÁ-diz
Va-LEN-cia	San Se-bas-TIAN	Za-ra-Go-za
MA-la-ga	Le-On	BUR-gos

3. (   ) 안에 들어있는 동사를 인칭에 맞게 직설법 현재형으로 변화시켜라.

ⓐ yo (ir). ⓑ ellas (ser.) ⓒ María y José (tener).
ⓓ Ud. y yo (ser) ⓔ Tú y yo (leer).

❖ COMPOSICION

1. 까스뜨로 교수는 오후 1시 15분에 점심 식사를 들려고 합니다.
2. 그녀는 오전 11시 반까지 스페인어 과목을 공부하려고 합니다. 왜냐하면 그녀는 오후에 극장에 가기 때문입니다.
3. 오전에 당신은 수업이 몇 시에 있습니까?
4. 나는 오후 4시 10분 전 도서관에 가려고 합니다.
5. 한국에서는 일반적으로 6시 반에 저녁을 먹습니다.

❖ TRADUCCION

1. Primero, voy a tomar el desayuno.
2. Ella tiene una clase de historia por la tarde.
3. Mi amigo Jorge estudia desde las dos y cuarto hasta las cinco menos veinte.
4. Ud. tiene que ir a casa ahora porque su madre le espera a Ud.
5. Por la noche yo no llamo por teléfono.

LECCION DIEZ

❖GRAMATICA

28. 지시형용사 Adjetivo demostrativo

단 수		
남 성	여 성	
este	esta	이
ese	esa	그
aquel	aquella	저

복 수		
남 성	여 성	
estos	estas	이…들
esos	esas	그…들
aquellos	aquellas	저…들

❋Este, esta, estos, estas 는 말하는 사람이 자신으로부터 가까운 것을 가리키는, 즉 근칭 지시형용사이다.

Esta casa es pequeña. 이 집은 작습니다.
Estos libros son útiles. 이 책들은 유익합니다.

❋Ese, esa, esos, esas는 말하는 사람의 상대자로부터 가까운 것을 가리키는, 즉 중칭 지시형용사이다.

Ese dinero que tiene Ud. 당신이 가지고 있는 그 돈

❋Aquel, aquella, aquello, aquellas는 말하는 사람과, 상대방으로부터 멀리 떨어져 있는 것을 가리키는 원칭 지시형용사이다.

¿Qué tiene aquel alumno? 저 학생은 무엇을 가지고 있습니까?

❋Esto, eso, equello는 중성 지시대명사로서 불확실한 것을 나타낼 때 쓰인다.

29. Creer(믿다)와 dar(주다)의 직설법 현재

creo	creemos	doy	damos
crees	creéis	das	dais
cree	creen	da	dan

DIALOGO

- Buenos días[1)], Alejandro.
- Buenos días, Carlos.
- ¿Qué desea Ud. tomar?
- Generalmente tomo café con leche, pero esta tarde voy a tomar café solo (negro). ¿Qué toman aquellas tres muchachas cerca de la ventana?
- Creo que toman té caliente. Esos muchachos detrás de su silla toman un helado y café con leche.
- Aquellos dos muchachos cerca de la puerta toman leche. Y ahora, ¿qué hora es, Alejandro?
- Son las tres y media.
- Pues tengo una cita con Amalia a las cuatro. Ella y yo siempre damos un paseo a esa hora.
- También yo doy un paseo[2)] con Margarita a la misma hora. Pero su madre tiene un coche nuevo y esta tarde ellas van a dar un paseo.
- ¿Qué es el padre de Margarita?
- Es ingeniero y es un hombre muy simpático.
- Pues, tengo que ir a casa de Amalia ahora.
- Yo tengo que ir a casa. (Carlos da el dinero al[3)] camarero.) Muchas gracias, Carlos.
- No hay de qué. *천만에

주 1) 아침인사로써 뜻은 좋은 날인데 관습적으로 복수형을 취한다. 어떤 초보자들은 영어식으로 buenas mañana('좋은 아침')라고 하는데 이것은 잘못이다.

주 2) Dar un paseo는 숙어로서 뜻은 '산보하다'이다.

주 3) 간접목적은 당연히 전치사가 붙는다. 그러므로 여기서는 '~에게'라고 해석해야 된다.

❖ PRONUNCIACION

n은 g, j, ca, co, cu 앞에서도 "ㄴ"이 아니라 "ㅇ"로 발음된다.

con‿Juan, son‿GRAN-des, con‿GUS-to, en‿CA-sa.

❖ PREGUNTAS

1. Generalmente, ¿qué toma Ud. en la cafetería?
2. ¿A qué hora da Ud. un paseo por la mañana?
3. ¿Con quién dan Uds. un paseo por la tarde?
4. ¿Qué es su tío? *삼촌 tío
5. ¿A qué hora va Ud. a casa por la tarde?

❖ EJERCICIOS

1. 다음의 것들은 중미의 수도들이다. 그 발음하는 법을 익히고 지도에서 그 위치를 찾아내어라.

Te-gu-ci-GAL-pa	San Sal-va-DOR	San Jo-SE
Su-cre	Ma-NA-gua	Gua-te-MA-la
Pa-na-MA	Ciudad de México	

2. 다음의 것들을 복수형으로 만들어라.

ⓐ este hombre	ⓑ ese libro	ⓒ aquel muchacho
ⓓ esta ciudad	ⓔ esa joven	ⓕ aquella pluma

❖ COMPOSICION

1. 나의 여자친구 마리아는 새 차를 가지고 있다.
2. 이 스페인어 교수는 매우 친절합니다. 그러나 저 역사교수는 친절하지 않습니다.
3. 나는 오후 5시 반에 나의 아버지와 함께 산보를 하려고 합니다.
4. 나의 여동생은 우리들과 함께 당신의 집에 갈 수가 없다. 왜냐하면 그녀는 오후에 그녀의 친구들과 약속이 있기 때문이다. *약속 cita
4. 우리들의 학교는 그녀의 집 근처에 있다.

❖ TRADUCCION

1. A esa hora yo tengo cita con mi tío que vive en Tegucigalpa.
2. Ella cree que yo deseo tomar café solo.
3. Ellos toman un helado sin tener dinero. *sin은 영어의 without
4. Yo voy a tomar un paseo a la misma hora.
5. Aquellos dos muchachos cerca de la puerta toman café con leche.

LECCION ONCE

❖ GRAMATICA

30. Estar의 직설법 현재

estoy	estamos
estás	estáis
está	están

Ser는 뜻이 '…이다'이고 estar는 '있다'의 뜻을 원칙적으로 가지고 있다. 그런데 비단 초보자들뿐만 아니라 스페인어를 장기간 배운 사람들도 ser와 estar의 용법에 대해 가끔 실수를 한다. 그러므로 estar의 용법에 세심한 주의를 할 필요가 있다. 그 용법을 살펴보면 다음과 같다.

1. 장소를 말할 때 사용된다.

El está en la escuela. 그는 학교에 있다.
San Salvador está en El Salvador. 산 살바도르는 엘 살바도르에 있다.

> 주의 El Salvador에서 El은 절대로 변형되지 않는다.
> Yo voy a El Salvador. 나는 엘 살바도르에 간다.

2. 주어의 일시적 조건이나 상태를 나타날 때 사용된다.

¿Cómo está Ud.? 어떻습니까? (안녕하십니까?)
Estoy bien, gracias. 좋습니다. 고맙습니다.
Ellos están cansados. 그들은 피곤합니다.

❋ Ser는 성질을 나타내고 estar는 상태를 나타낸다, 다음의 예를 보고 그 차이점을 숙지하기 바란다.

Este criado viejo es obediente. 이 늙은 하인은 복종적이다. (성질이)
Aquella criada joven está obediente. 저 젊은 하녀는 복종한다. (요새 와서)
Juan es loco. 후안은 광인이다.
Juan está loco. 후안은 미쳤다. (잠시 돌았다는 뜻)

31. 여성 정관사가 el이 되는 경우

악센트가 있는 a나 ha가 단수 여성명사 첫머리에 올 때 정관사는 남성으로 변한다. 이유는 발음상의 문제 때문이다.

El agua está fría. 물이 차다.

El hacha es grande. 도끼는 큽니다.

El águila va al sur. 독수리는 남쪽으로 간다.

DIALOGO

- Buenas tardes, Carolina.
- Muy buenas,[1)] señor Fernández. ¿Cómo está Ud.?
- Estoy muy bien, gracias. ¿Y Ud.?
- Estoy cansada.
- ¿Por qué está Ud. sentada aquí?
- Deseo leer un poco aquí debajo de estos árboles hermosos.
- ¿Están en casa sus padres?
- No, señor. Mi padre está en el campo hoy y mi madre está en el jardín detrás de nuestra casa.
- ¿Trabaja su madre allí?
- Sí, señor. Hay muchas flores en nuestro jardín. Tenemos rosas rojas y amarillas que son muy hermosas.
- ¿Quién es aquella muchacha que está sentada cerca de la ventana?
- Es mi hemana.
- ¿Por qué no está en la escuela esta tarde?
- Está enferma y también está muy triste.
- ¿Cuántos años tiene su hermano?
- No tengo hemano. Aquel muchacho que está en la calle es mi primo que pasa una semana aquí. ¿No desea Ud. un vaso de leche? Está muy fría.
- No, gracias[2)]. No deseo leche fria.
- ¿Desea Ud. chocolate?
- No lo deseo tampoco.[3)] No deseo ni leche ni[4)] chocolate.

주 1) Buenas tardes일 때만 생략된다. 그러나 연장자에게는 muy buenas라고 하지 않는게 좋다. (비록 여기에서는 그렇게 하고 있지만….)

주 2) 정중하게 사양할 때 쓰인다.

주 3) 부사 también의 반대말로서 부정을 나타낸다. 문장 앞에 놓이면 no가 생략된다. Tampoco lo deseo.

주 4) 접속사 y의 반대어로, 문장 속에서 부정이 겹칠 때 쓰인다.

❖ PRONUNCIACION

앞서도 말한바와 같이 qu는 다음과 같이 발음하니 재삼 명심하기 바란다.

que '께'	quién '끼엔'	porque '뽀르께'
pequeño '뻬께뇨'	aquel '아껠'	aquí '아끼'

❖ PREGUNTAS

1. ¿Cómo está Ud.?
2. ¿Está Ud. cansado ahora?
3. ¿Qué desea Ud. leer ahora?
4. ¿Está Ud. sentado cuando está Ud. cansado?

❖ EJERCICIOS

1. 다음 낱말들은 r나 rr를 혀로 몹시 굴리는 것들이다. 반복하여 연습해 보아라.

rojo　　reloj　　flor　　pizarra　　revista

2. 다음 (　　)에 ser 또는 estar를 변화시켜서 써 넣어라.

ⓐ Ella (　　) debajo del árbol.
ⓑ Yo (　　) cansado.
ⓒ Nosotras (　　) blancas.
ⓓ Las flores (　　) bonitas.
ⓔ Fernando (　　) sentado en una silla roja.
ⓕ Mi hermana (　　) sentada en una silla blanca.
ⓖ No (　　) fácil estudiar mucho.

ⓗ El señor Rernández (　　) en Quito.
ⓘ María (　　) de Portugal.

3. 다음 문장들 중에서 틀린 것이 있으면 고쳐라.

ⓐ El agua es frío.
ⓑ Los hachas son grandes.
ⓒ No estoy en la escuela en esta tarde.
ⓓ Mi tía es enfermo.
ⓔ Aquella muchacha es muy triste.

❖ COMPOSICION

1. 나는 지금 시골(campo)에 가야 합니다. 왜냐하면 나의 부모님이 시골에 계시기 때문입니다.
2. 아말리아는 피곤할 때 집에 갑니다.
3. 우리 학교의 정원에는 아름다운 꽃들이 많이 있다.
4. 나는 여기에서 세 시간 보내려고 합니다.
5. 오늘 오후 그녀는 그녀의 어머니와 같이 부산에 갑니다.

❖ TRADUCCION

1. Mi casa está cerca de su universidad.
2. María desea leer un poco aquí debajo de estos árboles hemosos.
3. En nuestro jardín hay rosas blancas que son muy hermosas.
4. El agua está caliente, pero ella desea tamar un vaso (잔) de agua fría.
5. Ella cree que Uds. están enfermos.

LECCION DOCE

❖ GRAMATICA

32. Leer(읽다) 와 ver(보다)의 직설법 현재

leo	leemos	veo	vemos
lees	leéis	ves	veis
lee	leen	ve	ven

> **주의** ver의 복수 2인칭은 한 음절이기 때문에 악센트 부호를 표기할 필요가 없다는 것에 유의하라.

33. 인칭대명사의 직접목적격

인칭 / 수	단수			복수		
1	***yo***	me	나를	nosotros (-ras)	nos	우리(들)을
2	***tú***	te	너를	vosoros (-ras)	os	너희 (들)을
3	***él***	le, lo	그를, 또는 그것을	ellos	los	그들을 그것들을
	ella	la	그녀를, 그것을	ellas	las	그녀들을 그것들을
	Ud.	le…a Ud.	당신을	Uds.	les … a Uds.	당신들을
	ello	lo	그것을			

직접목적격의 위치와 용법은 다음과 같다. 주의해서 살펴보기 바란다.

María es mi novia. 마리아는 나의 애인이다.

Ella ***me*** ama. 그녀는 나를 사랑한다.

María es tu novia. 마리아는 너의 애인이다.

Ella ***te*** ama. 그녀는 너를 사랑한다.
María es su novia. 마리아는 그의 애인이다.
Ella le ama.
Ella lo ama. } 그녀는 그를 사랑한다.

✽lo는 '그것을'이라는 뜻이 강하지만 스페인어를 국어로 사용하는 중남미 사람들 가운데 le 대신 lo를 쓰는 경향이 있다. 이 책에서는 사람을 가리킬 때는 주로 le를 사용했다. 그것이 더 점잖은 표현이라고 생각했기 때문에…

María tiene un libro. 마리아는 책 한 권을 가지고 있다.
Ella ***lo*** mira. 그녀는 그것을 바라본다.
Juan es su amigo. 후안은 그녀의 친구이다.
El la ama. 그는 그녀를 사랑한다.
María tiene una tiza. 마리아는 하나의 분필을 가지고 있다.
Ella la toca. 그녀는 그것을 만진다.
María es su novia. 마리아는 당신의 애인이다.
Ella ***le*** ama ***a Ud***. 그녀는 당신을 사랑한다.
María vive para ello. 마리아는 그것을 위해서 산다.
Pero yo no ***lo*** creo. 그러나 나는 그것을 믿지 않는다.

✽Ello는 중성 주격대명사로서 앞에 말한 것 또는 말하는 사람과 그 상대방 사이에 이해가 되어 있는 것을 지칭할 때 사용된다. (중성이니만큼 앞서 말한 것이 남성인지 여성인지 구별이 안 될 때 수에 관계됨이 없이 사용한다.)

✽Lo는 정관사 중성형으로서 형용사와 형용구에 붙어 명사 역할을 한다.

Lo infeliz es triste. 불행한 것은 슬프다.
No deseo recordar lo de ayer. 나는 어제의 일을 기억하고 싶지 않다.
María es nuestra amiga. 마리아는 우리들의 여자친구다.
Ella nos espera. 그녀는 우리들을 기다린다.
María es nvuestra amiga.마리아는 너희들의 여자친구다.
Ella os espera. 그녀는 너희들을 기다린다.
María es su amiga. 마리아는 그들의 여자친구다.
Ella los espera. 그녀는 그들을 기다린다.

María tiene muchos discos. 마리아는 많은 레코드판을 가지고 있다.

Ella los mira. 그녀는 그것들을 바라본다.

María tiene muchas amigas. 마리아는 많은 여자 친구들을 가지고 있다.

Ella ***las*** mira. 그녀는 그녀들을 바라본다.

María tiene muchas tizas. 마리아는 많은 분필들을 가지고 있다.

Ella ***las*** toca. 그녀는 그것들을 만진다.

María es su amiga. 마리아는 당신들의 여자친구다.

Ella ***les*** respeta ***a Uds***. 그녀는 당신들을 존경한다.

> **주의** '당신을', '당신들을'할 때는 le....a Ud., les...a Uds.라고 표기하라. 이유는 혼동을 피하기 위해서다.

✻Tener 다음에는 사람이나 동물이 오더라도 전치사 a를 붙이지 않는다.

Yo tengo un hermano. 나는 형제 한 명이 있다.

Ella tiene un perro. 그녀는 개를 한 마리 가지고 있다.

DIALOGO

- Felipe, ¿a quién busca Ud.?
- Busco a Andrés pero no le veo.
- No está aquí en este momento.
- Pero, Pablo, yo deseo esperar un momento.
- Está bien. ¿Desea Ud. mirar el periódico?
- Sí, con mucho gusto. Siempre lo leo cuando tengo tíempo.
- Aqui lo tiene Ud.
- Gracias. (Felipe espera a su amigo varios minutos.)
- Hay un programa de música mexicana ahora. ¿Desea Ud. escuchar la radio?
- Sí, con mucho gusto. La escucho todas las noches.
- La música de ese paìs es muy popular en todas las partes del mundo.
- Es verdad. Todo el mundo la escucha. (En este momento alguien llama a la puerta. Pablo la abre y Felipe ve a su amigo Andrés.)

*Todo el mundo 모든 사람들

Todas las partes del mundo 세계전역

❖ PRONUNCIACION

1. 다음 문장들을 선생님이나 친구가 큰 소리로 불러 주면 받아 써 보아라.

María es pequeña. Tiene nueve años. Su hermano Andrés está en la calle. Ella le busca porque no le ve. Ella va a pasar una semana con su abuela. Su abuela es española, Vive en Cádiz. Es profesora de francés.

*Cádiz는 스페인 남쪽 항구

❖ PREGUNTAS

1. ¿Busca Ud. un taxi?
2. ¿Lee Ud. el periódico todas las mañanas?
3. ¿Habla Ud. español?
4. ¿Espera Ud. a sus amigos?
5. ¿Escucha Ud. la música coreana todos los días?

*Todos los días 매일

❖ EJERCICIOS

1. 다음 문장들에서 목적어를 인칭대명사의 직접목적어로 고쳐라.

ⓐ Ellos abren las ventanas.
ⓑ Yo escucho el programa.
ⓒ Carlos ve a la muchacha.
ⓓ Llamamos a Fernando.
ⓔ Ella y yo estudiamos la música.
ⓕ Ellos leen los periódicos.
ⓖ Abrimos las puertas.
ⓗ Ella ve que los alumnos hablan español.

2. 다음 (　　)에 적당한 전치사를 넣어라.

ⓐ Estoy (　　　) la escuela.
ⓑ Voy (　　　) casa.
ⓒ Su madre está (　　　) casa.

ⓓ ¿(　　　) quién espera Ud.?
ⓔ Hay muchos hoteles (　　　) aquella calle.

5. 다음 (　)에 전치사 a가 필요하면 넣어라.

ⓐ Veo (　　) tres casas.
ⓑ Uds. no ven (　　) mi abuelo.
ⓒ Tiene Ud. (　　) muchos amigos.
ⓓ Ella mira (　　) sus libros.
ⓔ ¿Por qué no ama Ud. (　　) su perro?

❖ COMPOSICION

1. 나는 그녀를 찾지 않는다. 왜냐하면 그녀는 나를 사랑하지 않기 때문이다.
2. 어머니는 집에서 일하고 계십니다. 나는 어머니를 도와드려야 합니다.
3. 나는 문을 열고 싶지 않습니다. 왜냐하면 나는 몹시 춥기 때문입니다.
4. 모든 학생들은 당신을 존경합니다. 왜냐하면 당신은 그들을 많이 도와주기 때문입니다.
5. 매일 그는 그의 애인과 같이 산책하기를 원한다. 그러나 그녀는 그것을 원치 않는다.

* trabajar : 일하다, ayudar: 도와주다, respetar: 존경하다

❖ TRADUCCION

1. Siempre el profesor no está aquí. Pero yo le espero.
2. Mi padre mira el periódico todas las tardes.
3. Aquí tiene Ud. un diccionario español-coreano.
4. La música coreana es muy popular en la América del Sur.
5. Ella desea hablar español pero Ud. no lo desea.

LECCION TRECE

❖GRAMATICA

34. Saber(알다)와 conocer(알다)의 직설법 현재

sé	sabemos	conozco	conocemos
sabes	sabéis	conoces	conocéis
sabe	saben	conoce	conocen

Saber는 어떤 지식이나 또는 어떤 사실을 안다고 할 때 쓰이고, conocer는 어떤 사람과 지면이 있다거나 또는 어떤 장소를 가 보아서 안다고 할 때 쓰인다.

Yo sé que el español es interesante. 나는 스페인어가 재미있다는 것을 알고 있다.
Ella sabe leer el español. 그녀는 스페인어를 읽을 줄 안다.
Conozco a su padre. 나는 그의 아버지를 알고 있다.
José conoce a Seul. 호세는 서울에 와본 적이 있다.

✽인징대명사의 직접목적격은 동사 원형 뒤에서는 바로 그 뒤에 붙는다.

Ella desea tomarlo. 그녀는 그것을 들기를 원한다.

그러나 lo desea tomar라고 해도 상관없다.

DIALOGO

- ¿Cómo estás, Alberto?
- Muy bien, gracias. ¿Qué hay de nuevo, Fernando?
- Nada de particular. Pero busco a Felipe de la Serna1). ¿Lo2) conoces?
- Sí, lo conozco bien. Es muy simpático.
- ¿Sabes dónde está ahora?
- No lo sé. Casi todos los días va al bar a esta hora. ¿Por qué no le buscas allí?
- Muy bien, ¿No deseas ir a tomar algo?
- Sí, con mucho gusto.
- (Entran en el bar pero no ven a Felipe. Porque está sentado detrás de un grupo de chicas. Buscan una mesa libre y llaman al camarero. El camarero pregunta qué desean. Fernando desea tomar una limonada, si está fría y Alberto desea café con leche. En ese momento, tres amigas entran y los chicos las invitan3) a tomar algo. Alberto pregunta qué desean.)
- ¿Qué tomas, Leonor? ¿Té o chocolate?
- Té caliente con limón, por favor.
- Y tú, ¿Alicia?
- Chocolate4), por favor.
- ¿Deseas café, Marta?
- Sí, gracias. También deseo un vaso de agua tibia.

* Libre 비어있는
Tibio 미지근한

주 1) de la Serna가 성이다.

주 2) 여기서 le 대신에 lo를 쓴 이유는 이 경우에서는 lo라고 표현하는 것이 더 자연스럽기 때문이다. 그렇다고 le를 쓴다고 해서 어색한 것은 아니다.

주 3) '초대한다'는 것보다 '권한다'라고 해석하는 것이 더 적절할 것 같다.

주 4) 여기서는 코코아차를 말한다.

❖ PRONUNCIACION

1. 다음 낱말들은 악센트에 특별히 신경을 써서 발음해야 된다. 글자 I에 힘을 주면서 길게 발음하면 좋겠다.

   FRI-o　　　pa-IS　　　DI-a

2. 악센트가 있고 없음으로 해서 낱말의 의미가 달라진다. 그러므로 발음에 특별한 주의를 하기 바란다.

   el, él (남성 단수 정관사, 그 남자)
   que, qué (관계대명사, 무엇?)
   donde, dónde (관계부사, 어디?)
   si, sí (만약에…, 네)
   cuando, cuándo (때를 표하는 접속사, 언제?)

❖ PREGUNTAS

1. ¿Conoce Ud. al profesor de español?
2. ¿Invita Ud. a sus amigas a tomar algo en el bar?
3. ¿Cuándo toma Ud. un vaso de agua fría?
4. ¿Desea Ud. tomar chocolate?

❖ EJERCICIOS

1. 다음 (　　　)에 saber 또는 conocer의 변화형을 넣어라.

   ⓐ ¿(　　　) Ud. al señor Cubillo?
   ⓑ ¿(　　　) Uds. dónde vivo?
   ⓒ Ella no (　　　) a Seul.
   ⓓ Yo (　　　) que Cholsu está en la Argentina.
   ⓔ Ella (　　　) preparar el tema.

2. 다음 (   )에 saber 또는 estar의 변화형을 넣어라.

ⓐ El agua (   ) fría,
ⓑ Esta música (   ) popular.
ⓒ Creo que Ud. (   ) cansado.
ⓓ Ud. y yo (   ) en la ciudad.

❖ COMPOSICION

1. 나는 그를 초대하고 싶다. 그러난 그는 그것을 원치 않는다.
2. 당신은 나를 잘 알고 있다. 그러나 당신은 나를 바라보지 않는다.
3. 매일 나는 시골에 갑니다. 왜냐하면 그곳에 나의 조부모님이 살고 계시기 때문입니다.
4. 왜 당신은 그녀들을 점심(almuerzo)에 초대하지 않지요?
5. 나는 매우 바쁩니다(ocupado). 그러나 나는 그들을 방문(visitar)해야 합니다.

❖ TRADUCCION

1. El no está en casa a estas horas. Está en la escuela.
2. ¿Qué hay de nuevo? Nada de particular.
3. ¿Sabe Ud. que María está enferma? No lo sé.
4. Casi todos los días ella me visita.
5. Juan no me invita a tomar algo porque no tiene mucho dinero.

LECCION CATORCE

❖ GRAMATICA

35. Decir(말하다)의 직설법 현재

digo	decimos
dices	decís
dice	dicen

Siempre digo la verdad. 언제나 나는 진실을 말한다.
Ella dice que Ud. es amable. 그녀는 당신이 상냥하다고 말한다.

36. 인칭대명사의 간접목적격

인칭 \ 수	단수	복수
1	me 나에게	nos 우리(들)에게
2	te 너에게	os 너희(들)에게
3	le { 그에게 / 그녀에게 } le...a Ud. 당신에게	les { 그들에게 / 그녀들에게 } les...a Uds. 당신들에게

간접목적격도 직접목적격과 마찬가지로 동사(변화형) 앞에 놓인다.

Yo le doy el libro. 나는 그에게 책을 준다.
Ud. nos dice la verdad. 당신은 우리들에게 진실을 말합니다.
Ella le da a Ud. dinero. 그녀는 당신에게 돈을 준다.

* Le (또는 les)는 언뜻 보면 그인지 그녀인지 잘 구별이 안 된다고 생각이 들겠지만 앞의 문장을 보면 쉽게 구별할 수 있다.

María está aquí. 마리아는 여기에 있다.
Yo le digo la verdad. 나는 그녀에게 진실을 말한다.

37. Gustar(좋아하다)의 특수 용법

이 동사는 간접목적 대명사를 수반해서 다음과 같이 사용되므로 특별한 관심을 가지고 외우기 바란다.

Me gusta Seul. 나는 서울을 좋아한다.
Te gusta Seul. 너는 서울을 좋아한다.
Le gusta a Ud. Seul. 당신은 서울을 좋아한다.
Nos gusta Seul. 우리들은 서울을 좋아한다.
Os gusta Seul. 너희들은 서울을 좋아한다.
Les gusta Seul. 그들(또는 그녀들)은 서울을 좋아한다.
Les gusta a Uds. Seul. 당신들은 서울을 좋아한다.

Gusta의 문법상의 주어는 Seul이고 해석상의 주어는 me, te, le, le...a Ud., nos, os, les, les...a Uds. 이다. 그러므로 '나는 스페인 책들을 좋아한다'라는 문장은 me gustan los libros españoles.라고 해야 된다. 문법적이기 위해서는 동사는 문법상의 주어와 일치해야 되니까 말이다. 그리고 동사원형이 문법상의 주어가 될 때에는 단수로 취급되어 gustar도 단수형을 취한다.

Me gusta cantar. 나는 노래 부르는 것을 좋아한다.

> 주의 Gustar는 말 그대로 특수용법이니까 자꾸자꾸 실수를 하면서 정복하는 수밖에 없다.

38. Cuál의 용법

Cuál은 선택적 의미의 의문어로서 성은 변하지 않으나 수는 변한다.

¿Cuál de las sillas es barata? 의자들 중의 어느 것이 값이 싼가요?
¿Cuál es el precio? 가격은 얼마입니까?
¿Cuáles son los países pequeños? 작은 나라들은 어느 것들입니까?

DIALOGO

- ¿A dónde vas, María?
- Voy de compras, Marta. Mi hemana Consuelo[1] me espera en una tienda en el centro. Cada semana nuestro padre nos da dinero para comprar las cosas que necesitamos. ¿No deseas ir de compras también?
- Sí, con musho gusto. (Van al centro donde Consuelo las espera. Ella les abre la puerta y todas entran. Una empleada les pregunta qué desean, y María le dice que busca un pañuelo.)
- Tenemos muchos pañuelos bonitos, señorita, y son baratos. (La empleada le enseña varios pañuelos.)
- Me gusta este pañuelo rojo. ¿Cuánto es?
- Mil pesetas.
- Pues, no es barato a ese precio.
- Señorita, le digo la verdad. Es el precio baratísimo.
- Me gusta este pañuelo blanco también. ¿El precio?
- Qunientas pesetas.
- Está bicn. Lo tomo. Aquí ticne Ud. el dinero.
- Muchas gracias.

주 1) Consuelo는 여성의 이름이다.

❖ PREGUNTAS

1. ¿Le gusta a Ud. estudiar el español?
2. ¿Busca Ud. el diccionario español-coreano?
3. ¿A quién espera Ud. aquí?
4. ¿Quién le dice a Ud. que el profesor de español es bueno?
5. ¿A quién da Ud. ese pañuelo?

❖ EJERCICIOS

1. 다음 (　　)에 간접목적 대명사를 써 넣어라.

ⓐ Yo (　　) doy el libro francés. (그에게)

ⓑ Ella (　　　) dice la mentira. (우리에게)
ⓒ Uds. (　　　) abren la puerta. (그녀들에게)
ⓓ Ellos (　　　) enseñan a Uds. el español. (당신들에게)
ⓔ Yo (　　　) digo la verdad. (너희들에게)
ⓕ Ellas (　　　) enseñan el sombrero. (너에게)

2. 다음 문장들 중에서 틀린 것을 고쳐라.

ⓐ ¿Que libro busca Uds.?
ⓑ Me gusta los libros españoles.
ⓒ Le gustan estudiar el español.
ⓓ Ella va en compra.
ⓔ Aquí tiene Ud. un dinero.
ⓕ Yo voy a centro ahora.

❖ COMPOSICION

1. 매주 우리들은 우리가 필요로 하는 물건들을 사기 위해 스페인으로 갑니다.
2. 나는 그들에게 스페인 책들을 줍니다. 그러나 그들은 그들의 책들을 나에게 주지 않습니다.
3. 나의 어머니는 쇼핑을 하러 갑니다. 그러나 나는 쇼핑하러 가는 것을 좋아하지 않습니다.
4. 이 손수건은 비싸지 않습니다. 나는 당신에게 사실을 말하는 것입니다.
5. 왜 나에게 저 서한사전을 보여주지 않습니까? 나는 그것은 보기를 원합니다.

❖ TRADUCCION

1. Vamos de compras cada semana.
2. ¿Cuál es el precio? ¿Cuánto es?
3. Nos gusta ese pañuelo rojo.
4. Aquí tiene Ud. el dinero.
5. Ella no desea comprar las cosas que necesitamos.

LECCION QUINCE

❖ GRAMATICA

39. salir(나가다)의 직설법 현재

salgo	salimos
sales	salís
sale	salen

Mi primo sale. 나의 사촌은 외출한다.
Juana sale de casa. 후안나는 집에서 나갑니다.

주의 Salir는 목적어가 있을 경우에는 전치사를 붙이고 목적어가 없을 경우에는 붙이지 않는다.

40. Semana(주)

el domingo 일요일	el jueves 목요일
el lunes 월요일	el viernes 금요일
el martes 화요일	el sábado 토요일
el miércoles 수요일	

'…요일에'라고 할 때는 정관사를 붙이기만 하면 된다.
El miércoles yo voy a Cuba. 수요일에 나는 꾸바에 간다.

주의 이런 경우 en el miércoles 라고 표기하는 초보자들이 많은데, 이것은 틀린 문법이다.

✽'…요일마다'할 때는 정관사 복수를 붙이기만 하면 된다.
Los sábados ella va de compras. 토요일마다 그녀는 쇼핑하러 간다.

다음의 경우에는 정관사를 붙이지 않는다.

Hoy es viernes. 오늘은 금요일이다.

토요일과 일요일을 제외한 다른 요일들은 복수형이 되어도 변하지 않는다.

los domingos
los lunes
los martes
los miércoles
los jueves
los viernes
los sábados

DIALOGO

(Tomás sale de casa para dar un paseo. Un amigo de su familia sale también y los dos hablan juntos.)

- ¿Tiene Ud. frío, Tomás?
- Sí, señor Prieto. Tengo mucho frío porque no llevo abrigo. Además, no me gusta el frío porque soy de la zona tórrida.
- Si tiene Ud. mucho frío, ¿por qué sale Ud. de casa?
- Porque tengo que estudiar en la Biblioteca Nacional. Tengo que preparar el español para mañana.
- ¿No tiene Ud. clase hoy?
- Hoy es día de fiesta y no voy a la escuela.
- ¿A dónde va Ud. los domingos?
- Voy a la iglesia. Tengo clases los lunes, los martes, los miércoles, los jueves y los viernes.
- ¿Qué día de la semana es hoy?
- Es jueves.
- Gracias. Tengo que ir a casa ahora. Hasta luego.
- Adiós, señor Prieto.

❖ PREGUNTAS

1. ¿A qué hora sale Ud. de casa para dar un paseo?
2. ¿Qué día de semana es hoy?
3. ¿Cuándo es día de fiesta?
4. ¿Tiene Ud. clase los domingos?
5. ¿Le gusta a Ud. el frío?

❖ EJERCICIOS

1. 다음 동사들의 직설법 현재 단수 1인칭을 써라.

tener	ser	estar	creer	ver	leer
saber	conocer	salir	hablar	decir	

2. 다음 문장들 중에서 틀린 것을 고쳐라.

ⓐ En el jueves voy a la escuela.
ⓑ Me gusta calor.
ⓒ Los vierneses ella va de compras.
ⓓ Hoy es el sábado.
ⓔ Tengo que salir casa.

❖ COMPOSICION

1. 화요일마다 나는 음식점(el restaurante)에서 나의 가족과 더불어 점심식사를 합니다.
2. 수요일에 나는 로뻬스씨를 보러 가려고 합니다. 그는 시골(el campo)에서 살고 있습니다.
3. 한국에는 축제일이 많습니다.
4. 오늘은 무슨 요일입니까? 일요일입니다.
5. 목요일마다 그녀는 그녀가 필요한 물건들을 사기 위해 외출합니다.

❖ TRADUCCION

1. Mi amigo Juan no lleva abrigo porque le gusta el frío.
2. Ella sale de casa para ir de compras.
3. Los domingos mi madre va a la iglesia porque es cristiana.
4. Tenemos clases todos los días menos(제외하고) los domingos.
5. En nuestra universidad no hay clases los sábados.

LECCION DIEZ Y SEIS

❖ GRAMATICA

41. Querer(원하다, 좋아하다)의 직설법 현재

quiero	queremos
quieres	queréis
quiere	quieren

Querer 다음에는 전치사 없이 원형이 직접 온다.

Yo quiero ir a casa. 나는 집에 가고 싶습니다.

Querer는 desear와 뜻이 똑같은 동사로서 desear보다 더 자주 쓰인다. 그런데 querer 다음에 목적어가 오면 '좋아한다, 사랑한다'라는 뜻이 된다.

Yo le quiero a Ud. 나는 당신을 좋아한다.

Te quiero. 나는 너를 사랑한다.

42. 전치사와 함께 사용되는 인칭대명사

인칭 \ 수	단 수	복 수
1	mí	nosotros (-as)
2	ti	vosotros (-as)
3	él ella usted	ellos ellas ustedes

이것들은 전치사가 앞에 붙음으로써 의미가 이루어지는 인칭대명사들이다. 단수 1인칭, 2인칭을 제외하고는 그 전부가 주격 인칭대명사와 같다.

✓전치사 para를 수반할 때 :

para mí　para ti　para él　para ella　para Ud.
para nosotros(-as)　para vosotros(-as)　para ellos　para ellas　para Uds

Para mí el español es muy difícil. 나한테는 스페인어가 매우 어렵습니다.
Este regalo es para ti. 이 선물은 네 꺼다.

✓전치사 a를 수반할 때 :

A mí　a ti　a él　a ella　a Ud.
a nosotros(-as)　a vosotros(-as)　a ellos　a ellas　a Uds.
Yo le digo a ella. 나는 그녀에게 말한다.

✽ A ella를 붙임으로써 le의 뜻이 확실해진다. 사실 le만으로는 '그에게'인지 '그녀에게'인지 '당신에게'인지 명확하게 구분되지 않을 때가 많다.
A ti te quiero mucho. 나는 그대를 무척 사랑하노라.

✽이 경우에서는 a ti가 없어도 뜻이 명확히 나타나지만 굳이 a ti를 붙인 이유는 전체의 의미를 강조하기 위해서이다.

✓전치사 con을 수반할 때 :

conmigo	contigo	con él	con ella	con Ud.
con nosotros(-as)	con vosotros(-as)	con ellos	con ellas	con Uds.

주의 con mí, con ti라고 하지 않고 conmigo, contigo라고 한다.

Ella quiere estudiar conmigo. 그녀는 나와 같이 공부하기를 원한다.
Juan va al centro contigo. 후안은 너와 같이 중심가에 간다.
Ud. da un paseo con ella. 당신은 그녀와 같이 산책을 한다.

주의 인칭대명사 3인칭 단복수가 con과 합치면 '자신이 손수 …'라는 뜻으로 consigo가 된다. 이때 consigo는 단수든 복수든 변하지 않는다.
Juan lleva su maleta consigo. 후안은 그의 가방을 자신이 손수 가지고 간다.
Mis amigos llevan sus maletas consigo. 나의 친구들은 그들의 트렁크를 자신들이 손수 가지고 간다.

✓De를 수반할 때 :

de mí	de ti	de él	de ella	de Ud.
de nosotros(-as)	de vosotros(-as)	de ellos	de ellas	de Uds.

La madre de ella lo desea. 그녀의 어머니는 그것을 원한다.

❋Su madre라고 했을 때 '그의 어머니'인지 '그녀의 어머니'인지 또는 '당신의 어머니'인지 잘 구별이 안 될 때, 뜻을 확실히 하기 위해서 la madre de ella (또는 su madre de ella)라고 할 수도 있다.
Su madre de Ud. sale ahore. 당신의 어머니는 지금 외출합니다.

주의 A él이나 de él은 절대로 al, dél로 되지 않는다.

DIALOGO

(Juan llama a Teresa por teléfono pero la madre de ella contesta.)

- ¿Está en casa Teresa?
- Creo que sí. Un momento, por favor. (Juan no tiene que esperar mucho tiempo.)
- ¡Bueno!
- ¿Qué tal, Teresa?
- Perfectamente, gracias. ¿Y tú?
- Muy bien, gracias. ¿Qué hay de nuevo?
- Nada de particular.
- ¿Estás ocupada esta tarde?
- Sí. Escribo una carta a mi hermana. Le escribo a ella casi todos los días.
- ¿Tienes cita para esta noche?
- No, no tengo cita.
- ¿Quieres ir al baile conmigo?
- Con mucho gusto. Siempre es un placer ir al baile contigo.
- Muchas gracias. Beatriz y Daniel van al baile también. Y quieren ir con nosotros.
- Aunque no conozco a Beatriz, ya sé que va a ser un gran placer estar con ella. ¿Dónde está la casa de ella?
- Ella vive en aquella casa nueva cerca del parque.
- Ya sé dónde está.
- ¿A qué hora quieres salir esta noche?
- Lo más pronto pusible(*될 수 있는 데로 빨리).
- Está bien. Hasta luego.

❖ PREGUNTAS

1. ¿A quién llama Ud. por teléfono todos los días?
2. ¿Quiere Ud. salir a la calle con su novia?
3. ¿Va Ud. al baile con sus amigas?
4. ¿Para Ud. es difícil estudiar el español?
5. ¿Está Ud. ocupado esta tarde?

❖ EJERCICIOS

1. 다음 (　　)에 전치사의 목적어로서 사용되는 인칭대명사를 적절하게 써 넣어라.

ⓐ A (yo) no me gusta estudiar.
ⓑ Para (tú) es fácil hablar en español.
ⓒ Anita va de compras con (ella).
ⓓ Te doy a (tú) este libro.
ⓔ Este regalo es para (nosotros).

2. 다음 문장들 중에서 틀린 것을 고쳐라.

ⓐ La casa dél es grande.
ⓑ Yo quiero a ir a la escuela.
ⓒ Nada en particular.
ⓓ Ella va con me.
ⓔ No voy salir en esta noche.

❖ COMPOSICION

1. 우리들의 대학은 공원 근처에 있다.
2. 오늘 오후 나는 너와 같이 도서관에 가고 싶다.
3. 나는 그대를 사랑한다. 그러나 그대는 나를 사랑하지 않는다.
4. 나의 아버지는 항상 바쁘십니다.
5. 당신을 안다는 것은 하나의 즐거움입니다. 나는 당신 친구가 되고 싶습니다.

❖ TRADUCCION

1. Creo que sí. Creo que no.
2. Siempre la espero mucho tiempo.
3. ¿Qué tal, Juan?
4. Va a ser un placer hablar español con Ud.

LECCION DIEZ Y SIETE

❖ GRAMATICA

43. Hacer(하다, 만들다)의 직설법 현재

hago	hacemos
haces	hacéis
hace	hacen

¿Qué hace Ud. ahora? 당신은 지금 무엇을 하고 있습니까?
Hace frío. 날씨가 춥다.

❃ Hacer에 frío나 calor(더위) 따위를 수반해서 날씨의 상태를 나타낸다.

> 주의 이때 hacer와 같이 쓰이는 calor나 frío는 명사이므로 '매우…'라고 할 때는 muy가 아니고 mycho라는 것을 명심하기 바란다.
> Hace mucho calor. 날씨가 매우 덥군요.

❃ 날씨 상태를 나타내는데 있어 눈에 뜨이는 현상은 hay를 사용한다.
Hay sol. 햇빛이 비친다.

> 주의 Hace sol이라고 해도 틀리지는 않는다.

44. 사계 Cuatro estaciones del año

la primavera 봄	el otoño 가을
el verano 여름	el invierno 겨울

La primavera es buena. 봄은 좋습니다.
Ahora es verano. 지금은 여름이다.

계절을 표시하는데 있어서는 정관사가 붙는 것이 보통이지만 단 ser 다음에 올 때에는 생략된다.

45. 라틴 아메리카의 나라들 – 정관사와 형용사

초보자들이 흔히 의문을 갖는 것이 어떤 나라는 정관사가 붙고 또 어떤 나라는 정관사가 붙지 않는냐는 점이다. 뭐 뚜렷한 구별은 없다. 그러므로 무조건 외우는 수밖에 없다. 우선 라틴 아메리카의 나라들부터 그 형용사와 더불어 살펴보기로 하자.

México	→	mexicano(-na)
Guatemala	→	guatemalteco(-ca)
Honduras	→	hondureño(-ña)
El Salvador	→	salvadoreño(-ña)
Nicaragua	→	nicaragüense(-se)
Costa Rica	→	costarricense(-se)
Panamá	→	panameño(-ña)
Cuba	→	cubano(-na)
República Dominicana	→	dominicano(-na)
Venezuela	→	venezolano(-na)
Colombia	→	colombiano(-na)
el Ecuador	→	ecuatoriano(-na)
el Perú	→	peruano(-na)
Bolivia	→	boliviano(-na)
Chile	→	chileno(-na)
la Argentina	→	argentino(-na)
Uruguay	→	uruguayo(-ya)
Paraguay	→	paraguayo(-ya)
el Brasil	→	brasileño(-ña)

주의 El salvador의 El은 언제나 대문자로 쓰여진다. El Salvador의 뜻은 구세주다.

DIALOGO

- ¿Qué tiempo hace hoy?
- Hace mal tiempo porque hace mucho viento. Y hay mucha nieve.[1)]
- ¿Qué tiempo hace en el verano?
- Hace calor. Siempre hay sol entonces.
- ¿Hace fresco en el otoño?
- Sí. Y hace buen tiempo en la primavera también. Es una estación agradable.
- ¿Cómo son los días del verano?
- Son largos.
- ¿Y las noches?
- Son muy cortas.
- ¿Dónde vive el hermano mayor de Ud.?
- Vive en Buenos Aires.
- ¿Hace frío allí ahora?
- Pues no. Cuando es invierno en Corea, es verano en la Argentina.
- Es verdad. ¿No quiere Ud. pasar un verano allí donde no hace calor?
- ¡Cómo no! Pero no es posible este año porque tengo que ir al Perú para ver a mis abuelos.
- ¿Le gusta a Ud. el invierno?
- Sí. Me gusta el invierno, porque soy joven.
- También soy joven pero a mí[2)] no me gusta el frío.

주 1) 눈(雪)도 가시적(可視的)인 것이니까 hay를 사용하였다.

주 2) A mí를 덧붙인 것은 뜻을 강조하기 위해서이다.

❖ PREGUNTAS

1. ¿Qué tiempo hace hoy?
2. ¿Hace frío en el otoño?
3. ¿Hace frío en el invierno en Corea?
4. ¿Quiere Ud. pasar el verano en Acapulco?
5. ¿Le gusta a Ud. el calor?

❖ EJERCICIOS

1. 다음 (　　)에 알맞은 것을 넣어라.

ⓐ Yo (　　) mucho calor.
ⓑ (　　) mucha nieve.
ⓒ (　　) viento.
ⓓ (　　) fresco. (신선한 또는 시원한)
ⓔ ¿Qué tiempo (　　)?

2. 다음의 문장들은 hacer에 대한 용법을 여러 가지로 나타낸 것이다. 우리말로 옮겨 보아라.

ⓐ Ella hace chocolate caliente.
ⓑ Esta canción me hace triste.
ⓒ Tengo que hacer los ejercicios(연습문제들) en esta página.
ⓓ ¿Qué haces tú ahora?
ⓔ Hace mal tiempo(날씨).

❖ COMPOSICION

1. 오늘 날씨가 매우 나쁩니다. 나쁜 날씨는 나를 슬프게 만듭니다.
2. 한국에서는 가을에 날씨가 매우 좋습니다. 나는 가을에 한국에 가고 싶습니다.
3. 그녀는 이번 여름을 그녀의 할머니와 같이 브라질에서 보내려고 한다.
4. 마리아는 겨울을 싫어합니다. 왜냐하면 날씨가 매우 춥기 때문입니다.
5. 여름날들은 깁니다. 그래서 우리들은 일을 많이 합니다.

❖ TRADUCCION

1. ¿Qué tiempo hace hoy?
2. Cuando es invierno en Corea, es verano en la Argentina.
3. Hace buen tiempo en la primavera. Es una estación agradable.
4. ¿Cómo son los días del invierno?
5. ¡Cómo no! Pero no es posible este año.

LECCION DIEZ Y OCHO

❖ GRAMATICA

46. Pensar(생각하다)와 volver(돌아오다, 돌아가다)의 직설법 현재

pienso	pensamos	vuelvo	volvemos
piensas	pensáis	vuelves	volvéis
piensa	piensan	vuelve	vuelven

❀ Pensar 다음에 원형이 오면 '…할 생각(계획)이다'라는 뜻이 된다. 이 때 전치사는 붙지 않는다.

Yo pienso salir ahora. 나는 지금 나갈 생각이다.

❀ Poder(할 수 있다)는 volver와 똑같은 변화를 한다. poder 다음에 전치사 없이 직접 원형이 온다.

DIALOGO

- Buenas tardes, Miguel.
- Muy buenas, Carlos. ¿Qué piensa Ud. hacer esta tarde?
- Siempre voy a casa de Andrés a esta hora para hablar español con él.
- ¿A qué hora vuelve Ud. a casa generalmente?
- Vuelvo a las cinco.
- ¿Qué piensa Ud. hacer, durante las vacaciones?
- Mi padre quiere hacer un viaje(여행) a Venezuela y me dice que puedo ir con él.
- Mi tía y yo queremos hacer el viaje, si tenemos bastante dinero. ¿Van Uds. en coche o en avión?
- En avión. Mi padre tiene solamente dos semanas de vacaciones(휴가, 방학). ¿Qué piensa Ud. de[1] la idea?
- Me gusta mucho pero cuesta mucho dinero(돈) ir en avión, ¿no es verdad?

- Si, es verdad.
- Además, a mi tía no le gusta viajar en avión. Nosotros vamos en coche. ¿No puede Ud. ir con su padre y volver con nosotros?
- No lo sé, pero voy a preguntar a mi padre esta noche, si es possible. Adiós.
- Hasta la vista.

주 1) pensar 다음에 전치사 de가 오면 '…에 대해 생각하다'라는 뜻이 된다.

❖ PREGUNTAS

1. ¿Puede Ud. salir a la calle ahora?
2. ¿Qué piensa Ud. hacer, durante las vacaciones?
3. ¿Quiere Ud. hacer el viaje con sus padres?
4. ¿Le gusta a Ud. viajar en avión?
5. Su novia es guapa, ¿no es verdad?

❖ EJERCICIOS

1. 다음 문자들 중에서 틀린 것을 고쳐라.

ⓐ Ella va a la escuela por taxi.
ⓑ Ud. no puede ir con mí.
ⓒ Le cuesta a ella en hablar en francés.
ⓓ Pensamos a volver a casa pronto.
ⓔ Yo voy a Seúl, durante la vacación.

2. Poder의 직설법 현재를 변화시켜 보아라.

❖ COMPOSICION

1. 가능하다면 나는 페루(el Perú)에서 공부를 하고 싶다.
2. 그녀는 여기에서 살 생각이다.
3. 나는 비행기(avión)로 여행하고 싶다. 그러나 나는 그것을 할 수가 없다. 왜냐하면 나는 돈이 없기 때문이다.

4. 당신은 그녀가 여기에 올 수 있는지 나에게 묻습니다.
5. 나의 친구 훼르난도(Fernado)는 단지 일주일의 휴가만이 있다. 그러므로 나와 같이 세비야(Sevilla)에 여행을 할 수가 없다.

❖ TRADUCCION

1. Yo pienso estudiar en la biblioteca esta tarde.
2. Si tenemos bastante dinero, queremos hacer el viaje en avión.
3. Si es posible, yo voy a volver a casa pronto.
4. Hasta la vista.
5. Me cuesta mucho trabajo(힘들다) tomar un taxi.

LECCION DIEZ Y NUEVE

❖GRAMATICA

47. 재귀동사 Verbo reflexivo

재귀동사는 글자 그대로 행위의 결과가 자신에게 귀착되는 동사다. 주로 타동사를 자동사로 만드는데 사용된다. 재귀동사는 동사에 재귀대명사 se를 붙임으로써 이루어진다. 재귀대명사의 인칭변화는 다음과 같다.

인칭 \ 수	단 수	복 수
1	me	nos
2	te	os
3	se	se

그러면 재귀동사의 용법을 자세히 살펴보기로 하자. Levantar라는 동사는 타동사로서 뜻은 '일으키다'이다.

Yo le levanto a Ud. 나는 당신을 일으킨다.

이때 levantar에 재귀대명사를 붙이면 다음과 같이 된다.

me levanto	nos levantamos
te levantas	os levantáis
se levanta	se levantan

Me levanto에서 그 뜻을 글자 그대로 풀이하면 '나는 나를 일으킨다'가 된다. 그러니까 '나는 일어난다'이다. 이것이 곧 재귀동사의 용법이다. 어떤 동사가 재귀동사가 될 수 있는 것인지 알려면 사전을 찾아보아야 된다. 사전을 보면 재귀동사가 될 수 있는 동사에는 -se라는 표시가 되어 있다. 그러나 그 많은 동사들 중에서 재귀동사를 일일이 가려낸다는 것은 불가능한 일이다. 이 책으로 스페인어를 배우는 초보자들은 여기에 나오는 재귀동사들만 열심히 외우면 자신도 모르는 사이에 재귀동사의 생태를 잘 알게 될 것이다.

DIALOGO

- El profesor se sienta[1)] detrás de la mesa y pregunta a un alumno.
- ¿Cómo se llama[2)] Ud.?
- Me llamo Ignacio Delibes.
- ¿A qué hora se levanta Ud.?
- Me levanto a las siete de la mañana.
- ?Qué hace Ud. entonces?[3)]
- Me lavo la cara y las manos,[4)] luego bajo al comedor para tomar el desayuno.
- ¿Ya está sentada la familia de Ud., cuando llega al comedor?
- Casi siempre.
- ¿Qué toma Ud. para el desayuno?
- Tomo solamente tostadas, pan o panecillos y chocolate caliente.
- ¿No bebe Ud. leche?
- No me gusta mucho.

주 1) sentarse의 단수 제 3인칭 변화형. 물론 재귀동사이다.

주 2) Llamarse가 원형이다.

주 3) '그리고 나서는'이라는 뜻을 가지고 있다.

주 4) Lavarse la cara y las manos는 '얼굴과 손을 씻는다'라는 뜻을 가지고 있다. 여기서 주의할 것은 신체의 부분은 소유형용사를 사용하지 않는다는 사실이다. 즉 Me lavo mi cara 라고 하지 않고 정관사를 사용한다. 또 한 가지 주의할 것은 '우리들은 얼굴을 씻는다'라고 할 때는 Nos lavamos las caras라고 하지 않고 Nos lavamos la cara라고 해야 된다. 우리 말에도 '우리들은 얼굴들을 씻는다'는 말은 없지 않은가.

❖ PREGUNTAS

1. ¿A qué hora se levanta su madre?
2. A que hora toma Ud. el almuerzo?
3. ¿Cómo se llama Ud.?
4. ¿Se lava Ud. la cara todos los días?
5. ¿Se lava Ud. las manos también cuando se lava la cara?

❖ EJERCICIOS

1. 다음 (   )에 인칭에 맞는 재귀대명사를 넣어라.

ⓐ Yo (   ) llamo Cholsu Kim.
ⓑ Ellas (   ) acuestan temprano.
ⓒ Uds. no (   ) lavan las manos.
ⓓ Nosotras (   ) sentamos.
ⓔ Tú (   ) levantas tarde.

2. 다음 문장들 중에서 틀린 것을 고쳐라.

ⓐ Ella se lava su cara.
ⓒ Ella no llega en el comedor.
ⓓ María está sentado.
ⓔ Ud. baja en el comedor(식당).

3. 다음 재귀동사들을 직설법 현재 단수 1인칭형으로 변화시켜라.

ⓐ levantarse	ⓑ lavarse	ⓒ llamarse
ⓓ acostarse	ⓔ sentarse	

*ⓐ Me levanto.

❖ COMPOSICION

1. 나는 매일 일찍 일어납니다.
2. 그녀의 이름은 마리아 훼르난데스입니다.
3. 나는 우유를 좋아합니다.
4. 나는 아침을 먹으러 식당으로 내려간다.
5. 나의 어머니는 나를 일으켜 주신다.

❖ TRADUCCION

1. El profesor se sienta detrás de la mesa.
2. Yo bajo al comedor en seguida.
3. Ud. se llama José Cela, ¿no es verdad?
4. Todas las tardes mi hermano menor se lava las manos.
5. Mi familia está sentada a la mesa.

LECCION VEINTE

❖GRAMATICA

48. Venir(오다)와 jugar(놀다)의 직설법 현재

vango	venimos	juego	jugamos
vienes	venís	juegas	jugáis
viene	vienen	juega	juegan

Venir는 직설법 현재에서는 tener와 동일한 변화형을 갖는다. 그리고 다음에 원형이 올 경우에는 전치사 a가 붙는다.

Yo vengo a verte. 나는 그대를 보러 왔노라.

Jugar 다음에 스포츠 용어가 올 경우에는 "~을 한다는" 뜻이 된다. 전치사 a가 없어도 상관없다.

Ella juega al tenis. 그녀는 테니스를 친다.

Nosotros jugamos fútbol. 우리들은 축구를 한다.

❀재귀대명사도 간접목적 대명사처럼 원형 뒤에 붙는다.

No puedo levantarme temprano. 나는 일찍 일어날 수 없다.

DIALOGO

- ¿Qué va Ud. a hacer el viernes que viene(다음 금요일)?
- Tenemos un partido(경기) de fútbol y voy a verlo.
- ¿Juega Ud. fútbol?
- No juego al fútbol pero soy my aficionado(애호가) al deporte.
- Yo también. Me gustan el béisbol y el básquetbol, pero me gusta más el fútbol.
- Yo voy a todos los partidos. Este año nuestro equipo es muy bueno. Dos amigos de Managua vienen a verme y quiero llevarlos al partido.
- Pues, yo quiero verlo también, si puedo comprar un billete.
- ¿No quiere Ud. acompañarnos?
- Sí, con mucho gusto. No conozco a muchas personas todavía.
- Pues, Ud. puede pasar por mi casa a la una. Creo que mi papí va a llevarnos en el coche.
- El equipo de la universidad de usted va a ganar el sábado, ¿no es verdad?
- No lo sé, pero creo que vamos a ganar el campeonato este año. Todos nuestros jugadores son muy buenos.
- Adiós.
- Hasta el viernes.

❖ PREGUNTAS

1. ¿Es Ud. aficionado al básquetbol?
2. Cuando vuelve Ud. a casa muy tarde, ¿quién le acompaña?
3. ¿Le gusta a Ud. jugar al golf?
4. ¿Va Ud. al partido de fútbol los domingos?

❖ EJERCICIOS

1. 다음 (　　)에 알맞은 전치사를 넣어라.

ⓐ Yo soy aficionado (　　) la pintura(그림).
ⓑ Mi madre viene (　　) castigarme(벌주다).

ⓒ Nosotros jugamos (   ) fútbol.
ⓓ Ella sale (   ) casa.
ⓔ Ud. no quiere pasar (   ) mi casa.

2. 다음 문장들 중에서 틀린 것을 고쳐라.

ⓐ Hasta viernes.
ⓑ No saben a muchas personas.
ⓒ Pienso a ganar al campeonato.
ⓓ Ella quiere a llevarnos por coche.
ⓔ Todos los nuestros jugadores son bueno.

❖ COMPOSICION

1. 나의 아빠는 대단한 축구 애호가이다.
2. 나는 당신을 자동차로 모시고 가려고 합니다.
3. 다음 일요일 후안은 농구경기를 보러 갈 생각이다.
4. 마리아는 내가 집에 없을 때 나를 보러 온다.
5. 올해 우리 대학은 선수권을 획득하려고 합니다.

● TRADUCCI N

1. Yo voy a jugar al tenis con mis amigos el sábada que viene.
2. Mi madre es aficionada al básquetbol.
3. Es imposible comprar un billete para ver el partido de fútbol.
4. El señor Ferlosio siempre nos lleva en su coche.
5. Es muy difícil ganar el campeonato mundial(세계선수권) de fútbol.

LECCION VEINTE Y UNA

❖ GRAMATICA

49. 직설법 부정과거 Pretérito indefinido de indicativo

직설법 부정과거는 과거의 단순한 행위, 또는 일정한 기간 내에 완료된 과거행위를 나타낼 때 사용된다. 결론적으로 말해서 우리가 상식적으로 생각하는 과거이다. 우선 어미가 -ar로 끝나는 규칙동사의 직설법 부정과거부터 살펴보기로 하자.

예 hablar

인칭 \ 수	단 수	복 수
1	habl*é*	habl*amos*
2	habl*aste*	habl*asteis*
3	habl*ó*	habl*aron*

주의 Hablé와 habló는 악센트가 있느니만치 é와 ó를 강조해서 발음해야 된다. 만약에 힘없이 발음하면 habló는 hablo가 되고 말테니, 그야말로 의미가 엉뚱하게 변하고 말 것이다. '속 그가 말했다'가 '나는 말한다'가되니까 말이다. 그러므로 매우 신경을 써서 발음하기 바란다.

부정과거는 과거에 그 어떤 일정한 때에 일어났던 것을 말할 때 쓰인다.

Hablé con él ayer. 나는 어제 그와 더불어 이야기했다.

Me acosté a las doce. 나는 12시에 잠자리에 들었다.

DIALOGO

- Buenos días, Alejandro.
- Buenos días, Enrique. ¿Qué pasó anchoe? Te llamé por teléfono dos veces y no contestaste.
- Ayer por la tarde Ramón y yo tomamos el autobús para ir al centro a comprar billetes de teatro para el sábado que viene. Le acompañé a su casa donde charlamos un rato. Luego me invitó a pasar la noche allí.
- ¿Estudiaste con Ramón?
- No estudiamos. Cenamos temprano y hablamos español un rato. También escuchamos un programa guatemalteco en la radio. Nos sentamos a jugar a los naipes(트럼프를 치다) cuando varios amigos de Ramón llegaron a pasar con nosotros. Bailamos hasta muy tarde.
- ¿Qué bailaste?
- Bailé la salsa y el tango. Me gusta bailar la salsa, especialmente con la hermana de Ramón. Puesto que(~했기 때문에) no nos acostamos hasta medianoche, nos levantamos tarde esta mañana. Tomé el dasayuno con Ramón y ahora tengo que ir a la escuela.

*Por eso 그러므로

❖ PREGUNTAS

1.¿A quién llamó Ud. por teléfono anoche?
2. ¿Para qué fue Ud. al centro el martes pasado?
3.¿A quién acompañó Ud. ayer después de clases(학교가 끝난 후)?
4.¿Con quién tomó Ud. el desayuno esta mañana?
5.¿Qué película(영화) vió(보다) Ud. anteayer(그저께)?

❖ EJERCICIOS

1. 다음 동사들은 규칙적으로 변하는 것들이다. 직설법 부정과거 단수 1인칭을 써라.

acostarse, llevar, telefonear, bailar, estudiar, tomar, quedrase(머무르다), preparar, amar, bailar, levantarse.

2. 다음 동사들을 부정과거로 변화시켜라.

ⓐ Ayer por la tarde yo (pasar) con Juan.
ⓑ Ella (bailar) el tango mucho tiempo.
ⓒ Mi padre se (levantar) muy temprano.
ⓓ Uds. se (acostar) tarde.
ⓔ ¿Por qué (llegar) Ud. tarde?
ⓕ Nosotros (estudiar) en la biblioteca.

❖ COMPOSICION

1. 어제 나는 친구들과 같이 스페인어로 말했다.
2. 당신은 어제 몇 시에 잠자리에 들었습니까?
3. 당신은 한국 영화를 좋아하나요?
4. 어제 아침 나의 어머니는 늦게 일어나셨다.
5. 나는 어제 그를 점심 식사에 초대했다.

❖ TRADUCCION

1. Ayer por la tarde yo tomé el autobús.
2. Ella compró billetes de teatro para el jueves que viene.
3. Le acompañé a su casa, donde charlamos(잡담하다) un rato.
4. Nos sentamos a jugar a los naipes.
5. Bailamos hasta muy tarde. No nos acostamos hasta medianoche. Por eso estamos muy cansados ahora.

LECCION VEINTE Y DOS

❖ GRAMATICA

50. Aprender와 escribir의 직설법 부정과거

어미가 -er 와 -ir 로 끝나는 규칙동사의 직설법 부정과거는 다음과 같이 변한다.

aprendí	aprendimos	escribí	escribimos
aprendiste	aprendisteis	escribiste	escribisteis
aprendió	apredieron	escribió	escribieron

주의 -ir로 끝나는 동사는 복수 1인칭이 직설법 복수 1인칭과 같다. 이것은 -ar로 끝나는 동사와 마찬가지이다.

DIALOGO

- ¿Qué haces, Margarita?
- Estoy sentada en este momento, Leonor. Escribí una carta larga y ahora estoy cansada. Anoche José me llevó al cine y no volvimos a casa hasta la una. ¿Te quedaste en casa el sábado por la noche?
- No, no me quedo en casa los sábados por la noche. Anoche Carlos me invitó a ir al cine.
- ¿Dónde está tu amiga Raquel?
- Partió para Caracas ayer por la mañana y no puede volver hasta el mes[1)] próxino.
- ¿Viste a María?
- No, no la vi.
- ¿Qué película presentaron?[2)]
- Una película mexicana. En ella hay una orquesta que toca(만지다, 연주하다) canciones mexicanas y también hay varios bailes magníficos.
- Yo la vi el otoño pasado. Es muy bonita, especialmente el jarabe tapatío, el baile nacional de México. Un momento. Alguien me llama. (Margarita salió del cuarto y volvió cinco minutos después.)

주 1). Mes나 año나 semana 같이 시간을 표시하는 명사는 형용사가 있어도 정관사가 붙는다.
주 2) 이 문장에서 presentar의 주어는 막연한 '그들'이다.

❖ PREGUNTAS

1. ¿A quién lleva Ud. al cine ayer?
2. ¿Se quedó Ud. en casa el sábado pasado?
3. ¿Salió Ud. de la casa muy temprano esta mañana?
4. ¿A quién vio Ud. en el parque?
5. ¿Le gusta el baile coreano?

❖ EJERCICIOS

1. 다음 동사들의 부정과거는 aprender와 escribir처럼 규칙적으로 변화한다. 직설법 부정과거 단수 3인칭으로 변화시켜라.

comprender salir ver vivir comer

2. 다음 문장들 중에서 틀린 것이 있으면 고쳐라.

ⓐ Ella partio en Mardrid.
ⓑ Yo salí a la calle en semana pasada.
ⓒ ¿Se queda Ud. en casa en los sabados?
ⓓ Ella me invitó al almuerzo en lunes pasado.
ⓔ Yo escribí carta larga ayer en la tarde.

❖ COMPOSICION

1. 나는 극장에서 그를 보지 못하였다. 그러나 그는 나를 불렀다(llamar).
2. 그의 할아버지는 어제 아침 바르셀로나로 향해 출발하셨다.
3. 작년에 나의 여자 친구 순이가 장문의 편지를 썼다.
4. 저 오케스트라는 어제 한국 노래들을 연주했다.
5. 지난주에 우리들은 스페인어를 배웠다. 그래서 지금 우리들은 스페인어를 약간 말한다.

❖ TRADUCCION

1. Yo no me quedo en casa los domingos.
2. El sábado pasado por la noche ella me invitó al teatro.
3. En esta película hay una orquesta que toca canciones coreanas.
4. Hay varios bailes magníficos en Corea
5. Un momento. Elena me llama.

LECCION VEINTE Y TRES

❖ GRAMATICA

51. Dar, ir, ser의 직설법 부정과거

＊불규칙적으로 변한다.

di	dimos	fui	fuimos
diste	disteis	fuiste	fuisteis
dio	dieron	fue	fueron

❀ ir와 ser의 직설법 부정과거는 똑같이 변한다. 그러니까 ir의 부정과거만 알면 ser의 부정과거도 자동적으로 알게 된다.

> 주의 부정과거에는 불규칙적으로 변화하는 동사들이 많지만 어디까지나 규칙적으로 변화하는 불규칙 변화이다. 그러므로 초보자들은 그저 맹목적으로 외우기만 하면 자신도 모르게 그 원칙을 터득하게 된다는 점을 명심하라.

❀ 스페인어에서는 전치사 다음에 원형이 온다.

después de cantar 노래를 부른 후에
al llegar a casa 집에 도착함에 있어서
Está cansado de bailar. 그는 춤추기에 지쳐 있나.

DIALOGO

- ¿A dónde fue Ud. ayer por la tarde, María?
- Fuí de compras.
- ¿Fue en taxi?
- Fui en metro pero volví en camión.[1] Es muy difícil tomar un taxi en estos días porque hay muchos turistas[2] en esta ciudad. A propósito[3], compré muchas cosas y no fue fácil llevarlas. ¿Y, cómo pasó Ud. la tarde, Carmen?
- Primero, Amalia y yo dimos un paseo. Después de pasear un rato en el parque, fuimos al museo para ver una exposición de pinturas españolas. También vimos una colección de pinturas latinoamericanas. Me gusta especialmente el arte de México. Al volver a casa me lavé el cabello. ¿Se quedó Ud. en casa anoche?
- No salí. Al terminar el tema que escribí para hoy[4], contesté una carta que recibí de mi prima María la semana pasada.
- ¿Cuánto tiempo va a pasar María en Veracruz?
- Casi tres meses. Su padre le dio permiso a ella para pasar toda la primavera allí.
- ¿Fue por tren o en avión?
- En avión. No le gusta viajar por tren porque ella siempre está muy ocupada.

주 1) México에서는 autobús를 camión이라고 부른다.

주 2) 관광객: -ista로 끝나는 단어는 남성, 여성이 동일하다.

주 3) 그건 그렇고

주 4) 오늘 할 테마를 쓰는 것을 끝마치자.

❖ PREGUNTAS

1. ¿A dónde fue Ud. ayer por la mañana??
2. ¿Después de estudiar, ¿que hizo Ud.?
3. Al llegar a la escuela, ¿a quién vio Ud.?
4. ¿Se lavó Ud. el cabello la semana pasada?
5. ¿Da Ud. permiso a su hermano menor(아우) para pasar en Corea?

❖ EJERCICIOS

1. 다음 (　　)에 직설법 부정과거를 인칭에 따라 변화시켜 넣어라.

ⓐ Ella (pasar) toda la tarde en la playa.
ⓑ Juan (dar) un paseo conmigo.
ⓒ Ud. no (ir) al cine ayer.
ⓓ Ud. (ser) soldado(병사).
ⓔ Me (gustar) las pinturas mexicanas.

2. 다음의 형용사구를 형용사로 고쳐라.

예 pintura de Corea → coreana
ⓐ música del Perú.　　ⓑ arte de México
ⓒ pintura de la Argentina　　ⓓ ciudad de El Salvador
ⓔ iglesia de Costa Rica

❖ COMPOSICION

1. 나는 이 도시에서 가을 내내 지낼 생각이다.
2. 많은 사람들이 기차로 여행을 합니다. 그러나 나는 비행기로 여행합니다.
3. 어제 그녀는 택시로 집에 돌아왔다.
4. 한국의 예술은 훌륭합니다.
5. 후안은 점심을 든 후에 도서관에 갔다.

❖ TRADUCCION

1. Fuimos al museo para ver una exhibición de pinturas coreanas.
2. Vimos una colección de pinturas francesas.
3. Ayer me lavé el cabello y fui al baile.
4. Su padre le dio a ella el dinero para comprar un piano.
5. Recibí una carta larga de mi prima el mes pasedo.

LECCION VEINTE Y CUATRO

❖ GRAMATICA

52. 기수 Número cardinal

100 cien(to)
105 ciento cinco
200 doscientos, as
300 trescientos, as
400 cuatrocientos, as
500 quinientos, as
600 seiscientos, as
700 setecientos, as
800 ochocientos, as
900 novecientos, as
1,000 mil
2,000 dos mil
2,571 dos mil quinientos(-as) setenta y uno
3,600 tres mil seiscientos(-as)
10,000 diez mil
47,565 cuarenta y siete mil quinientos(-as) sesenta y cinco
100,000 cien mil
365,600 trescientos(-as) sesenta y cinco mil seiscientos(-as)
1,000,000 un millon(de)
3,564,782 tres millones quinientos(-as) sesenta y cuatro mil setecientos(-as) ochenta y dos

cien casas 100채의 집들
trescientas mesas 300개의 탁자들
un millón de habitantes 백만 주민들
cuatro mil libros 4,000권의 책들

> **주의** Cien은 명사 mil이나 millones 앞에 놓일 때 쓰인다. 그리고 200 이상부터는 수형용사로서 다음에 오는 명사의 성과 일치한다. 그러나 millón의 단위부터는 수형용사가 아니라 당당한 명사이기 때문에 다음에 명사가 올 때는 전치사를 반드시 붙여야 한다.

✽ 년·월·일에 관한 표현

¿Qué fecha es (hoy)?
¿Cuál es la fecha (de hoy)?　　(오늘) 며칠이지요?
¿A cuántos estamos (hoy)?

Es el dos de agosto.　　8월 2일입니다.
Estamos a tres de marzo.　　3월 3일입니다.

el primero de enero 1월 1일
el veinte y uno de abril 4월 21일
Hoy es domingo, 27 de septiembre del año dos mil diez. 오늘은 2010년 9월 27일 일요일입니다.

DIALOGO

- ¿A cuántos estamos hoy, Boknam?
- Estamos a primero de agosto de dos mil diez.
- ¿Cuál fué la fecha de ayer?
- Fue el treinta y uno de julio.
- ¿Cuántos años tiene su padre?
- Tiene cuarenta y dos años. Nació el doce de octubre del año mil novecientos sesenta y ocho.
- ¿Sabe Ud. lo que ocurrió el doce de octubre de mil cuatrocientos noventa y dos??
- ¡Cómo no! Es el día en que Colón descubrió el Nuevo Mundo. Colón partió de España el 3 de agosto y tardó setenta días en llegar a tierra americana.
- Y hoy día podemos hacer el viaje en unas cuatro o cinco horas, ¿verdad?

- El mes pasado mi padre volvió de Europa en tres horas.
- ¿Cuál es la población de Madrid?
- La capital de España tiene casi cinco millones de habitantes. La Ciudad de México tiene casi seis millones de habitantes y Buenos Aires tiene ocho millones de habitantes.

❖ PREGUNTAS

1. ¿A cuántos estamos hoy?
2. ¿Cuál fué la fecha de ayer?
3. ¿Cuál es la población de Seul?
4. ¿Cuántos alumnos hay en su uiversidad?
5. ¿Qué ocurrió ayer en su casa?

❖ EJERCICIOS

1. 다음 숫자들을 스페인어로 읽고 그리고 써보기를!

ⓐ 5,000 ⓑ 250 ⓒ 575 ⓓ 2,911
ⓔ 1,975 ⓕ 15,476 ⓖ 67,571

2. 다음 문장들 중에서 틀린 것을 고쳐라.

ⓐ Es el día que mi padre volvio Europa.
ⓑ Ella tardó tres horas de llegar.
ⓒ Podemos hacer el viaje con cinco horas.
ⓓ Esta ciudad tiene tres millones habitantes.
ⓔ Mi hermano partió para Córdoba(*스페인 남부도시) en el cinco de abril de diez y nueve sesenta y dos (1962).

❖ COMPOSICION

1. 오늘은 며칠입니까? 2010년 7월 8일입니다.
2. 4월 16일은 당신이 스페인에 간 날입니다.

3. 오늘날 우리들은 부산에 기차로 약 3시간이면 갈 수 있습니다.
4. 서울에는 천만 명 이상의 인구가 있습니다.
5. 지난주일 김교수가 몬떼비데오(Montevideo)에서 돌아왔다.

❖ TRADUCCION

1. ¿A cuántos estamos hoy? Estamos a dos de marzo.
2. Hoy día(오늘날) hay muchos coreanos que hablan español.
3. ¿Cuál es la población de Asunción?
4. El quince de noviembre el señor González volvió de la América del Sur.
5. Juan tardó tres horas en llegar al campo.

LECCION VEINTE Y CINCO

❖ GRAMATICA

53. Decir, hacer, querer, venir의 직설법 부정과거

dije	hice	quise	vine
dijiste	hiciste	quisiste	viniste
dijo	hizo	quiso	vino
dijimos	hicimos	quisimos	vinimos
dijisteis	hicisteis	quisisteis	vinisteis
dijeron	hicieron	quisieron	vinieron

주의 이 불규칙 동사들의 특징은 어느 인칭이고 악센트가 없다는 점이다.

DIALOGO

- Buenos días, señor Aldecoa.[1)]
- Buenos días, Ignacio.[2)] ¿Qué hizo Ud. ayer por la tarde? ¿Por qué no vino a mi casa a charlar un rato?
- Porque los señores Espronceda[3)] vinieron a pasar la tarde con nosotros y no quise salir de casa.[4)] El señor Espronceda y su esposa hicieron un viaje largo por la América Central, durante el invierno y nos dijeron[5)] muchas cosas interesantes acerca de la vida y costumbres de aquellos países.
- ¿Cuándo partieron para la América Central?
- Creo que ellos partieron aquí el catorce de junio del año pasado. Nos hablaron[6)] de todos los cambios en la vida de los centroamericanos, especialmente en los países como El Salvador, la República Dominicana y Costa Rica, etcétera.
- ¿Cuándo volvieron?
- Volvieron el miércoles pasado.

주 1) 사람을 부를 때에는 señor에 정관사를 붙이지 않는다는 것을 다시 한 번 명심할 것.
주 2) Ignacio는 이름이고 Aldecoa는 성(姓)이다.
주 3) Señor가 복수이고 성(姓)이 뒤따를 때는 부부라는 뜻이 된다. Los señores Kim '김씨 부부'.
주 4) 이 경우에 정관사 la를 붙여도 좋고 안 붙여도 좋다.
주 5) Decir는 '告(고)하다'라는 의미를 가지고 있다.
v6. Hablar는 '말(話)하다'의 의미를 가지고 있다.

❖ PREGUNTAS

1. ¿Desea Ud. hacer un viaje por la América Central?
2. ¿De qué habló Ud. con sus amigos ayer por la mañana?
4. ¿Cuál es la capital de Nicaragua?
5. ¿Cuál es el último mes del año?
6. ¿Quién le enseñó a Ud. el español?

❖ EJERCICIOS

1. 다음 (　　)에 부정과거를 인칭에 맞게 변화시켜라.

ⓐ Ella (querer) hablar en español con el señor Saavedra.
ⓑ Uds. (venir) muy tarde esta mañana.
ⓒ Yo (hacer) un viaje por el Paraguay el año pasado.
ⓓ Nosotros no les (decir) a Uds. la mentira.
ⓔ Yo se lo (dar) ayer.

2. 다음 (　　)에 적당한 것을 써 넣어라.

ⓐ Ella quiso charlar (　　) rato conmigo.
ⓑ Nos hablaron (　　) los combios (　　) la vida española.
ⓒ Nosotros vinimos (　　) pasar con Uds. esta tarde.
ⓓ La América (　　) Sur es grande.
ⓔ Ellos hicieron (　　) viaje largo por el Perú.

❖ COMPOSICION

1. 나는 어제 오후 집에서 나가고 싶지 않았다.
2. 당신은 한국 풍습에 관해서 나에게 말해 주시겠습니까?
3. 이씨 부부는 어제 아침 아르헨티나를 향해 출발하였다.
4. 김선생, 어제 당신은 내게 전화를 걸었지요?
5. 오늘은 1월 1일 일요일이다.

❖ TRADUCCION

1. Nos habló de todos los cambios en la vida de los alemanes.
2. Los señores Suárez no vinieron a mi casa la semana pasada.
3. María te dijo muchas cosas interesantes acerca de las costumbres de estos países.
4. Beatriz volvió a León[1)] el catorce de noviembre de mil novecientos sesenta y ocho.
5. Yo quise ir a México, pero mi padre no me dio permiso para ir allí.

주 1. 스페인 서북부에 위치한 고도(古都)

LECCION VEINTE Y SEIS

❖ GRAMATICA

54. 직설법 불완료과거 Pretérito imperfecto de indicativo

hablar	*aprender*	*escribir*
hablaba	aprendía	escribía
hablabas	aprendías	escribías
hablaba	aprendía	escribía
hablábamos	aprendíamos	escribíamos
hablabais	aprendíais	escribíais
hablaban	aprendían	escribían

주의 직설법 불완료과거는 ir, ser, ver를 제외하고는 그 전부가 규칙적 변화를 하므로 그만큼 초보자들에게는 외우는 부담이 덜할 것이다. 그런데 여기서 주의할 것은 -ar로 끝나는 동사에서 복수 1인칭에만 악센트가 있고, -er와 -ir로 끝나는 동사는 전부 악센트가 있다는 점이다. 또한 단수 1인칭과 3인칭은 똑같으므로, 혼동을 피하기 위해 1인칭일 때는 인칭대명사를 붙이는 것이 좋다. 예 Escribía yo una carta.

인칭대명사가 yo일 경우 주로 동사 변화 뒤에 온다.

❋ 용법

불완료과거는 과거의 행동이나 또는 상태가 완전히 끝나지 않았을 때 사용된다. 즉 행동이나 상태의 시작도 없고 또한 끝도 없다. 반면에 부정과거는 행동이 완료되었거나 존재하는 상태가 끝난 것을 표시할 때 사용한다. 초보자들은 불완료과거와 부정과거를 혼동해서 사용하는 일이 빈번하므로 다음의 예들을 주의 깊게 연구하기 바란다.

1. 과거에 있어서 계속된 상태

Hacía mucho frío. 날씨가 매우 추웠었다.

El agua estaba fría. 물이 차가웠었다.

2. 과거 행위에 있어서 반복되거나 습관적인 경우

Ella me visitaba todos los días. 그녀는 매일 나를 찾아 왔었다.

Montaba yo a caballo. 나는 (늘) 말을 타곤 하였다.

3. 어떤 일이 일어났을 때 한 행동이 진행되는 경우

Estudiaba yo cuando volvió. 그가 돌아왔을 때, 나는 공부하고 있었다.

El trabajaba cuando le llamé. 그를 불렀을 때 그는 일하고 있었다.

55. 서수 Número ordinal

제 1 primer(o), -a
제 2 segundo, -a
제 3 tercero, -a
제 4 cuarto, -a
제 5 quinto, -a
제 6 sexto, -a
제 7 séptimo, -a
제 8 octavo, -a
제 9 noveno, -a
제 10 décimo, -a

제 11 undécimo, -a
제 12 duodécimo,-a
제 13 decimotercio, -a
제 14 décimocuarto, -a
제 15 décimoquinto, -a
제 16 déimosexto, -a
제 20 vigésimo, -a
제 102 centésimo segundo -a
최후의 último, -a, postrer(o), -a
마지막에서 두 번째는 penúltimo,

주의 1 primero, tercero, postrero는 남성단수 명사 앞에는 o가 떨어져 나간다.
el primer domingo de julio 7월의 첫 일요일
el tercer hombre 제3의 사나이

주의 2 왕이나 세기를 표시하는 명사 앞에서는 10까지는 서수를 사용하고 그 뒤부터는 기수를 사용한다.
Isabel II (segunda) 이사벨 2세 (*19세기말 스페인 여왕)
Alfonso XII (doce) 알폰소 12세 (*이 여왕의 아들이며 현 스페인 국왕의 증조부)
el siglo IX (noveno) 9세기
el siglo XX (veinte) 20세기

56. 분수 Números fraccional

$\frac{1}{2}$ medio

$\frac{1}{3}$ un tercio

$\frac{1}{4}$ un cuarto

$\frac{1}{5}$ un quinto

$\frac{1}{6}$ un sexto

$\frac{1}{10}$ un décimo

$\frac{1}{11}$ un onzavo

$\frac{1}{100}$ un centavo

주의 분모는 서수로, 분자는 기수로 각각 표시되는데 기수는 형용사이므로 분자가 그 이상일 때 분모는 복수형을 취해야만 된다.

$\frac{2}{3}$ dos tercios $\frac{3}{11}$ tres onzavos

$\frac{3}{4}$ tres cuartos $\frac{3}{5}$ tres quintos

주의 3분의, 11분의, 100분의 일 때에는 centavo, onzavo, centavo라고 표시한다.

57. Pero와 sino의 용법

Pero나 sino의 뜻은 다 '그러나'이지만 용법은 서로 다르다. 즉 pero는 앞 문장의 긍정을 부정으로 할 때 쓰이고, sino는 그 반대로 앞 문장의 부정을 긍정으로 할 때 쓰인다. 문장을 읽다보면 이런 것은 저절로 익혀진다.

Juan tiene un coche pero Maria no lo tiene. 후안은 차를 가지고 있지만 마리아는 없다.

Juan no tiene coche sino avión. 후안은 차는 없지만 비행기는 가지고 있다.

주의 sino에서는 반복되는 문장은 생략된다.

No te quiero sino a ella. 나는 너를 사랑하는 것이 아니라 그녀를 사랑한다.

Juan no estudia sino baila. 후안은 공부를 하지 않고 춤을 춘다.

DIALOGO

(Cholsu llamó a la puerta. Sunam la abrió y su amigo entró en el cuarto.)

- ¿Qué escribías cuando entré?
- Escribía yo un párrafo para mi clase de español.
- ¿Quieres leerlo, por favor?
- Muy bien. Después de leer la primera parte, podemos explicar el uso de cada verbo, si no estás ocupado. "Cuando vivíamos en Valencia[1]), todos los veranos, mi familia pasaba en la playa. A veces, mi padre nos llevaba a un sitio hermoso. Mi hermana y yo dábamos paseos por los bosques. A veces montábamos a caballo. También nos gustaba subir a la montaña."
- Gracias, Sunam. Has escrito bien. También, hablas bien el español, ¿verdad?
- No, no lo hablo bien sino el francés.

주 1) 스페인 동해안에 위치한 항구도시

❖ PREGUNTAS

1. ¿Quién le llamó a Ud. cuando pasaba Ud. por la calle?
2. ¿Dónde vivía Ud. cuando era niño?
3. ¿Dónde pasaban Uds. todos los veranos?
4. ¿Iba Ud. a la cafetería cuando tenía Ud. ganas de tomar algo?
5. ¿Por qué no descansaba Ud., cuando estaba cansado?

❖ EJERCICIOS

1. 다음 동사들을 직설법 현재, 불완료과거, 부정과거의 단수 1인칭을 써라.

   예 tocar – toco, tocaba, toqué

   Ser estar dar querer tocar aplicar

2. 다음 ( )에 직설법 불완료과거 또는 부정과거를 써 넣어라.

   ⓐ Los domingos (ir) yo a la iglesia.
   ⓑ Ayer yo la (ver) en la calle.
   ⓒ Cuando (vivir) yo en Madrid, siempre (hablar) en español.
   ⓓ Siempre nosotros (llegar) a las nueve y cuarto.
   ⓔ Yo (soñar) con Ud. (당신을 꿈꾸다) cuando mi madre me despertó.

3. 다음의 분수들을 스페인어로 읽어라.

   $\frac{1}{7}$ $\frac{1}{5}$ $\frac{2}{3}$ $\frac{3}{6}$ $\frac{3}{10}$

❖ COMPOSICION

1. 날씨가 무척 추웠습니다. 그러나 마리아는 도착했습니다.
2. 알폰소 13세는 스페인의 마지막 왕이었다.
3. 나는 나의 첫 번째 애인에 대해 말하고 싶지 않습니다.
4. 나는 늘 늦게 일어나곤 하였다. 왜냐하면 나는 몹시 피곤했기 때문이다.
5. 공부를 한 후에 마리아는 친구들과 나무 그늘 아래에서 쉬는 것을 좋아했었다.

❖ TRADUCCION

1. ¿Qué hacías cuando yo entré?
2. Después de leer la primera parte, podemos explicar el uso de cada verbo.
3. Cuando vivía yo en Valencia, todos los veranos mi familia pasaba cuatro semanas en la playa.
4. A veces, montábamos a caballo.
5. No leía yo la revista sino la novela.

LECCION VEINTE Y SIETE

❖ GRAMATICA

58. Ir, ser, ver의 직설법 불완료과거

iba	era	veía
iba	eras	veías
iba	era	veía
íbamos	éramos	veíamos
ibais	erais	veíais
iban	eran	veían

59. Buscar, llegar, empezar의 직설법 부정과거

busqué	llegué	empecé
buscaste	llegaste	empezaste
buscó	llegó	empezó
buscamos	llegamos	empezamos
buscasteis	llegasteis	empezasteis
buscaron	llegaron	empezaron

그러니까 위의 세 동사들은 단지 단수 1인칭만 불규칙적으로 변할 뿐 그 외 인칭들은 규칙동사들과 똑같이 변한다. 여기서 우리는 그 이유가 발음상 문제 때문이라는 것을 알 수 있겠다. 만약에 규칙적으로 변화시키려고 한다면 buscé, llegé 같은 오류를 범하게 테니까….

DIALOGO

- Buenas noches, Marco.
- Buenas noches, Alfonso.
- Si tienes unos momento quiero leerte un párrafo que empecé a escribir anoche.[1)]
- Está bien.
- "Eran las tres de la tarde cuando salí de casa para ir al centro de la ciudad. Aunque hacía frío, era un día hermoso. Como quería comprar un traje, tomé un autobús que pasaba por una tienda nueva, donde todos los días veía yo muchos trajes en el escaparate. Cuando entré, todos los dependientes estaban ocupados. Al fin, un dependiente se acercó y me preguntó, si deseaba yo algo. Le contesté que sí[2)]. El me mostró tres o cuatro trajes, pero no me gustaron. Además, eran demasiado caros. Luego me mostró unos sombreros que me probé. Al fin, compré uno que era barato. Busqué un traje en otra tienda sin hallar nada. Cuando estaba enfrente de una tienda pequeña, me acerqué al escaparate donde vi un traje bonito. Entré y lo compré en seguida. Ya era tarde, pero llegué a casa antes de la hora de cenar."

주 1) 어젯밤이라고 할 때 ayer por la noche라고 하지 않고 anoche라고 한다.

주 2) 그렇다고 대답했다.

❖ PREGUNTAS

1. ¿Llegó Ud. a casa temprano anoche?
2. ¿Quería Ud. comprar un traje nuevo cuando tenía dinero?
3. ¿Antes de comprar un traje, se prueba Ud.?
4. ¿Cuando vivía Ud. en Madrid, ¿volvía Ud. al colegio mayor (대학기숙사) antes de la hora de cenar?
5. ¿Qué escribió Ud. anoche?

❖ EJERCICIOS

1. 다음 동사들의 직설법 불완료과거의 1인칭을 써라.

probar	ir	hacer	ser
querer	ver	llegar	mostrar.

2. 다음 동사들의 직설법 부정과거의 1인칭을 써라.

tocar comenzar jugar sacar acercarse

❖ COMPOSICION

1. 내가 들어갔을 때 그는 편지를 쓰고 있었다.
2. 각 동사의 사용을 설명한다는 것은 퍽 어려웠었나.
3. 우리 가족은 나무 그늘 밑에서 점심을 드는 것을 좋아했었다.
4. 가끔 우리들은 우리가 필요로 하는 물건들을 사러 가기 위해 도심지에 나가곤 하였었다.
5. 그녀는 신문을 읽고 난 후에 커피 한 잔을 들기 위해 바(el bar)에 가곤 하였다.

❖ TRADUCCION

1. Aunque hacía frío, quería yo salir a la calle.
2. Luego me mostró unos calzados que me probé.
3. Le contesté que sí.
4. Al fin, yo vi un traje bonito cuando yo me acerqué al escaparate de una tienda.
5. Mi padre siempre llegaba a casa antes de la hora de cenar.

LECCION VEINTE Y OCHO

❖ GRAMATICA

60. Poner의 직설법 현재·불완료과거·부정과거

pongo	ponía	puse
pones	ponías	pusiste
pone	ponía	puso
ponemos	poníamos	pusimos
ponéis	poníais	pusisteis
ponen	ponían	pusieron

직설법 부정과거에 있어서 poner와 같은 식으로 변화를 하는 주요 동사들은 다음과 같다.

estar	***poder***	***tener***
estuve	pude	tuve
estuviste	pudiste	tuviste
estuvo	pudo	tuvo
estuvimos	pudimos	tuvimos
estuvisteis	pudisteis	tuvisteis
estuvieron	pudieron	tuvieron

61. Hay와 había의 용법

Hay의 과거시제로는 주로 había를 사용한다. Había는 haber의 불완료과거로서 hay와 마찬가지로 다음에 단수가 오든 복수가 오든 어디까지나 había이다.

Había un rey. 한 왕이 있었다.
Había muchas flores en el jardín. 정원에는 많은 꽃들이 있었다.

Hay (había) que 다음에 원형이 올 때에는 어떤 특정한 인물을 지칭하지 않고 우리 모두가 '해야 된다'는 뜻을 갖는다.

Hay que estudiar. 공부를 해야 한다.

어느 특정 인물이 공부를 해야 한다고 할 때에는 tener que + 원형을 사용한다.

Juan tiene que estudiar mucho. 후안은 공부를 많이 해야 된다.

DIALOGO

- ¿Dónde estuvo Ud. ayer por la tarde, Concha? Llamé por teléfono y nadie contestó.
- ¿Qué hora era cuando me llamó, Alicia?
- Eran las dos y media.
- Después del almuerzo, tuve que ir a la tienda con mi madre. Anoche unos amigos vinieron a mi casa a cenar. Pero no tuvimos que comprar varias cosas para la cena. Al volver a casa, puse la mesa ayudando a mi madre a preparar la cena. Mi hermana mayor, Ana, estaba enferma por eso no podía hacer nada.
- ¿Qué puso Ud. en[1] la mesa[2]?
- Primero, puse un mantel limpio y las servilletas, luego los vasos, los cuchillos, los tenedores y las cucharas.
- ¿No puso Ud. más en la mesa?
- ¡Si, varios platos que cocinó mi madre.
- ¿Cuántas personas había?
- Había diez y después de cenar, mi hermana menor, Elena, y yo tuvimos que lavar todos los platos.
- Pues sé que Ud. está muy cansada ahora.
- Es verdad.

주 1) '식탁 위에 놓는다'할 때는 poner en la mesa라고 한다.

주 2) Mesa는 문장 내용에 따라 식탁 또는 탁자로 해석된다.

❖ PREGUNTAS

1. ¿Ayudó Ud. a su madre a preparar el desayuno esta mañana?
2. ¿Come Ud. en la cocina o en el comedor?
3. ¿A quién llamó Ud. por teléfono cuando leía yo el periódico?
4. ¿Después de cenar, ¿lava Ud. todos los platos?
5. ¿Dónde estaba Ud. anoche?

❖ EJERCICIOS

1. 다음 (　　)에 적당한 전치사를 써 넣어라.
   ⓐ Hay que poner (　　) la mesa.
   ⓑ Ella ayuda a su madre (　　) preparar la cena.
   ⓒ (　　) volver a casa, yo me lavé la cara.
   ⓓ Tengo que comprar muchas cosas (　　) la cena.

2. 다음 (　　)에 직설법 부정과거를 인칭에 따라 변화시켜라.
   ⓐ Yo (poder) tomar un taxi después de esperar mucho tiempo.
   ⓑ Ella (saber) que el señor López estaba enfermo.
   ⓒ Ud. (querer) salir a la calle.
   ⓓ Nosotras (poner) la mesa y (cenar).
   ⓔ Ellos (estar) en casa ayer.

❖ COMPOSICION

1. 나의 어머니는 냅킨들과 잔들과 포크들과 나이프들과 그리고 작은 스푼들을 식탁 위에 놓았습니다.
2. 저녁 식사가 끝난 후에 나의 어머니와 나의 누이동생은 모든 스푼들을 씻었다.
3. 식탁에는 소금도 놓아야 됩니다.
4. 로뻬스씨는 매일 우리집에 식사를 하러 온다. 그는 나의 아버지의 친구다.
5. 지난주일 우리들은 조부모님 댁에 가서 점심을 들었다. 식탁보가 퍽 깨끗했다.

❖ TRADUCCION

1. ¿Qué puso Ud. en la mesa?
2. Yo siempre pongo el pan, el azúcar, y la mantequilla en la mesa.
3. Teníamos que comprar muchas cosas para el almuerzo en una tienda.
4. ¡Ya lo creo!
5. Hay que lavarse las manos antes de comer.

LECCION VEINTE Y NUEVE

❖ GRAMATICA

62. Creer(믿다)의 직설법 부정과거

creí	creímos
creíste	creísteis
creyó	creyeron

63. 관사의 용법 Uso del artículo

전체적인 의미를 지닌 명사나 또는 추상명사(행복, 인생, 정의, 자유 등)에는 정관사가 붙는다.

Me gustan los libros. 나는 책들을 좋아한다.
Las flores son bonitas. 꽃들은 예쁩니다.
El arroz es útil. 쌀은 유익한 것이다.
La vida es corta. 인생은 짧다.

그러니까 명사의 수가 복수일지라도 부분적인 의미를 가지고 있을 때에는 정관사가 붙지 않는다는 말이다.

Yo compré flores. 나는 꽃들을 샀다.

형용사구를 이루는 명사에는 정관사가 붙지 않는다. 물론 부정관사도 붙지 않는다.
mesa de madera 나무 탁자
casa de piedra 돌집

형용사에 정관사 또는 부정관사가 붙으면 명사가 된다.

La pobre le ayudó. 가여운 (또는 가난한) 소녀가 그를 도와주었다.
Un viejo me lo dió. 어떤 노인이 나에게 그것을 주었다.

✻이 밖에도 수형용사와 중성관사 lo가 붙으면, 형용사가 명사가 된다.

Tres mexicanos están aquí. 세 명의 멕시코인이 여기 있다.

Lo feliz no es eterno. 행복한 것은 영원하지가 않다.

DIALOGO

- ¿Halló Ud. una casa la semana pasada, señora de Aldecoa?
- Mi esposo y yo miramos dos casas paticulares y un piso en una casa de apartamientos.
- ¿De qué eran las casas?
- Una era de piedra y la otra era de madera. La casa de piedra era muy bonita pero mi esposo creyó que era demasiado grande para nuestra familia.
- ¿Tiene dos pisos?
- Sí, abajo están la sala y el comedor, y arriba, la cocina, una alcoba1) y un cuarto de baño.
- A mí me gustan las casas de apartamientos, pero a mí me gustan mucho más las flores y una persona no puede tener jardín, si vive en una casa de apartamientos.
- Es verdad. ¿Cómo es la casa de madera?
- Es muy bonita pero tiene solamente dos alcobas, pero es casi nueva y podemos ocuparla inmediatamente, si decidimos tomarla. Mi esposo va a volver pasado mañana y tenemos que decidir entonces2).

주 1) 멕시코에서는 recámara라고 한다

주 2) Entonces는 문장의 내용에 따라 여러 가지 뜻이 될 수 있는데, 여기서는 '그때 가서'라는 뜻으로 해석해야겠다

❖ PREGUNTAS

1. ¿Hay en Seul muchas casas de apartamientos?
2. ¿Vive Ud. en una casa particular?
3. ¿Le gustan a Ud. más las casas de apartamientos?
4. ¿Decidió Ud. tomar aquella casa nueva que está cerca de la universidad?
5. ¿Cuántos pisos tiene su casa?

❖ EJERCICIOS

1. Leer의 직설법 부정과거는 creer와 똑같이 변한다. 어디 한번 변화시켜 보아라.

2. 다음 낱말들 중에서 틀린 것이 있으면 고쳐라.

   ⓐ casa de apartamiento
   ⓑ mesa de la madera
   ⓒ casa de solo piso
   ⓓ decidir a aprender
   ⓔ cuarto del baño

❖ COMPOSICION

1. 아파트는 매우 편합니다. 그러나 나는 단독주택에서 살고 싶습니다.
2. 나는 돌집에서 살고 싶습니다. 그러나 너무 비쌉니다.
3. 내가 마드릿에서 살고 있을 때, 나는 정원이 있는 집을 발견할 수 없었다.
4. 당신의 집에는 침실이 몇 개나 됩니까?
5. 나의 처(esposa)는 이 집이 우리 가족에게는 너무나 크다고 생각하였다.

❖ TRADUCCION

1. Mi esposa miró tres casas particulares y una casa de apartamientos.
2. Mi esposo va a volver pasado mañana y tenemos que decidir entonces.
3. Podemos ocupar esta casa, si decidimos tomarla.
4. Abajo están la sala, el comedor, la cocina, una alcoba, un cuarto de baño y un despacho(*서재).
5. Mi casa tiene un solo piso(*단층집) pero su casa tiene dos pisos.

LECCION TREINTA

❖ GRAMATICA

64. 지시대명사 Pronombre demostrativo

	단 수		복 수	
	남 성	여 성	남 성	여 성
이 것	éste	ésta	éstos	éstas
그 것	ése	ésa	ésos	ésas
저 것	aquél	aquélla	aquéllos	aquéllas

este libro y ése 이 책과 그 책.

aquellas princesas y éstas 저 공주들과 이 공주들.

❀ Este, ésta는 후자, aquél, aquélla는 전자라는 뜻을 각각 나타낸다.

Juan escribió a Roberto pero éste no le contestó. 후안은 로베르또에게 편지를 썼지만 후자는 그에게 회답하지 않았다.

Vivían un rico y un pobre, Aquél era astuto y éste, bondadoso. 부자와 가난한 사람이 살았는데, 전자는 교활했고 후자는 선량했었다

주의 요새는 지시대명사에는 악센트 부호를 붙이지 않는다. 그러니까 될 수 있는 대로 붙이지 않는 것이 좋다.

65. 재귀동사의 수동태 역할

재귀동사는 때때로 수동태 역할을 한다. 주로 3인칭일 때 수동태가 이루어지는데 이때 주어는 동사 뒤에 놓이는 것이 그 특색이다. 물론 주어가 단수이면 동사도 단수, 주어가 복수이면 동사도 복수가 된다.

Se cierra la puerta. 문이 닫힌다.

Se venden pañuelos aquí. 여기서 손수건을 판다.

Aquí se habla coreano. 여기서는 한국어가 통용된다.

Se abrió la tienda ayer. 어제 상점이 개업했다.

Se abre la puerta a la una. 문은 1시에 연다.

DIALOGO

- ¿A dónde va Ud., Juan?
- Voy a la tienda del señor Alcorta a comprar varias cosas ¿No quiere Ud. ir conmigo?
- Sí, yo puedo ir con Ud. ¿Está abierta[1] todavía?
- ¡Ya lo creo! No se cierran las tiendas antes de las doce.

  (Al entrar, un dependiente pronto se acercó a los jóvenes y les preguntó.)
- ¿En qué puedo servirles?
- ¿Se venden corbatas aquí?

  (Preguntó Juan.)
- Sí, señor. ¿Le gustan a Ud. éstas?
- No me gustan mucho. Quiero ver aquéllas.
- Aquí las tiene Ud.
- Me gustan más la roja y la verde. Tomo éstas. También quiero ver unos pañuelos.
- ¿Blancos o de color?
- Blancos, por favor.
- Estos son muy buenos.
- ¿Cuánto cuestan?[2]
- Cinco mil pesetas cada uno.
- Está bien. Tomo estos cuatro. (Juan dió al dependiente un billete.)
- Aquí tiene Ud. la vuelta y el paquete. ¿Quieren otra cosa, señores?
- Sí. Yo quiero ver un abrigo.
- Lo tenemos en el segundo piso. Uds. pueden tomar[3] aquel ascensor.
- Gracias.

주 1) Abrir의 과거분사.

주 2) costar의 직설법 복수 3인칭.

주 3) 가벼운 명령형으로 쓰인다. 그러니까 '타실 수 있습니다'가 아니라 '타십시오' 라는 뜻이 된다.

❖ PREGUNTAS

1. ¿A qué hora se cierra la biblioteca?
2. Generalmente, ¿qué compra Ud. en la tienda para su amiga?
3. ¿Cuál de las corbatas le gusta a Ud.?
4. ¿Cuestan mucho los libros españoles en Corea?
5. ¿En dónde se venden los libros?

❖ EJERCICIOS

1. 다음 문장들은 능동태이다. 이것들을 재귀대명사를 이용해서 수동태형으로 바꾸어라.

ⓐ En el Perú hablan español.
ⓑ Abren las puertas a las nueve.
ⓒ Aquí venden las corbatas bonitas.
ⓓ Prohiben fumar.
ⓔ Exportan el vino español.

2. 다음 문장들 중에서 ______친 부분을 지시대명사로 고쳐라.

ⓐ este libro y aquel libro.
ⓑ aquella corbata y esas corbatas.
ⓒ esos jóvenes y estos jóvenes.
ⓓ aquellas casas y estas casas.
ⓔ ese lápiz y aquel lápiz.

❖ COMPOSICION

1. 후인과 알베르또는 이 도시에서 살고 있다. 전자는 키가 크고 후자는 키가 작다.
2. 왜 나에게 거스름돈을 주지 않습니까?
3. 점원들은 지금 물건들을 팔지 않는다. 왜냐하면 이미 여섯시이기 때문이다.

4. 이 집은 값이 비쌉니다(caro). 그러나 저 집은 값도 싸고(barato) 그리고 매우 예쁩니다.

5. 그는 만 원짜리 지폐를 가지고 있다. 그는 그것을 어떤 가난한 친구에게 준다.

❖ TRADUCCION

1. ¿En qué puedo servirle?
2. Un dependiente se acercó a los jóvenes.
3. Cincuenta pesetas cada uno.
4. Aquí tiene Ud. la vuelta y el paquete.
5. Ud. puede tomar aquel ascensor.

LECCION TREINTA Y UNA

❖ GRAMATICA

66. Haber의 직설법 현재

he	hemos
has	habéis
ha	han

스페인어에서 tener는 '가지고 있다' 즉 소유의 뜻을 나타내는데 비해 haber는 과거분사와 합쳐서 완료형을 만들 뿐, 다른 능력은 없다.

67. 과거분사 Participio pasado

과거분사는 어간에다가 -ado, -ido를 붙이면 된다.

habl***ado***	aprend***ido***	viv***ido***

그러나 이것은 규칙변화에만 한한 것이고 불규칙변화는 그야말로 '제멋대로'이다. 이런 것들은 하나씩 하나씩 외우는 수밖에 별 도리가 없다.

abrir - abierto	ir - ido
decir - dicho	poner - puesto
escribir - escrito	ver - visto
hacer - hecho	volver - vuelto
romper - roto	morir - muerto

68. 직설법 완료과거 Pretérito perfecto de indicativo

Hablar를 가지고 만드는 공식 : Haber의 직설법 현재 + 과거분사 = 직설법 완료과거

he	hablado	hemos	hablado
has	hablado	habéis	hablado
ha	hablado	han	hablado

'Haber + 과거분사'이니까 영어식으로 하면 현재완료라고 불러야겠지만 스페인어에서는 완료과거라고 한다. 그러나 용법은 영어의 현재완료와 거의 같다.

Ellos no han llegado todavía. 그들은 아직 도착하지 않았다.

Ella nunca me ha escrito 그녀는 결코 나한테 편지를 쓴 적이 없다.

No he estado en México. 나는 메히꼬에 있어 본 적이 없다

주의 다음과 같은 경우에 틀리지 않도록 조심해야겠다.

① La hemos amados. (X) La hemos amado. (O)

② Ella me ha amada. (X) Ella me ha amado. (O)

③ ¿Dónde ha Ud. estado? (X) ¿Dónde ha estado Ud.? (O)

①의 경우: 완료형에서의 과거분사는 주어의 성과 수에 일치되지 않고 어디까지나 그냥 그대로이다.

②의 경우: ①의 경우와 같다.

③의 경우: haber와 과거분사 사이에는 어떤 것도 끼어들 수가 없다.

DIALOGO

- Buenas tardes, Samuel. ¿Dónde ha estado Ud. esta mañana?
- He estado en la playa. Cuando tengo mucho calor, me gusta bañarme en el mar.
- ¿Había mucha gente en la playa?
- ¡Ya lo creo! Parecía que todo el mundo se bañaba allí. Nunca he visto tanta gente en la playa.
- Jamás he nadado ni en un río ni en un lago.
- Tampoco yo. Pero me gusta ir a la piscina. El mes pasado compré un traje de baño y no pude usarlo hasta el sábado. Hacia fresco y el agua estaba un poco fría. Pero hoy me puse el traje de baño y me senté en la arena un rato a tomer el sol.
- ¿Qué ha hecho Ud. esta tarde?
- Yo he trabajado en la oficina de mi padre toda la tarde. Durante las últimas dos semanas he tenido que ayudarle de vez en cuando.
- ¿Está abierta la oficina los sábados?
- Está cerrada toda la tarde. ¿Quiere Ud. ir conmigo a la playa mañana por la tarde?
- Sí, con mucho gusto.

❖ PREGUNTAS

1. ¿Dóne ha estado Ud.?
2. ¿Ha escrito Ud. a sus padres?
3. ¿Está cerrado el almacén(백화점) ahora?
4. ¿Quién ha dicho que el profesor no viene hoy a la universidad?
5. ¿Se pone Ud. el traje de baño en la playa?

❖ EJERCICIOS

1. (　　　)를 정확하게 과거분사로 변화시켜라.

ⓐ Yo he (descubrir) esta isla.

ⓑ ¿Quién ha (ver) al león?
ⓒ Ya lo he (comprender).
ⓓ ¿Quién ha (poner) el libro en la mesa?
ⓔ Ella se ha (ir) ya.

2. 다음에 중에서 틀린 것들을 고쳐라.

ⓐ hacer의 과거분사는 hacido이다.
ⓑ Ella me ha amada.
ⓒ ¿Está abierto la oficina?
ⓓ Han dos caballos(말).

❖ COMPOSICION

1. 지난밤에 나는 수영복을 샀습니다. 그러나 아직 바다에 가지 않았습니다.
2. 나의 누이동생은 어머니를 두 번 도와 준 적이 있다.
3. 나는 찬물이 싫습니다. 누나는 더운 물을 가져 옵니다 .
4. 나는 매주 토요일마다 풀장에 갑니다.
5. 마리아는 마드릿에서 공부한 적이 있다.

❖ TRADUCCION

1. Parecía que se bañaba en la playa.
2. Me puse el traje de baño y me senté en la arena a tomar el sol.
3. Durante las últimas dos semanas, he tenido que ayudarla de vez en cuando(가끔).
4. ¿Dónde ha estado Ud. esta tarde?
5. Había mucha gente en la playa.

LECCION TREINTA Y DOS

❖ GRAMATICA

69. 직설법 대과거
Pretérito pluscuamperfecto de indicativo

직설법 대과거는 haber의 직설법 불완료과거와 과거분사로 구성되어 있다.

había	hablado	habíamos	hablado
habías	hablado	habíais	hablado
había	hablado	habían	hablado

용법은 영어의 과거완료와 같으며, 주의할 점은 앞에서 배운 '완료과거에 대한 주의'를 참조해 주기 바란다.

María me dijo que había visto al cocodrilo. 마리아는 악어를 본적이 있다고 내게 말했다.

✱ Haber의 부정과거 + 과거분사는 직전과거라고 하는 것인데 근래에 와서는 사용하지 않으므로 취급치 않기로 하겠다.

DIALOGO

- Buenos días, Marta. ¿Se había acostado Ud. cuando le[1] llamé por teléfono anoche?
- No, Amalia. Estaba yo sentada en la sala con mis padres. Yo había pasado toda la tarde en el centro y les describía las cosas que había comprado.
- ¿Qué compró Ud.?
- Un vestido azul que había visto el sábado, un par de zapatos, una blusa blanca y un par de guantes.
- ¿Es de algodón la blusa?
- Es de nilón y me sienta muy bien.
- ¿Había medias en las tiendas?
- Sí, muchas, y eran de buena calidad. Un dependiente me dijo que esta semana habían vendido diez mil pares de medias de seda de todos los tamaños.
- ¿Compró Ud. la falda de lana negra que miramos el otro dia?
- No, se había vendido y no tuve tiempo de probarme otras.
- ¿Quién fue con Ud.?
- Mi hernama Anita me acompañó. Ella quería comprar un impermeable y unos calcetines para nuestro hermano.
- ¿Los compró ella?
- Los calcetines, sí. Pero todos los dependientes que vendían impermeables estaban ocupados y decidimos volver a casa sin esperar más.
- ¿A qué hora volvieron Uds.?
- A las seis de la tarde. Nos sentamos a la mesa en seguida porque la cena ya estaba lista.

주 1) Ud.를 붙이지 않아도 le의 인칭이 당신이라는 것을 확실히 알 때는 llamé 다음에 a Ud.를 붙이지 않아도 된다.

❖ PREGUNTAS

1. ¿Quién le dijo a Ud. que ya había empezado la clase?
2. ¿Quién le acompañó a Ud. cuando fue Ud. al cine anoche?
3. ¿Era de buena calidad el traje de baño que su padre le había comprado a Ud.?
4. ¿Cuántos pares de guantes tiene Ud.?
5. ¿Vinieron todos sus amigos a su casa ayer por la tarde a quienes había invitado Ud.?

❖ EJERCICIOS

1. 다음에서 틀린 것들을 고쳐라.

ⓐ Ella me dio las sillas que había compradas.
ⓑ Nosotros tenemos seis guantes. (pares를 사용할 것)
ⓒ ¿Es del algodón la camisa?
ⓓ La he visto en el jueves.
ⓔ Nosotras estamos ocupado porque hemos que estudiar.

2. 다음 (　　　)에 적당한 단어를 써 넣어라.

ⓐ Le llamé (　　　) teléfono pero ella no (　　　) contestó.
ⓑ Mi camisa es (　　　) algodón.
ⓒ No tenemos tiempo (　　　) probarlo.
ⓓ Ella desea comprar dos (　　　) de medias.
ⓔ El se sienta (　　　) la mesa (　　　) seguida.

❖ COMPOSICION

1. 내가 집에 도착했을 때 어머니는 이미 나가신 뒤였다.
2. 그는 스페인어를 학교에서 배웠다고 말했다.
3. 우리는 곧 집으로 돌아가기로 결정하였습니다.
4. 어제 우리들은 몹시 바빴습니다. 왜냐하면 중심가에서 많은 물건들을 사야만 했기 때문입니다.
5. 서울에는 상점들이 많다.

❖TRADUCCION

1. Ella ya se había acostado cuando yo la llamé por teléfono.
2. Es de seda y me sienta bien.
3. Yo he recibido diez mil pares de medias de nilón de todos los tamaños.
4. No tengo tiempo de tomar el almuerzo porque estoy muy ocupado.
5. Nos sentamos a la mesa en seguida porque la cena estaba lista.

LECCION TREINTA Y TRES

❖ GRAMATICA

70. Hacer의 특수용법

Hacer의 단수 3인칭은 '…전에'라는 뜻을 갖는다.

La vi ***hace*** tres años. 나는 그녀를 3년 전에 보았다.

Hace tres años ***que*** la vi. 나는 그녀를 본지가 3년이나 된다.

> 주의 Hace tres años… 할 때 tres años는 목적격이기 때문에 tres años가 복수라고 hace를 hacen으로 하면 그것은 틀린 문법이다.

❀ 재귀동사 다음에 원형이 올 때는 반드시 전치사가 중개 역할을 해야 된다.

Me alegro de verte. 나는 자네를 보니 기쁘네.

Ella se atreve a decirlo. 그녀는 감히 그것을 말하고자 한다.

71. Parecer의 용법

Gustar처럼 간접목적 대명사를 사용한다.

Las costumbres coreanas me parecen muy interesantes. 한국 풍습은 내게는 무척 재미나게 보입니다.

¿Te parece que ella es bonita? 너에게는 그녀가 예쁘게 보이니?

❀ 접속사 y와 o의 특수변화

Y는 다음에 오는 첫머리가 i나 hi가 되면 e로 변하고, o는 o나 ho앞에서는 u가 된다. 이유는 발음상의 편이를 위해서다.

El español es fácil e interesante. 스페인어는 쉽고 그리고 재미있다.

Tengo siete u ocho libros de español. 나는 7, 8권의 스페인어 책을 가지고 있다.

DIALOGO

(Siete u ocho compañeros de viaje están sentados en el coche comedor de un tren. El señor Blanco[1]) entra, ve al señor Kim y se sienta a la mesa.)

- Me alegro mucho de verle a Ud., señor Kim. ¿Cuándo volvió de España?
- Volví hace tres días.
- Yo hice un viaje a España hace quince años y no he podido volver allá desde entonces[2]). ¿Ha notado Ud. muchos cambios en la vida española?
- Eue mi primer viaje, pero se dice[3]) que las costumbres antiguas han cambiado mucho.
- Todavía se come o se cena muy tarde, ¿verdad?
- Sí. No se come hasta las nueve o las diez de la noche y se almuerza[4]) a las dos de la tarde. Es una costumbre muy extraña e interesante. Cuando iba yo a la cafetería con amigos españoles, nunca pude pagar la cuenta. Si un español dice que su compañero es extranjero, el camarero no toma el dinero de este.
- ¡Qué amables son los españoles! Ellos trabajan mucho y al mismo tiempo, saben gozar de la vida.

주 1) Blanco는 성(姓)이다.

주 2) 여기서는 '그 뒤부터'라고 해석해야 된다.

주 3) '사람들이 말한다.'

주 4) 원형은 almorzar.

❖ PREGUNTAS

1. ¿Le parece a Ud. que el español es fácil e interesante?
2. ¿Se dice que los españoles son amables con los extranjeros?
3. ¿Sabe Ud. gozar de la vida?
4. En Corea, ¿a qué hora se cena?
5. ¿Cuándo comenzó Ud. a estudiar el español?

주 '…에게 친절하다'할 때는 amable con이라고 한다.

❖ EJERCICIOS

1. 다음 동사들의 직설법 현재, 부정과거의 단수 1인칭을 써라.
   gozar comenzar recordar almorzar

2. 다음 문장들 중에서 틀린 것이 있으면 고쳐라.
   ⓐ Comemos en el coche del comedor.
   ⓑ Hacen tres horas que la ví.
   ⓒ Ella se alegró en verme.
   ⓓ Se dicen que se come bien aquí.
   ⓔ Se da quince pesetas al dependiente.

❖ COMPOSICION

1. 내가 마드릿에 살고 있을 때, 나는 스페인 친구들과 같이 영화관에 가곤 하였다.
2. 나는 당신을 만나 매우 기쁩니다. 당신을 만나본 지가 5년이 되었군요.
3. 나는 남아메리카에 있은 적이 있다. (*la América del Sur.)
4. 한국의 풍습에서 나는 재미나는 것들을 많이 발견하였습니다.
5. 인생을 즐기기 위해서는 일을 많이 해야 됩니다.

❖ TRADUCCION

1. No he podido volver allá desde entonces.
2. Tenemos muchas costumbres en nuestro país, que parecen extrañas.
3. Se dice que las costumbres antiguas han cambiado mucho.
4. Cuando no tengo dinero, no puedo pagar la cuenta.
5. Si un español dice que su compañero es extranjero, el camarero no toma el dinero de este.

LECCION TREINTA Y CUATRO

❖ GRAMATICA

72. 현재분사 Gerundio

hablar : habl***ando***
aprender : aprend***iendo***
vivir : viv***iendo***

위에서 보다시피 어미가 -ar로 끝나는 동사에는 어간에다가 ***-ando***를, 어미가 -er와 -ir로 끝나는 동사에는 ***iendo***를 갖다 붙이면 되지만 그 중의 몇몇 동사들은 불규칙적으로 변한다.

decir : diciendo
ir : yendo
poder : pudiendo

venir : viniendo
creer : creyendo
leer : leyendo

❀ 용법 Estar + 현재분사는 영어와 마찬가지로 진행형을 만든다.

Ahora está hablando. 그는 지금 말하고 있는 중이다.
Ella estaba cantando. 그녀는 노래를 부르는 중이었다.

그 밖의 용법도 영어와 같다.

Pasamos muchas horas fumando. 우리들은 담배를 피우면서 많은 시간을 보낸다.
Leyendo tal libro se aprende mucho. 그런 책을 읽으면 많이 배우게 된다.

목적대명사는 현재분사 바로 뒤에 붙는다.

Leyéndolo, lo aprendí. 그것을 읽으면서 나는 그것을 배웠다.
Está pagándolo. 그는 그것을 지불하고 있는 중이다.

> **주의** a) 현재분사 뒤에 직접·간접 목적대명사가 붙을 때는 악센트 부호를 치는 것을 잊지 말라.
> b) Lo está pagando라고 해도 está pagándolo와 문법적으로 똑같은 효력이 발생한다.

DIALOGO

- ¿Qué está Ud. leyendo?
- Estoy leyendo un libro que trata de las costumbres españolas.
- Leyendo tal libro, se aprende mucho, ¿no es verdad?
- Si, es verdad, El libro dice que todo el mundo va a la cafetería todas las tardes para pasar varias horas hablando, fumando y bebiendo. En las tertulias hablan de arte, de música, de literatura, de la vida política y social, y de las mujeres. A veces, todos tratan de hablar al mismo tiempo, casi gritando en voz alta.
- ¿Comen todo el tiempo?
- En la cafetería toman solamente el café, chocolate o té con pasteles. Hay que ir al restaurante, si quieren una comida.
- Y, ¿qué dice más el libro?
- Las cafeterías se hallan en las plazas, en los parques y en las calles, si las aceras son anchas. A menudo no se toma el café en tazas.
- Pues, ¿en qué se toma?
- En vasos. Primero el camarero echa1) café y, cuando hay bastante, el cliente levanta un dedo. Entonces2), el camarero echa3) leche caliente.
- ¡ Qué intersante!

주 1) 여러 가지 의미를 가지고 있다. 여기서는 '따른다'로 해석됨.

주 2) '그러면'으로 해석된다.

주 3) '붓는다'로 해석된다.

❖ PREGUNTAS

1. ¿Qué está Ud. haciendo?
2. ¿Quién estaba fumando en la sala?
3. ¿Le gusta a Ud. tomar leche caliente?
4. ¿Quién está hablando de literatura?
5. ¿De qué trata el libro que tiene Ud. en la mano?

❖ EJERCICIOS

1. 다음 동사들의 현재분사를 써라.

comer	salir	poder	ir
venir	creer	leer	hacer

2. 다음 (　　)에 적당한 전치사를 써 넣어라.

ⓐ Este libro trata (　　) las costumbres coreanas.
ⓑ ¿Por qué grita Ud. (　　) voz alta?
ⓒ Hay que ir (　　) restaurante, si se quiere una comida.
ⓓ (　　) menudo voy a la cafetería.
ⓔ Ella está hablando (　　) música.

❖ COMPOSICION

1. 나는 지금 찬 우유를 마시고 있는 중입니다.
2. 큰 목소리로 소리 지르고 있는 저 분은 누구인가요?
3. 그녀는 한국 풍속에 관한 책을 읽고 있는 중이다.
4. 나는 리까르도가 왜 손을 드는지 모르겠다.
5. 나는 글을 쓰면서 말한다.

❖ TRADUCCION

1. Un amigo estaba diciéndome algo de su país hace varios días.
2. Parece que todo el mundo va a la cafetería todos los días para pasar varias horas hablando, fumando y bebiendo.
3. ¿Comen todo el tiempo?
4. Primero, el camarero echa café y, cuando hay bastante, el cliente levanta un dedo. Entonces el camarero echa leche caliente.
5. A menudo no toman café en tazas sino en vasos.

LECCION TREINTA Y CINCO

❖ GRAMATICA

73. 인칭대명사의 직접 · 간접 목적격의 특수변화

간접 · 직접목적 대명사가 동시에 사용될 때에는 다음과 같이 된다.

Yo te lo doy. 나는 너에게 그것을 준다.
Nos lo escribe. 그는 우리들에게 그것을 써준다.

그러니까 간접목적대명사 뒤에 직접목적대명사가 놓이는데, 이런 것은 아직까지 그리 문제가 되지 않는다. 왜냐하면 매우 까다로운 법칙이 하나 도사리고 있기 때문이다. 초보자들은 '나는 그에게 그것을 준다'할 때 흔히 아래와 같이 표현할 것이다.

Yo le lo doy.

그러나 이때 발음상 관계로 무조건 간접목적대명사를 se로 고쳐야 된다. 즉 Yo se lo doy.로 해야 된다는 말이다. 무조건 le lo, le los, le las, le la 등 l로 시작하는 단어가 연이어 나오면, 앞의 것을 se로 고쳐야 된다.

① Antes de dárselo, yo lo miré otra vez. 그에게 그것을 주기 전에 나는 다시 그것을 바라보았다.
② Estoy contándoselo a ella. 나는 그녀에게 그것을 이야기해주고 있다.

①의 경우는 악센트 부호를 표시하지 않으면 darsélo가 되니까 악센트의 원위치를 지키기 위해서 반드시 dárselo라고 해야 된다. 물론 dárselos나 dárselas일 때도 마찬가지다.
②의 경우도 마찬가지다.

주의 Yo les lo doy의 경우에 어떤 초보자는 les가 복수이니까 yo ses lo doy라고 하는데, 이것은 무조건 잘못이다. 어디까지나 yo se lo doy다.
＊재귀동사에 인칭대명사 직접목적격이 올 때는 문제의 목적격은 재귀대명사와 동사 중간에 놓인다.
Yo me lavé la cara. → Yo me la lavé.
그러나 원형이나 현재분사 뒤에 붙는 경우에는 다음과 같이 된다.
lavármela　　lavándomela

74. 접속사 como의 용법

Como는 여러 가지 뜻으로 쓰이는바, 다음과 같은 경우에는 porque와 같은 구실을 한다.

Como no tengo novia, me siento solitario. 나는 애인이 없기 때문에 고독함을 느낀다.

✻Sentirse + 형용사는 '~함을 느낀다'의 뜻을 가지고 있다.

DIALOGO

(Marta se encuentra con[1] Teresa en el centro de la ciudad.)

- ¡Hola, Teresa! ¿Qué tal?
- Muy bien, gracias. ¿Dónde has estado?
- Fuí a buscar una camisa para el cumpleaños de mi hermano. Pasando por el escaparate después de comprarla, encontré un par de guantes preciosos que están muy de moda[2]. Me los probé y decidí tomarlos, pero no tenía bastante dinero.
- Yo tengo un billete de diez mil pesetas. Mi papá me lo dió anoche.
- ¿Puedes prestármelo? Te lo devuelvo[3] mañana.
- Aquí lo tienes.
- Eres muy amable. ¿No quieres acompañarme a comprar los guantes?
- Sí, con mucho gusto. ¿Son de seda?
- No, son de cuero y, como he dicho, son de la última moda[4].
- La empleada me los enseñó y me sentaron perfactamente. Me alegro mucho de poder comprarlos esta tarde.

(Pronto las dos chicas se hallaron enfrente del mostrador donde se vendían los guantes. La empleada se los enseñó a Marta otra vez. Probándoselos por segunda vez, los compró en seguida.)

주 1) encontrar는 우연히 발견하거나 만난다고 할 때 쓰이는바, encontrarse con하면 누구와 마주쳐서 만난다는 뜻이 있다.

＊ hallar는 '~을 찾다가 발견한다'는 뜻이 있다.

주 2) '유행 중이다.'

주 3) Volver와 똑같이 변한다.
주 4) '최신유행이다'

❖ PREGUNTAS

1. ¿Acompaña Ud. a sus amigas a comprar los guantes?
2. ¿Qué compra Ud. para el cumpleaños de su padre?
3. ¿Es de cuero su abrigo?
4. ¿Quiere Ud. comprar este traje que es de la última moda?
5. ¿Quién le compró a Ud. aquella corbata que es de seda?

❖ EJERCICIOS

1. Encontrar, devolver의 직설법 현재 1인칭과 과거분사를 써라.

2. 다음 문장들 중에서 틀린 것을 고쳐라.

ⓐ Yo puedo dartelo.
ⓑ Ella está mirandome por la segunda vez.
ⓒ Antes de comprarlo, quería yo probármelo, y los me probé.
ⓓ Busqué un libro y lo encontré.
ⓔ Me encontré a ella en calle.

❖ COMPOSICION

1. 쇼윈도우 안에는 많은 귀한 물건들이 있다.
2. 어제 어머니는 내게 돈을 주셨다. 그래서 나는 장갑 한 켤레를 샀다.
3. 오늘날(hoy en día) 테니스를 치는 것이 유행이다.
4. 그녀는 나에게 그것을 돌려주었다. 그러나 나는 그것을 받지 않았다.
5. 우리들은 당신에게 그것을 말했다. 그러나 당신은 그녀에게 그것을 말하지 않았다.

❖ TRADUCCION

1. Ayer por la tarde, me encontré con el profesor de francés en el centro.
2. Compré un reloj de oro para el cumpleaños de mi hermano mayor.
3. Pronto los dos jóvenes se hallaron enfrente del mostrador donde se vendían las camisas.
4. Probándoselo por segunda vez, ella los compró en seguida.
5. Aquella camisa me sienta bien pero quiero probármela otra vez.

LECCION TREINTA Y SEIS

❖ GRAMATICA

75. 형용사의 비교급
Grado comparativo del adjetivo

영어와 마찬가지로 스페인어의 형용사도 세 가지의 급을 가지고 있다. 즉 원급, 비교급, 최상급이다.

원 급 Juan es ***alto.*** 후안은 키가 크다.
비교급 Juan es ***más alto.*** 후안은 더 키가 크다.
최상급 Juan es ***el más alto.*** 후안은 가장 키가 크다.

비교급에서 '~보다 더 키가 크다'고 할 때에는 ***más alto que~***라고 하고 최상급에서 '~에서 가장 키가 큰 사람'이라고 할 때에는 el más alto de~라고 해야 된다.

María es ***más*** bonita que Ana. 마리아는 안나보다도 예쁩니다.
Alberto es ***menos*** joven que José. 알베르또는 호세보다 덜 젊다.
Esta casa es ***la más*** cara ***del*** mundo. 이 집은 세상에서 제일 비싼 집이다.

más de…는 '~이상'이라는 뜻이고, menos de…는 '~이하'의 뜻을 가지고 있다.
Ella tiene más de diez libros. 그녀는 열 권 이상의 책들을 가지고 있다.
Ella tiene menos de diez libros. 그녀는 열 권 이하의 책들을 가지고 있다.

DIALOGO

(Suena[1]) el teléfono y Carmen descuelga[2]) el auricular[*수화기].)

- ¡Diga![3])
- ¿Está el señor Luis Martínez?
- No está en este momento. ¿Quién habla?
- Habla Carlos Suárez. Conocí al señor Martínez en Quito hace tres años.
- Yo soy su hermana. ¿Quiere usted dejarle[4]) un recado?
- Ud. puede decirle, por favor, que estoy en el Hotel Buena Vista.
- Un momento. Ya entra Luis. (Carmen le dice que Carlos le llama.)
- ¡Hola, amigo! ¿Qué tal?
- Perfectamente, gracias.
- ¿Cuándo llegó Ud. a Madrid?
- Hace tres horas.
- Es un gran placer tenerle en la capital de mi país. ¿Vino Ud. en avión?
- Sí. Fue el viaje más agradable que he hecho. Deseo verle a Ud. muy pronto.
- También lo deseo, pero tengo que ir a una tertulia ahora mismo. ¿Puede Ud. llamarme mañana por la mañana?
- Sí, con mucho gusto. Adiós.
- Hasta mañana.

주 1) Sonar ; sueno, suenas, suena

주 2) descolgar ; descuelgo, descolgué.

주 3) 전화 받을 때, '네, 말씀하세요'이다.

주 4) dejar는 '남겨놓다'는 뜻이 있으므로, 다음에 원형이 올 때는 '…하도록 내버려 두다'라는 뜻이 된다 ; yo le dejé cantar (나는 그가 노래를 하도록 내버려 두었다.) 그러나 전치사 de가 올 경우에는 '…하는 것을 중지하다'라는 뜻이 된다. Ella deja de salir(그녀는 외출하는 것을 중지한다).

❖ PREGUNTAS

1. ¿Quién es el alumno más alto en su clase?
2. ¿Es Ud. más inteligente que su hermano?
3. ¿Cómo se llama la ciudad más grande que ha visto Ud.?
4. ¿Vino Ud. en avión?
5. ¿Tiene Ud. más libros que su primo?

❖ EJERCICIOS

1. 다음 문장들 중에서 틀린 것을 고쳐라.

ⓐ María es más alta de Suni.
ⓑ Ella descolga el auricular.
ⓒ El es más alto de Juan.
ⓓ Juan tiene menos que cinco libros.
ⓔ Ricardo es el más que sus amigos.

2. 다음 (　　　)에 적당한 낱말을 넣어라.

ⓐ Está (　　　) señor López.
ⓑ Hace tres años (　　　) la vi en Seul.
ⓒ Es un gran placer tenerle (　　　) esta ciudad.
ⓓ Conozco (　　　) señor Yi.
ⓔ Ud. tiene (　　　) razón.

❖ COMPOSICION

1. 그는 열 권 이상의 책을 가지고 있다.
2. 당신은 내가 본 아가씨들 중에서 가장 어여쁜 분입니다.
3. 나는 당신보다 돈을 덜 가지고 있습니다. 그러나 나는 당신보다 더 행복합니다.
4. 수화기를 드는 저 부인은 누구입니까?
5. 내일 아침 그는 나를 보기를 원한다.

❖ TRADUCCION

1. ¿Quiere Ud. dejarle un recado?
2. Fue el viaje más agradable que he hecho.
3. La vista era más hermosa que nunca.
4. Todo parece ser más hermoso que nunca.
5. Yo tengo que ir a la tertulia.

LECCION TREINTA Y SIETE

❖ GRAMATICA

76. 형용사의 불규칙비교

원급	비교급	최상급
bueno	mejor	el mejor
malo	peor	el peor
grande	más grande / mayor	el más grande / el mayor
pequeño	más pequeño / menor	el más pequeño / el menor
mucho(s)	más	
poco(s)	menos	

Su acento es mejor. 그의 악센트가 더 좋다.
Juana es peor que Ana. 후안나는 안나보다 더 나쁘다.

> **주의** Más grande와 más pequeño는 치수에 관해서 말할 때 사용되고 mayor와 menor는 연령을 나타날 때 쓰인다.
> Corea es más grande que Guatemala. 한국은 과테말라보다 더 큽니다.
> Roberto es mayor que Ramón. 로베르또는 라몬보다 나이가 더 많다

77. 부사의 비교 Comparación del adverbio

원급	비교급	
pronto	más pronto	(더) 빨리
rápidamente	más rápidamente	(더) 급하게
correctamente	más correctamente	(더) 정확하게
despacio	más despacio	(더) 천천히

El lo expresa más correctamente que antes. 그는 전보다 그것을 더 정확하게 표현한다.
El señor López desea hablar más despacio. 로뻬스씨는 더 천천히 말하기를 원한다.

위에서 보다시피 부사의 비교는 부사 앞에다가 más를 갖다 놓으면 된다. 그러나 다음의 부사들은 불규칙적으로 변한다.

bien	mejor
mal	peor
mucho	más
poco	menos

El habla coreano mejor que nadie. 그는 누구보다도 더 잘 한국어를 말한다.
Ella me ama más que a Ud. 그녀는 당신보다도 나를 더 사랑하오.

78. 절대최상급 Adjetivo superlativo absoluto

절대최상급은 형용사 뒤에다가 -ísimo를 갖다 붙이면 된다. 그런데 주의할 것은 어미가 모음이면 이것을 생략하고 갖다 붙여야 하고, 만약에 어미가 자음이면 그냥 붙인다.

hermoso, -sa → hermosísimo, -sísima
fácil → facilísimo, -lísima

주의 Fácil에서 보다시피 fácil이 절대최상급이 되면 악센트가 떨어져 나간다. 또 주의할 것은 다음과 같은 것들이다.

feliz → felicísimo(z → c)
blanco → blanquísimo (c → qu)
largo → larguísimo (g → gu)
fuerte → fortísimo (ue → o)
amable → amabilísimo (bl → bil)
cierto → certísimo(ie → e)

그러나 이런 것들은 규칙에 얽매어 외우는 것보다 무조건 외우는 것이 더 효과적이다. 왜냐하면 이런 불규칙적인 규칙을 무시한 또 다른 불규칙이 있으니까 말이다.

주의 그리고 또 한 가지 주의할 것은 절대최상급 앞에는 절대로 muy를 놓으면 안된다는 점이다. 그 이유는 그건 절대 최상급이니까….

Es muy hermosísimo. (X)
Es hermosísimo. (O)

79. 동등비교급 Grado comparativo de igualdad

tan··· como

no menos··· que

Ella es tan bonita como yo. 그녀는 나처럼 예쁩니다.

El habla francés no menos bien que yo. 그는 나만큼 프랑스어를 잘 말한다.

Yo tengo tanto dinero como él. 나는 그 사람만큼 돈을 가지고 있다.

> 주의 tan은 형용사를 수식하는 것이고 tanto는 명사 앞에 붙는 것이니, 초보자들은 틀리지 않도록 조심하기 바란다.

DIALOGO

(Luis Martínez habla por teléfono con Fernando Suárez.)

- ¿Puede Ud. venir a verme ahora mismo? Mi padre salió de casa hace unos minutos Por eso no puedo salir.
- ¿Se puede tomar un autobús?
- Es mejor tomar un taxi. Porque, el autobús no pasa muy cerca de mi casa.

(Cuando llega el taxi, Luis sale de casa para recibir a su amigo.)

- ¡Cuánto me alegro de verle a Ud.!
- El gusto es mío.1) Es un gran placer estar en su país por fin. Ud. tiene una casa muy bonita.
- Muchísimas gracias. La mayor parte de las casas aquí son2) muy grandes, pero no son tan cómodas como mi casa.
- Creo que es la más bonita que he visto. Veo que es de estilo puramente español con balcones y rejas.
- ¿No quiere Ud. ver el patio?
- Con mucho gusto. La fuente y las flores son hermosísimas. Mi madre tiene muchas flores pero no son tan bonitas como estas. Tampoco3) tiene ella tantas como Ud.
- El clima de nuestro pais es muy agadable para las flores. Creo que es el mejor del mundo.
- Ud. tiene razón.

주 1) Mio는 소유형용사 완전형 단수 1인칭으로서 다음에 배우게 될 것임.
주 2) La mayor parte를 받는 동사는 복수가 된다.
주 3) También의 반대어로서 부정문에 사용된다. 문장 앞에 놓일 때는 no가 생략되고, 문장 뒤에 놓일 때는 no가 있어야 된다. No lo tengo tampoco.

❖ PREGUNTAS

1. ¿Cómo se llama su mejor amigo?
2. ¿No es mejor tomar un taxi para llegar a la escuela más rápidamente?
3. ¿Son simpáticos la mayor parte de los alumnos de su clase?
4. ¿Es tan agradable el clima colombiano como aquí?
5. ¿Es Ud. tan alto como el señor Nam?

❖ EJERCICIOS

1. 다음 형용사들의 절대최상급을 써라.

hermoso, bueno*, malo, inteligente, cierto*, largo*, antiguo*, nuevo*
주 *는 불규칙적으로 변하는 것이니, 즉 bonísimo처럼 변한다.

2. 다음 문장들 중에서 틀린 것을 고쳐라.

ⓐ Ud. es más bueno que él.
ⓑ Ella es tanta bonita como Ud.
ⓒ El habla español más malo que Ud.
ⓓ Mi hermano es menor que edad.
ⓔ Nosotros tenemos tan libros como ellos.

❖ COMPOSICION

1. 그는 나보다 나이가 많다.
2. 한국의 기후는 매우 쾌적해서(agradable) 외국인 관광객들이 한국에 많이 옵니다.
3. 당신의 말이 옳습니다. 그러나 나는 당신과 같이 메히꼬에 갈 수가 없습니다.
4. 마침내 나는 당신의 집에 와 있습니다. 이것은 나의 커다란 기쁨이오.
5. 나의 누나는 나의 친구에게 인사(saludar)를 한다.

❖ TRADUCCION

1. ¿Puede Ud. venir a verme ahora mismo?
2. La mayor parte de los alumnos estudian mucho en la Biblioteca Nacional.
3. Tú eres la muchacha más bonita que he visto.
4. Tampoco tengo tantos libros como Ud.
5. Es de estilo español con balcones y rejas.

LECCION TREINTA Y OCHO

❖ GRAMATICA

80. 직설법 불완료미래 Futuro imperfecto de indicativo

직설법 불완료미래는 원형에다가 다음과 같은 어미변화만 시키면 된다.

Hablar	***comer***	***vivir***
hablar***é***	comer***é***	vivir***é***
hablar***ás***	comer***ás***	vivir***ás***
hablar***á***	comer***á***	vivir***á***
hablare***mos***	comere***mos***	vivire***mos***
hablar***éis***	comer***éis***	vivir***éis***
hablar***án***	comer***án***	vivir***án***

직설법 불완료 미래는 만들기가 아주 쉽다. 원형에다가 é, ás, á, emos, éis, án을 각각 붙이면 되니까 말이다. 그런데 불규칙 변화를 하는 동사들이 몇 개 있는데 이것들은 무조건 외우는 게 좋겠다.

poner :	pondré	pondremos
	pondrás	pondréis
	pondrá	pondrán

그러니까 poneré가 아니고 pondré일 뿐이지 é, ás, á, emos, éis, án의 어미 변화형은 규칙적으로 변한다. 이렇게 변하는 동사들은 다음과 같다.

salir	→	saldré	hacer	→	haré
tener	→	tendré	haber	→	habré
venir	→	vendré	poder	→	podré
decir	→	diré	querer	→	querré

직설법 불완료 미래는 우리가 흔히 생각하는 미래에 관한 것을 말할 때 사용된다.

Dice que vendrá hoy. 그는 오늘 올 것이라고 말한다.

Yo iré a su casa mañana. 나는 내일 그의 집에 가겠다.

81. 가능법 불완료형 Forma imperfecta de potencial

가능법 불완료형의 변화는 원형에다가 직설법 불완료과거의 변화어미를 갖다 붙이면 된다.

hablar***ía***	hablar***íamos***
hablar***ías***	hablar***íais***
hablar***ía***	hablar***ían***
comer***ía***	comer***ía***
comer***ías***	comer***íais***
comer***ía***	comer***ían***
vivir***ía***	vivir***íamos***
vivir***ías***	vivir***íais***
vivir***ía***	vivir***ían***

불규칙 변화는 직설법 불완료미래와 같은 형태로 변한다.

tener	→	tendría	venir	→	vendría
hacer	→	haría	decir	→	diría
poner	→	pondría	poder	→	podría
querer	→	querría	haber	→	habría

＊용법 : 실제의 과거, 현재, 미래에 관계됨이 없이 가능성이나 상상을 표할 때, 또는 과거미래를 쓸 경우에…

Tendría veinte años. 그는 20세쯤 되었을 것이다.

¿Vendría verdaderamente? 정말로 그가 올 것인지?

Ella me dijo que saldría a las nueve. 그녀는 9시에 외출할 것이라고 내게 말했다.

82. 성명 Nombre y apellido

알기 쉽게 한국인의 이름으로 예를 들어 보자. 여기에 김철수라는 사람이 있다고 가정할 때, 그의 어머니는 성씨가 최씨면.

el señor don Cholsu Kim y Choi.

여기서 보는 señor나 don은 경칭이다. 그런데 김철수의 아내가 박순자이고 박순자의 어머니의 성씨가 강씨라고 한다면…,

la señora doña Suncha Park y Kang de Kim

이다. 그리고 이 김철수 · 박순자부부에게 김영철과 김숙자라는 남매가 있다면…

el señor don Yongchol Kim y Park
la soñorita doña Sukcha Kim y Park

이다. 그런데 여기서 알아 두어야 될 것은 señor, señora, señorita는 성 앞에 붙이는 경칭이고 don과 doña는 이름 앞에 붙이는 경칭이라는 사실이다.

don Cholsu 또는 don Cholsu Kim 철수씨 (또는) 김철수씨
el señor Kim 김씨, 김선생님
doña Suncha (우리나라의 '사모님'과 같은 존칭임)
la señora de Kim 김씨 부인
la señorita Kim 김양
los señores Kim 김씨 부부

Don이나 doña는 점잖은 분들에게 붙이는 존칭이므로 함부로 남용하면 도리어 웃음거리가 된다. 19세기에는 양가집 도련님, 규수들에게도 don이나 doña를 붙였지만 요새는 그렇지 않다. Señorita는 성 뿐만 아니라 가끔 이름 앞에도 놓이는 수가 있다.

la señorita Sukcha

DIALOGO

(El señor don José Pérez está sentado en su despacho, cuando su socio, don Rafael, se acerca y pregunta.)

- ¿Qué lee Ud., señor Pérez?
- Un artículo de esta revista que trata de los deportes. ¿Sabe Ud., si hay[1] una corrida de toros mañana?
- No estoy seguro pero compraré un periódico. De esa manera, sabremos en seguida. (Sale y vuelve muy pronto.)
- Sí, hay una en la plaza de toros. ¿Piensa Ud. ir?
- Sí, con mi hermana que llegará a México esta noche. Ella tiene mucho interés por[2] el deporte y le dije que sacaría boletos.
- ¿Los sacará Ud. para pasado mañana? ¿No querrá ella descansar un poco?
- Creo que no.[3]
- ¿Cuántos toros matarán?
- Se dice que mantarán seis.
- ¿A qué hora empieza la corrida?
- A las cuatro en punto. ¿No quiere Ud. acompañarnos?
- Tendría mucho gusto en hacerlo pero tendré que estar en el centro a esa hora. Pero quiero invitarles a Uds. al restaurante más famoso de esta ciudad. Si quieren Uds., podremos ir allí pasado mañana.
- Es Ud. muy amable. Nos gustará mucho aceptar su invitacíon, don Rafael.

주 1) Haber의 동사시제: hay, había, hubo, habré, habría.

주 2) tener interés por는 '~에 대해 흥미 또는 관심을 가지고 있다'는 뜻이다.

주 3) '그렇지 않다고 생각합니다'의 숙어.

❖ PREGUNTAS

1. ¿Cuántos años tendría el novio de tu hermana?
2. ¿Hará Ud. lo que dice su profesor?
3. ¿Dijo Ud. a su madre que volvería a casa temprano esta tarde?
4. ¿Podrá Ud. hablar español perfectamente el año que viene?
5. ¿Saldrá Ud. temprano mañana por la mañana(내일아침)?

❖ EJERCICIOS

1. 다음 동사들의 직설법 불완료미래와 가능법 불완료형의 단수 1인칭 변화를 써라.

amar	comer	salir	poder	querer
poner	cubrir	venir	decir	ser

2. 다음 문장들 중에서 틀린 것을 고쳐라.

ⓐ Señora Carlos está trabajando mucho en su despacho.
ⓑ Yo vendré aquí a las cuatro a punto.
ⓒ Estamos seguro.
ⓓ Ella me dijo que vendria.
ⓔ Si aprendemos mucho, saberemos mucho.

❖ COMPOSICION

1. 내일 당신은 어디 계시겠습니까?
2. 그녀는 음악에 관해 많은 관심을 가지고 있습니다.
3. 그녀는 신문을 사겠다고 말했다.
4. 마드리드에서 가장 유명한 음식점은 어디 있을까요?
5. 나는 당신을 내일 밤 영화관(el cine)에 초대하고 싶습니다.

❖ TRADUCCION

1. ¿Qué hora es? Qué hora será? ¿Qué hora sería?
2. Mi socio está leyendo un artículo de esta revista.
3. De esta manera, sabremos todo en seguida.
4. ¿Habrá una corrida de toros en aquella plaza de toros?
5. Ella me dijo que comparía dos boletos mañana.

LECCION TREINTA Y NUEVE

❖ GRAMATICA

83. 축소사 Diminutivo

스페인어에는 축소사가 아주 발달되어 있다. 축소사의 사용 목적은 상대방을 귀엽다거나 또는 가련하다거나 또는 사랑한다는 감정을 나타내기 위해서다. 그러나 함부로 남용하다가는 경멸적인 뜻을 나타내는 수도 있으니 조심하기 바란다. 축소사의 기본형은 다음과 같다.

-ito:	pájaro	- pajarito 작고 귀여운 새
	muchacho	- muchachito 작은 소년
-cito:	mujer	- mujercita 귀여운 여인
	madre	- madrecita 사랑스런 엄마

그 밖에도 -illo, -uelo, -zuelo 등 여러 가지 행태가 많지만 기본적인 것은 -ito와 -cito라 하겠다. 그러므로 축소사는 꾸준히 독서를 하면서 저절로 외우는 것이 더 효과적이다. 그리고 축소사는 대체적으로 명사 뒤에 붙지만 가끔 형용사, 부사, 현재분사에도 붙여서 표현적으로 깜찍스런 면을 나타낸다.

Todito (todo) el día llovía. 하루 종일 비가 오고 있었다.
El pan calentito (caliente). 따끈따끈한 빵
Ahorita (ahora) me voy. 지금 곧 갈게.
Llegó cansadito (cansado). 그는 노곤해가지고 도착했다.
¿Por qué estás calladito (callado)? 왜 너는 뚱하고 있니?

84. 이름에 대한 애칭 Hipocorístico

사람의 이름에도 애정이나 귀여운 뜻을 나타내는 뜻으로 애칭을 사용한다.

남자	Luis	→ Luisito	Pedro	→	Pedrito
	Alberto	→ Albertito	Juan	→	Juanito
여자	Adela	→ Adelita	Juana	→	Juanita
	Ana	→ Anita	Antonia	→	Antoñita

이 밖에도 불규칙적으로 변하는 애칭들이 많다. 이런 것들은 하나씩 하나씩 외우는 수밖에 없다.

남자	Cristóbal	→ Tobal	Gregorio	→	Goyo
	José	→ Pepe, Joseíto	Francisco	→	Paco
여자	Carmen	→ Cabuita	Catalina	→	Catana
	Concepción	→ Concha	Matilde	→	Titi

85. 증대사 Aumentativo

증대사를 만드는데 있어서 여러 가지 법칙이 있지만 가장 기본적인 것은 -ón의 접미사(接尾辭)이다. 그런데 증대사는 비단 '크다'는 뜻뿐만 아니라 경멸하는 뜻도 없지 않아 있으니 함부로 사용할 것은 아니라고 본다.

hombrón (덩치가) 큰 남자	mujerona (덩치가) 큰 여자
dormilón 잠보	dormilona 잠꾸러기 (여)
comilón 먹보(대식가)	comilona 먹보 여인
llorón 울보	llorona 울보 여인

주의 어미가 -ón으로 끝나는 명사는 무조건 남성이다.
el batallón 대대(大隊)
el salón 살롱

DIALOGO

- Juanita, ¿estás enferma?
- Sí, tengo dolor de cabeza.
- Entonces, ¿por qué estás en el salón de clase? Sería mejor ir al hospital.
- Mi papaíto me va a llevar al hospital esta tarde. Mi hermanito también me acompañará. Le gusta ir al hospital porque quiere hacerse[1] médico en futuro. A propósito, ¿qué estás haciendo ahorita,[2] Paquito?
- Estoy preparando las lecciones que voy a estudiar en la quinta clase.
- ¿Qué vas a hacer después de clases?
- Yo iré al teatro. Mi amigo Pepito me ha dado dos billetes para la función (teatral) esta noche.
- ¿Por qué te los ha dado este chico?[3]
- Porque es un buen amigo mío. Somos del mismo pueblecito.
- Te lo pregunto porque el otro día[4] lo vi murmurando consigo mismo.
- No me sorprende nada. El pobrecito está enamoradito de una muchachita muy fría. Por eso siempre tiene aspecto muy triste.
- ¿Sabes quién es la muchachita que dió calabazas a tu pobre amiguito?
- No lo sé.
- Es Bea,[5] tu primita.
- ¡Anda! Mi primita Bea se casará con Chumbo[6] el mes próximo. Yo siento mucha compasión por Pepito. Yo te lo digo con toda sinceridad.
- Se lo diré, y él te agradecerá mucho.

주 1) hacerse뒤에 명사가 오면 '…가 된다'는 뜻이 됨. 이때 관사는 붙지 않는다.

주 2) 부사에는 애칭이 어울리지 않지만, 중남미에서는 빈번히 사용되고 있다.

주 3) 뜻은 '어린애'이지만 22세까지의 청년들에게도 적용된다. 우리말에 '요새 애들은…' 이라고 말할 때 쓸 수 있다.

주 4) otro에 정관사가 붙으면 '지난 어느 날(과거의)'이 되고, 붙지 않으면 '장차 어느 날(미래의)'이 된다.

주 5) Beatriz의 애칭

주 6) Jerónimo의 애칭

❖ PREGUNTAS

1. ¿Qué quiere Ud. hacerse en futuro?
2. ¿De quién estás enamoradito?
3. ¿Con quién vas a casarte después de terminar la carrera universitaria?
4. ¿Es Ud. un hombre sincero?
5. ¿Cuándo tiene Ud. el aspecto triste?

❖ EJERCICIOS

1. 다음 낱말들의 축소사 또는 애칭어를 써라.

chico	Pedro	Concepción	Isidora	mujer
Ana	abuelo	casa	hijo	hombre

* 모르는 것은 모범답안을 참조할 것.

2. 다음 (　　　)에 적당한 말을 넣어라.

ⓐ Yo quiero casarme (　　　) Elena.
ⓑ (　　　) otro día yo la vi en la calle.
ⓒ ¿Por qué tiene Ud. (　　　) aspecto triste?
ⓓ Mi hermanita está enamorada (　　　) Pablito.
ⓔ Mi hijito (　　　) hizo soldado(병사, 군인).

❖ COMPOSICION

1. 나는 롤라에게 반했다. 그래서 그녀와 결혼하기로 결심했다.
2. 그녀는 가난한 사람들에 대해 동정심을 품고 있다.
3. 나의 누나는 열 명 이상이나 되는 젊은이들에게 딱지를 놓았다.
4. 나는 당신에게 진실로 감사를 드립니다. 왜냐하면 당신은 내가 공부를 하는데 도와주었기 때문이요.
5. 그녀는 30세 되었을 때, 여교수가 되기를 원하였다.

❖ TRADUCCION

1. Entonces, ¿por qué no estudias? ¿No sabes que mañana tienes un examen?
2. El pobrecito está enamoradito de una chica que ama a otro muchacho.
3. Yo siento compasión por este chico que tiene el aspecto triste.
4. Tengo que agradecerle a Ud. con toda sinceridad, porque Ud. no ha dado calabazas a mi hijito.
5. Somos del mismo pueblecito. Cuando era yo joven, estaba enamorado de Ud.

LECCION CUARENTA

❖ GRAMATICA

86. 직설법 완료미래 Futuro perfecto de indicativo

직설법 완료미래는 haber의 직설법 불완료미래 + 과거분사로 구성된다.

habré habrás habrá	+ 과거분사	habremos habréis habrán	+ 과거분사

✽**용법** 어떤 미래를 기준으로 해서 그때까지 행위가 끝나 있을 때…

Yo habré terminado esta tarea hasta las diez de esta noche. 나는 이 일을 오늘밤 10시까지 끝내게 될 것입니다.

실제상의 과거, 현재, 미래에 관계됨이 없이 이미 행위가 끝났다고 상상할 때…

Don Ricardo habrá llegado mañana(hoy, ayer). 돈 리까르도는 내일 (오늘 · 어제) 도착할 겁니다. *(어제 도착했을 겁니다).

87. 가능법 완료형 Forma perfecta de potencial

habría habrías habría	+ 과거분사	habríamos habríais hibrían	+ 과거분사

✽**용법** 현재나 과거에 있어서 이미 행위가 완전히 끝났다고 상상될 때…

1. **현재의 경우**

¿Ya habría llegado José a Segovia? 이미 호세는 세고비아에 도착했을까?

2. **과거의 경우**

Pensé que él habría salido del salón de clase. 나는 그가 교실에서 나갔을거라고 생각했다.

가능법 불완료형이나 완료형에 관한 용법은 문법적으로만 파고들 것이 아니라 꾸준한 독서를 통하여 스스로 깨닫는 것이 더 효과적이다.

DIALOGO

- Buenas tardes, Isabel. ¿Qué haces aquí en la acera?
- Estoy esperando a María Pérez y Saavedra. Ella dijo que estaría a las tres y ya son las tres y veinte.
- ¿Dónde ha estado ella?
- Dijo que, después de sacar el dinero en el banco, iría a la casa de correos a echar varias cartas. Quería mandar sus cartas por correo aéreo, pero no tenía sellos para los sobres.

(En aquel momento María se acercó rápidamente.)

- ¡Hola, Isabel! Eres muy amable en esperarme. Yo habría llegado a tiempo pero me encontré con Juan y este me invitó a tomar una limonada. Por eso….
- Un momento, María. Quiero presentarte a mi amiga, Luisa Pardo.
- Mucho gusto en conocerte.
- El gusto es mío.
- ¿Podrías ir al teatro con nosotras, Luisa? La función ha de[1] empezar muy pronto.
- No, gracias. Me gustaría verla, pero prometí a mi hermano que iría al museo con él. Ya ha de estar enfrente del edificio, así creo. Con su permiso me voy, amigas.[2]
- Adiós, Luisa.

주 1) Haber de 원형은 '~하기로 되어 있다'의 뜻을 가지고 있다.

주 2) 문법상으로는 con vuestro permiso라고 해야겠지만 vosotros는 잘 쓰지 않는 경향이 있다고 앞에서 말한 바 있다.

❖ PREGUNTAS

1. ¿Ya habría llegado su padre a casa?
2. ¿A dónde iría Ud. después de clases?
3. ¿Está Ud. seguro de que ella ya habría llegado a la escuela?
4. ¿Cree Ud. que el profesor castigará a los alumnos perezosos?
5. ¿Le gustaría a Ud. tomar una limonada conmigo?

❖ EJERCICIOS

1. 다음 (　　　)에 적당한 것을 써 넣어라.

ⓐ Mucho gusto (　　　) conocerle.
ⓑ Ella está segura (　　　) que él habrá llegado.
ⓒ Yo iré a (　　　) casa de correos (　　　) echar varias cartas.
ⓓ Ud. es muy amable (　　　) esperarme.
ⓔ Yo he (　　　) estar aquí.

2. 다음 문장들 중에서 틀린 것을 고쳐라.

ⓐ Ayer me encontré a Juan.
ⓑ Le dije que yo lo mandaré por correo aéreo.
ⓒ Está enfrente al edificio.
ⓓ Sus permiso.
ⓔ María acerca rápidamente.

❖ COMPOSICION

1. 너에게 나의 친구 라몬(Ramón)을 소개한다.
2. 나는 그가 이미 여기에 도착했을 것이라고 믿고 있다.
3. 당신은 여기서 무엇을 하고 있습니까?
4. 당신을 알게 되어 대단히 기쁩니다.
5. 택시로 가시겠어요? 여기서는 택시 잡기가 힘들 겁니다.

❖ TRADUCCION

1. Ella ya habría sacado el dinero en el banco.
2. Creo que ella iría a la casa de correos a echar dos cartas por correo aéreo.
3. Tampoco llega Ud. a tiempo.
4. La presento a mi sobrino.
5. La función ha de empezar en seguida. Con tu permiso.

LECCION CUARENTA Y UNA

❖GRAMATICA

88. 간투사 Interjección

스페인어 간투사의 특징은 감탄부호나 의문부호와 마찬가지로 문장좌우에 간탄부호 !…¡를 붙인다는 점이다. 초보자들은 이점에 실수하지 않도록 조심하기 바란다.

1. **본래의 간투사**

¡ah!	놀라움, 기쁨, 슬픔을 나타낼 때
¡ay!	〃 〃
¡ax!	고통을 나타낼 때
¡arre!	이랴! 소나 말을 몰고 갈 때
¡ca!	불신이나 부인을 표시할 때
¡caray!	놀라움을 나타낼 때; 저런, 제기랄
¡caramba!	〃 〃
¡cáspita!	〃 〃
¡cuz, cuz!	워이, 워이! (개를 부를 때)
¡eh!	뭐라고!
¡hola!	여보세요!
¡huy!	고통, 불쾌감을 나타낼 때
¡oh!	놀라움, 기쁨, 슬픔을 나타낼 때
¡olé, olé!	기운을 내!
¡uf!	피곤하고 지칠 때 나타내는 소리
¡zape!	고양이 부르는 소리

2. **다른 낱말에서 전용된 간투사**

¡anda!	자! (독촉하는 소리), 어랍쇼! 얼씨구!
¡ánimo!	기운을 내! 파이팅!
¡bien!	잘했어! 좋아! 좋았어!
¡bueno!	〃 〃
¡cuidado!	조심해! 주의해!

¡qué diablos!	초조나 놀라워할 때; 망할!
¡Cristo!	조용히 해! 쉬!
¡Jesús!	하나님 맙소사!
¡diantre!	〃 〃
¡chito	조용히 해! 쉬!
¡fuego!	불이야!
¡socorro!	사람 살려!
¡largo de aquí!	여기서 꺼져!
¡por Dios!	제발!
¡viva!	만세!

3. Qué를 가지고 감탄문을 만든다.

¡Qué munchacha bonita!	얼마나 어여쁜 소녀인가!
¡Qué lástima!	참 안됐구나!
¡Qué tonto es!	얼마나 어리석은 자냐!

위에서 보다시피 qué 다음에 명사나 또는 형용사가 오는데, 그 다음에 동사가 있어도 좋고 없어도 괜찮다.

89. 어미가 탈락되는 형용사

다음 형용사들은 남성명사 앞에서는 마지막 어미가 떨어져 나간다.

alguno···	algún día 어느 날(장차)
ninguno···	ningún hombre 여하한 사람도··· 아니다
bueno···	buen amigo 좋은 친구
uno···	un libro 책 한 권
malo···	mal genio 나쁜 성질
primero···	primer día 첫날, 초일
tercero···	tercer suspiro 세 번째 한숨

주의 1. algún, ningún은 악센트가 있다.

2. grande는 명사 단수 앞에서는 gran이 된다.
Es mi gran amigo. 그는 나의 친한 친구이다.
Es una gran persona. 그는 위대한 사람이다.

3. Santo는 남성명사 단수 앞에서는 san이 된다.
San José　성 호세
San Pablo　성 파블로

그러나 Domingo와 Tomás 앞에서만은 그대로 Santo이다. 즉 Santo Domingo, Santo Tomás이다. Santa는 결코 변하지 않는다. 예 Santa Teresa 성녀 테레사

DIALOGO

- ¡Hola, Helena! ¿Has hablado con Carmen hoy?
- Acabo de llamar por teléfono. pero nadie contestó. También traté de llamarla dos veces anoche para explicarle que algunas amigas de mi familia acababan dc llcgar dc Santo Domingo. ¿Sabcs qué lc pasó?
- Sí, lo sé. Verdad es que ella y yo pasamos una noche más agradable en casa de Juan. Y, ¡qué gran sorpresa tuvimos! ¿Recuerdas a Marta Hernández?
- Sí que la recuerdo.
- Pues, acabábamos de sentarnos para jugar a los naipes cuando Marta y su esposo Alejandro aparecieron. Se habían casado hace cuatro meses y, después de pasar la luna de miel en El Salvador, estaban en camino de[1] la Ciudad de México[2]. Cuando Alejandro dijo que tenía algunas fotos que había sacado en su viaje, quisimos verlas. ¡Nunca he visto fotografías tan bonitas, todas en colores. Algún día yo irér a El Salvador.
- ¿Qué te parece Alejandro?
- ¡Qué guapo es! Y ningún hombre puede ser más simpático que él.
- Me gustaría conocerle y quiero ver a Marta. ¿Todavia están aquí?
- No. Tuvieron que partir muy temprano.
- ¡Qué lástima! ¿Cantó Marta?
- Sí, ella cantó tres canciones salvadoreñas. Canta mejor que nadie.

주 1) 도중에
주 2) 메히꼬로 발음할 것.

❖ PREGUNTAS

1. ¿Qué le parece a Ud. el profesor de matemática?
2. ¿A dónde irá Ud., después de terminar las clases?
3. ¿Cuándo se casarán Uds.?
4. ¿En dónde pasará Ud. la luna de miel?
5. ¿Qué iba a hacer Ud. cuando el profesor entró en el salón de clase?

❖ EJERCICIOS

1. 다음 문장들 중에서 틀린 것들을 바로 잡아라.

ⓐ Santo Juan ⓑ alguno día ⓒ San Domingo
ⓓ ninguno libro ⓔ tercer mujer

2. 다음 (　　)에 적당한 전치사를 써 넣어라.

ⓐ Mi novia acaba (　　) salir de casa.
ⓑ Ud. no recuerda (　　) mi tío.
ⓒ Juan está (　　) mi tío.
ⓓ Esta película (　　) color es interesante.
ⓔ Ella no quiere ir (　　) Madrid.

❖ COMPOSICION

1. 아, 예쁘기도 해라! 저 소녀의 애인은 무척 행복할(feliz) 것이다.
2. 엘레나는 누구보다도 더 노래를 잘 불렀다.
3. 방금 도착한 저 분을 나는 결코 기억할 수가 없군요.
4. 기운을 내요! 당신이 그렇게 슬퍼한다면 마리아가 울 거예요.
5. 어떠한 사람(ningún hombre)도 나를 일으킬 수 없을 것이다. 왜냐하면 나는 몹시 피곤하기 때문이다.

❖ TRADUCCION

1. Acabo de terminar la clase de español. Ahora voy a ir a casa de Juan para jugar al tenis con él. (*al을 붙이는 것이 원칙이나 붙이지 않아도 상관없다.)
2. Ella está en camino de la Ciudad de México, después de pasar la luna de miel en Acapulco.
3. Ella tiene muchas fotos que ha sacado en su viaje.
4. Ningún hombre puede ser más inteligente que Cholsu.
5. Ella cocina(요리하다) mejor que nadie.

LECCION CUARENTA Y DOS

❖ GRAMATICA

90. Traer(가져오다)의 직설법 현재 · 부정과거

직설법 현재		직설법 부정과거	
traigo	traemos	traje	trajimos
traes	traèis	trajiste	trajisteis
trae	traen	trajo	trajeron

현재분사 trayendo　　　과거분사 traído

주의 불완료과거, 미래형 가능법 등은 규칙적으로 변한다.

91. 소유형용사의 완전형

인칭 \ 수	단 수	복 수
1	mío	nuestro
2	tuyo	vuestro
3	suyo	suyo

소유형용사 완전형은 명사 뒤에 오며 반드시 그 명사의 성과 수에 일치해야 된다.

el libro mío	los libros míos	나의 책 · 책들
la pluma mía	las plumas mías	나의 펜 · 펜들
el libro tuyo	los libros tuyos	너의 책 · 책들
la pluma tuya	las plumas tuyas	너의 펜 · 펜들
el libro suyo	los libros suyos	그의 책 · 책들
la pluma suya	las plumas suyas	그의 펜 · 펜들
el libro nuestro	los libros nuestros	우리들의 펜 · 펜들

la pluma nuestra	las plumas nuestras	우리들의 책 · 책들
el libro vuestro	los libros vuestros	너희들의 책 · 책들
la pluma vuestra	las plumas vuestras	너희들의 펜 · 펜들
el libro suyo	los libros suyos	그들의 책 · 책들
la pluma suya	las plumas suyas	그들의 펜 · 펜들

❀ **용법** 문장에 있어서 소유자의 뜻을 강조할 때 사용된다.

Esta mesa es mía. 이 탁자는 내 것이다.

¡La palabra tuya me consuela mucho! 너의 말은 나를 무척 위로해준다.

완전형은 관사를 취해서 소유대명사가 된다.

Mi libro es caro pero el tuyo es barato. 나의 책은 비싸지만, 너의 책은 싼 것이다.

El mío es mío y lo tuyo es tuyo. 내 것은 내 것이고, 네 것은 네 것이다.

DIALOGO

(Alfonso invita al señor Cubillo a almorzar.)

- ¿Quiere Ud. entrar en este restaurante?
- Con gusto. Sé que se come bien aquí porque un amigo mío me trajo a este restaurante hace dos semanas.
- En aquel rincón veo una mesa libre.

(Se sientan a la mesa pero el camarero tarda un rato en verlos. Al fin, se acerca, trayendo la lista.)

- Aquí tienen Uds. la lista.
- Gracias. Un momento para examinarla, por favor.

(Entretanto, el camarero trae los cubiertos, pan, mantequilla y vasos de agua.)

- ¿Qué les traigo, señores?
- Primero, deseo sopa, si está caliente. Después, pescado, puré de papas y maíz, y, de postre, flan.
- ¿No desea Ud. ensalada?
- Sí, ensalada de lechuga y tomate. Y mi compañero desea sopa, biftec, papas fritas, y de postre, frutas frescas y helado(아이스크림).

- ¿Qué desean beber?
- Café solo.
- ¿Se lo traigo ahora?
- No, con los postres, por favor.
(Primero, los dos empiezan a tomar la sopa.)
- La sopa mía está demasiado caliente.
- La mía también está muy caliente. Pero a mí me gusta la caliente.
- Menos mal.(*불행중 다행 또는 천만다행)
(Al acabar la comida, Alfonso deja una propina para el camarero.)

❖ PREGUNTAS

1. La casa de Juan está en Bogotá. ¿Dónde está la tuya?
2. ¿Dónde está el coche nuestro?
3. ¿Qué toma Ud. de postre?
4. ¿Deja Ud. una propina para el camarero en el restaurante?
5. ¿Toma Ud. café, después de almorzar?

❖ EJERCICIOS

1. 다음 소유형용사 단축형을 완전형으로 고쳐라.

ⓐ ***Mi casa*** es grande pero su casa es más grande que ***mi casa***.
ⓑ ***Nuestras plumas*** son más bonitas que ***las de ellos***.
ⓒ Yo le dí un libro pero él quería tener ***tu libro***.
ⓓ ***¿Es de Ud***. este coche?
ⓔ ¿No son pequeñas ***sus copas***? ***Nuestras copas*** son demasiado grandes.

2. 다음 (　　　)에 ser 또는 estar를 변화시켜서 써 넣어라.

ⓐ Yo (　　　) de Corea pero ahora (　　　) en Costa Rica.
ⓑ Ella (　　　) charlando con su tía.
ⓒ El camarero me dice que la sopa (　　　) caliente.
ⓓ Nosotros (　　　) sentados cerca de la orquesta.

❖ COMPOSICION

1. 당신 숙부(tío)는 스페인에 살고 있다. 나의 숙부는 코스타리카에 살고 있다.
2. 나는 당신을 점심 식사에 초대하고 싶습니다. 지금 바쁘시지 않습니까?
3. 나는 아무것도 마시고 싶지 않다. 왜냐하면 나는 지금 목이 마르지 않기 때문이다.
4. 김교수는 나를 기억한다. 그러나 이교수는 나를 기억하지 못한다.
5. 만약에 수프가 차면, 나는 그것을 먹지 않겠습니다. 나는 찬 수프를 좋아하지 않습니다.

❖ TRADUCCION

1. Todo el mundo dice que se come bien(*음식이 괜찮다는 뜻) en este restaurante.
2. ¿Por qué tardó Ud. en llamarme por teléfono?
3. Me gusta tomar café solo(블랙커피).
4. Menos mal.
5. El señor López no dejó la propina(팁) para el camarero al salir del restaurante, porque aquel no le había servido bien.

LECCION CUARENTA Y TRES

❖ GRAMATICA

92. Por와 para의 구별 Distinción entre por y para

전치사 por와 para는 그 사용법이 비슷하면서도 달라서 초보자뿐만 아니라, 웬만큼 배운 사람들도 당황할 때가 많다. 다음의 예들을 통해서 그 차이점을 살펴보기로 하자.

1. POR의 용법 : 까닭, 원인, 방법 등을 나타낼 때 쓰인다.

Moriré por mi patria. 나는 나의 조국을 위해 죽겠다.
Alfonso ganó el campeonato de boxeo por su agilidad. 알폰소는 그의 민첩성 때문에 권투 선수권을 획득하였다.
Lo vendi por 8 pesos. 나는 그것을 8뻬소를 받고 팔았다.
Lo echamos por la ventana. 우리들은 그것을 창을 통해 내던졌다.
Caminamos por la calle. 우리들은 거리를 따라 걸어갔다.
Me quedé aquí por el verano. 나는 여름 동안 이곳에 남아 있었다.
La casa fue construida por Alejandro. 집은 알레한드로에 의해 건축되었다.
Fue por el médico. 그는 의사를 찾으러 갔다.

2. PARA의 용법 : 흔히 목적이나 목적지를 말할 때 쓰인다.

Estudio para aprender. 나는 배우기 위해 공부한다.
Lo terminaré para el lunes. 나는 그것을 월요일까지 끝내겠다.
Salgo para México. 메히꼬를 향해 나는 떠난다.
Para coreano el habla bien el español. 한국인으로서는 그는 스페인어를 잘 말한다.

93. 동사와 전치사 Verbo y preposición

동사 뒤에 원형이 올 때 전치사가 붙는지 또는 안 붙는지, 만약에 붙으면 어떤 것이 붙는지 주의해서 살펴보지 않으면 안 된다.

1. 전치사가 붙지 않는 동사

conseguir 성취하다
decidir 결정하다
impedir 방해하다
olvidar 잊다
esperar 희망한다, 기다리다
poder 할 수 있다
prometer 약속하다
querer 원하다, 사랑하다, 좋아하다
recordar 기억하다
lograr 달성하다

예 Yo necesito hablar con él. 나는 그와 의논할 필요가 있다.

2. 전치사 a를 필요로 하는 동사들

aprender 배우다
atreverse 감히 ~하고자 한다
ayudar 도와주다
comenzar 시작하다
decidirse 결심하다
enseñar 가르치다
invitar 초대하다
ir 가다
empezar 시작하다
persuadir 설득하다

예 Le enseñé a nadar. 나는 그에게 수영하는 법을 가르쳤다.

3. 전치사 de를 필요로 하는 동사

acabar 방금 끝내다
alegrarse 기뻐하다
tratarse 시도하다
dejar 중지하다
olvidarse 잊다
cesar 끝이다

예 Ella dejó de llorar. 그녀는 우는 것을 그쳤다.

4. 전치사 en를 필요로 하는 동사

consentir 동의하다
insistir 고집하다
convenir 합의를 보다

예 José insiste en estudiar más. 호세는 더 공부할 것을 고집한다.

DIALOGO

- Hola, Ignacio. Acabo de presentar mi examen final.
- ¿En qué curso, Carmen?
- El español de primer año. Ya sé que dicen que el doctor González da los exámnes[1] muy difífiles.
- ¿Cuándo sales para tu pueblo?
- El veinticuatro de este mes. El otro día me detuve en una agencia de turismo y reservé boleto de avión para esa fecha.
- ¿Sabes que la patrona de nuestra casa de huéspedes va a darnos una fiesta de despedida el veintitrés a las ocho? Te invito.
- Gracias, Pero, como necesito levantarme temprano al día siguiente para llegar al aeropuerto a tiempo, no estoy segura. ¿Podrías llevarme al aeropuerto en tu coche?
- Claro que sí. ¿Por qué no haces las maletas[2] el día anterior? Al llegar al aeropuerto te olvidas de facturarlas.
- Eso sí(*그건 그래). Además, voy a mandar mi baúl por tren porque resulta[3] más barato.
- ¿A qué hora sale el avión?
- A las nueve y cuarto. Si tienes inconveniente de llevarme al aeropuerto, puedo tomar un taxi.
- De ningún modo. A propósito, ¿sabes que María y Alberto se casan a fines de junio?
- ¡Qué sorpresa tan agradable! ¿Dónde tiene lugar[4] la boda?
- En Málaga, en casa de María. Creo que van a mandar las invitaciones a los amigos muy pronto.
- Quiero asistir a la boda pero es imposible, porque tengo que viajar por Corea.
- ¡Ah, Corea! Es uno de los países más interesantes del mundo, ¿no es verdad?
- Sí, es verdad.

주 1) 단수 : examen의 복수 : exámenes

주 2) Hacer las maletas : 짐을 싸다. 또는 트렁크를 꾸리다.

주 3) 다음에 형용사를 받아 '~해진다'의 뜻이 된다.

주 4) '개최한다'

❖ PREGUNTAS

1. ¿Cuándo parte Ud. para Caracas?
2. ¿Está Ud. dispuesto a morir por la patria?
3. ¿Se alegra Ud. de ver a sus amigos cuando está Ud. con su novia?
4. ¿Se empeña Ud. en leer el libro en voz alta cuando todo el mundo está durmiendo? *기를 쓰고 읽는다는 뜻.
5. ¿No necesita Ud. pedir dinero a su padre para comprar un diccionario español-coreano?

❖ EJERCICIOS

1. 다음 (   )에 para 또는 por를 넣어라.

ⓐ Quiero dar un paseo (   ) la calle.
ⓑ Saldré (   ) Buenos Aires pasado mañana.
ⓒ (   ) mis padres yo estudiaré más.
ⓓ ¿(   ) cuando terminará Ud. su tarea?
ⓔ El se hizo millonario (   ) su diligencia.

2. 다음 문장들 중에서 틀린 것을 고쳐라.

ⓐ Yo conseguí a encontrar un puesto de empleo.
ⓑ Ella se decidió consolar a su marido.
ⓒ Ud. insiste por venir aquí.
ⓓ Ella cesó en llorar.
ⓔ No puedo a olvidarlo.

❖ COMPOSICION

1. 작년에 나는 학기말 시험을 제출하였다.
2. 시험을 어렵게 내는 교수들을 학생들은 존경합니까?
3. 어제 나는 관광업소에서 내일자 표를 예약하였다.
4. 당신이 당신 차로 나를 공항까지 데려다 주기 싫다면, 나는 택시를 타고 가겠습니다.
5. 마리아가 7월말에 결혼한답니다. 당신에게 초대장을 보냈나 봅니다.

❖ TRADUCCION

1. ¿Podría Ud. decirme cuándo se celebra la boda de María?
2. A mí no me gusta facturar mis baúles, porque soy perezoso.
3. ¿Por qué no me dan Uds. una fiesta de despedida, sabiendo que salgo para los Estados Unidos(미국) mañana?
4. De ningún modo. Claro que sí.
5. Corea es un país muy interesante. La patrona de mi casa de huéspedes tiene mucho interés por Corea.

LECCION CUARENTA Y CUATRO

❖ GRAMATICA

94. 부정(不定)대명사 Pronombre indeterminado

❀ alguien, nadie, ninguno, uno

Alguien, nadie, uno는 사람에 대한 부정대명사로서 다음과 같이 쓰인다.

Alguien me ha dicho que Ud. es muy amable. 어떤 사람이 당신이 매우 친절하다고 내게 말했다.

Nadie me ha enseñado que la Tierra es redonda. 아무도 내게 지구가 둥글다는 것을 가르쳐 준 적이 없다.

주의 Nadie는 부정적(否定的)인 뜻을 가지고 있기 때문에 동사 앞에 놓이면 부정사 no가 필요 없다. 그러나 문장 뒤에 가면 상황을 달라진다. 즉 부정어 no를 동사 앞에 놓아야 된다.

Nadie lo sabía. 아무도 그것을 모르고 있었다.

No lo sabía nadie. 아무도 그것을 모르고 있었다.

Ninguno도 nadie와 똑같은 용법이지만 한 가지 다른 점은 ninguno는 누구누구들 중에서 '그 누구도 …아니다'라는 것이다.

Ninguno lo sabía. 그 누구도 그것을 모르고 있었다.

＊말하는 사람이 의식하고 있는 사람들 중에서 그 누구도

주의 따라서 '우리들 중의 그 누구도'라고 할 때는 ninguno de nosotros 라고 해야 된다. Nadie de nosotros 라고 하면 잘못된 표현이다.

Uno me lo dijo. 어떤 사람이 나에게 그것을 말하였다.

Unas me lo dijeron. 몇몇 여자들이 나에게 그것을 말하였다.

주의 Uno (una, unos, unas)는 일반적으로 '그 누구든지'라는 뜻을 내포하고 있다. Uno의 대조어는 otro이다.

Unos leían, y otros estudiaban. 어떤 사람들은 독서를 하고 있었고, 또 어떤 사람들은 공부하고 있었다.

95. Nada, nunca, jamás의 용법

부정어로서 각각 부정문을 만든다.

Nada tengo. 아무것도 나는 가지고 있지 않다.
Nada me falta. 아무것도 내게는 부족한 것이 없다.
Esto es caro más que nada. 이것은 그 어느 것보다도 더 비싸다.
Ella no fuma nunca. 그녀는 결코 담배를 피우지 않는다.
Nunca habla en voz alta. 그는 결코 큰 목소리로 말하지 않는다.
Tus ojos brillan más que nunca. 그대의 눈은 그 어느 때보다도 더 빛나고 있습니다.
Jamás olvidaré tu palabra. 그대의 말을 결코 잊지 않으리라.
Yo no haré jamás tal cosa. 나는 그런 일을 결코 하지 않겠다.

*Jamás는 nunca보다 더 강조의 뜻을 지닌 부정어이다. 그리고 참, nada의 반대어는 algo이다.

No comeré nada. 나는 아무것도 먹지 않겠다.
Comeré algo. 무얼 좀 먹겠다.

DIALOGO

- ¿Qué desea Ud., señor?
- Me gustaría una comida mexicana, señorita. Como yo no sé nada de[1] los platos mexicanos, ¿puede Ud. decirme algo de ellos?
- Con mucho gusto. Tenemos muchas cosas que ofrecerle. Primero, Ud. debe tomar huevos rancheros. Hoy, especialmente, estos son más sabrosos que nunca. Son huevos fritos con salsa de chile. Después, Ud. puede tomar tacos, que son tortillas tostadas con pollo o carne de vaca, frijoles y salsa de chile. Es uno de los platos más famosos de México.
- Alguien me ha hablado del guacamole. ¿Qué es?
- Se hace con aguacate, cebolla y chile. Es una ensalada muy buena. Nadie dice que es mala después de probarla.
- Muchísimas gracias. Esta vez voy a tomar huevos rancheros, tacos con pollo y el guacamole. La próxima vez tomaré otros platos mexicanos.
- ¿Y desea el señor la cerveza?
- No, gracias. La tomo nunca. Café con leche, por favor.

주 1) Saber de : ~에 관해서 알다.

❖ PREGUNTAS

1. ¿Desea Ud. tomar algo ahora?
2. ¿Ha estado Ud. en México?
3. Ninguno de Uds. ha visto a este ladrón, ¿no es verdad?
4. ¿Ha probado Ud. el taco mexicano?
5. ¿Qué es el 'kimchi'?

❖ EJERCICIOS

1. 다음 (　　)에 적당한 부정어를 써 넣어라.

ⓐ (　　) de Uds. habla alemán.

ⓑ Ella baila mejor que (　　).

ⓒ (　　) he dicho que ella es fea.

ⓓ Ella no sabe (　　).

ⓔ (　　) de particular.

2. 다음 문장들 중에서 틀린 것을 고쳐라.

ⓐ Nigun hombre lo sabe.

ⓑ Nadie de Uds. lo sabe.

ⓒ Es una salza de Mexico.

ⓓ Son los huevos fritos con la salsa de chile.

ⓔ En esta vez lo tomaré.

❖ COMPOSICION

1. 나는 한국 음식에 대해서는 아무 것도 모릅니다. 당신은 한국 음식점이 어디 있는지 아십니까?
2. 모든 한국인들이 김치를 먹는다. 김치는 한국의 가장 유명한 요리 중의 하나다.
3. 다음번에 나는 당신을 초대하겠습니다. 오늘은 내가 어느 때 보다도 더 바쁘군요.
4. 어젯밤 나는 블랙커피를 마셨다. 잠을 잘 수가 없었다.
5. 그는 나에게 전화를 걸었다. 그리고 내가 그와 같이 메히꼬 음식점에 갈 수 있는지 물었다.

❖ TRADUCCION

1. Como yo no sé nada de las costumbres coreanas, Ud. tiene que enseñármelas.
2. Muchas personas comen huevos fritos con café.
3. Después de probar el 'kimchi', nadie dice que no es sabroso.
4. Tengo muchas cosas que ofrecerle a Ud.
5. ¿Quién desea tomar la cerveza?

LECCION CUARENTA Y CINCO

❖ GRAMATICA

96. 수동태 Voz pasiva

수동태는 영어와 마찬가지로 ser + 과거분사 + por의 공식을 갖는다. 이때 과거분사는 주어의 성·수와 일치한다.

La pared fue pintada por aquel pintor. 벽은 저 페인트공(*경우에 따라 화가일 수도 있다)에 의해 칠해졌다.
El pueblo fue destruido por los invasores. 마을은 침략자들에 의해 파괴되었다.

정신적 행위를 나타낼 때에는 por대신에 de를 사용한다.

Simón Bolívar* es estimado de todo el mundo. 시몬 볼리바르는 만인에 의해 추앙을 받는다.
Juanito es amado de sus hermanos. 후아니또는 그의 형제들에 의해 사랑을 받는다.
*베네주엘라가 낳은 위대한 해방자(1783-1830).

❃ 다음의 동사들은 수동태가 되는 경우에는 de를 사용한다.

amar
acompañar
estimar
temer (무서워하다)
querer
desear

여기서 우리가 한 가지 명심해야 될 것은 ser + 과거분사는 단순한 행위의 과정을 나타낸다는 사실이다. 그러니까 문제의 행위가 끝난 상태를 말할 시에는 ser 대신에 estar를 사용해야 된다. 물론 이 때에도 과거분사는 주어의 성·수와 일치한다.

La puerta es abierta por Juan. 문은 후안에 의해 열려진다.
La puerta está abierta. 문이 열려져 있다.

DIALOGO

- ¡Qué ameno es este parque, José!
- Sí. Me gusta venir aquí con mis amigos para dar un paseo o leer un libro, tomando aire fresco.
- Parece que hay mucha gente alrededor de aquella estatua.
- Creo que mi profesor va a pronunciar un discurso en honor del gran[1] escritor español Miguel de Cervantes.
- Ahora puedo ver mejor. Es una estatua de Don Quijote montado en Rocinante y acompañado de su escudero Sancho Panze en el asno.
- Me dijeron que había una feria de libros y que un alumno de esta ciudad había ganado el premio Cervantes por[2] haber escrito el mejor ensayo sobre esa famosa novela.
- Ya me acuerdo. La noticia fue recibida ayer con mucho aplauso por sus amigos.
- También voy a leer a Cervantes. Por eso tengo que comprarme[3] un ejemplar de Don Quijote. Voy entrar a la librería de la esquina en el barrio donde vivimos, Hay un cartel que dice: "Aquí se venden libros de toda clase." Quiero entrar para averiguar si tiene un ejemplar de uso.
- El otro día estaba abierta la puerta y entré. Pero no había ninguna edición barata del Quijote.
- Pues, pienso buscarlo en la librería más grande de esta ciudad.

주 1) Grande가 명사 앞에 올 때는 '위대한'이란 뜻이 되고 뒤에 붙을 때는 '큰'이란 뜻이 된다. 그리고 단수 명사 앞에서는 gran이 된다.

주 2) Por 다음에 원형이 올 때에는 porque라는 뜻이 들어 있다.
El habla bien el español por ser espanol. = Porque es español.

주 3) '자기 자신을 위해서 무엇을 산다'할 때는 comprar에 재귀대명사를 취하고 그리고 목적어를 받는다. Yo te compro un libro 할 때는 '나는 너에게 책 한 권을 사준다'는 뜻이 된다.

❖ PREGUNTAS

1. ¿Ha leído Ud. a Cervantes?
2. ¿Quiere Ud. comprarle un piano?
3. ¿Están cerradas las ventanas del salón de clase?

4. ¿Es Ud. amado de sus profesores?
5. ¿En qué siglo(세기) vivió Cervantes?

❖ EJERCICIOS

1. 다음 (　　)에 estar 또는 ser, 그리고 por 또는 de를 써 넣어라.

ⓐ La novela (　　) bien escrita.
ⓑ Los montes (　　) cubiertos (　　) nieve.
ⓒ La puerta (　　) abierta (　　) Juan.
ⓓ La comida (　　) preparada (　　) mi madre.
ⓔ Nosotros (　　) animados (　　) ellas.

2. 다음 동사들의 과거분사를 써라.

avrir, cuvrir, pomer, escribir, componer

❖ COMPOSICION

1. 그녀는 후안과 결혼을 했다. 지금 행복하게 살고 있다.
2. 위대한 작가들은 모든 사람들로부터 언제나 사랑받는다.
3. 저 상점(tionda) 문은 하루 종일 열려 있다. 그러나 이 상점의 문은 언제나 닫혀 있다.
4. 후안은 자기 친구들로부터 영접을 받았다.
5. 그녀는 나에게 자동차(coche) 한 대를 사주었다. 그러므로 나는 행복(feliz)하다.

❖ TRADUCCION

1. El señor López va a pronunciar un discurso en honor de Cervantes.
2. Hay un cartel que dice: 'Aquí se venden libros de toda clase.'
3. No había ninguna edición barata del Quijote.
4. ¿Cuándo hay una feria de libros en este parque?
5. José ganó el premio 'Cervantes' por haber escrito el mejor ensayo sobre esa famosa novela.

LECCION CUARENTA Y SEIS

❖ GRAMATICA

97. 편지 쓰는 법 ¿Cómo se escribe una carta?

Rte., Cholsu Kim
5~400, Yonnamdong, Mapogu,
Seul, Corea

VIA AIR MAIL

Profa. Amalia Roales Nieto
C/Limón 13—4° Izq.
Madrid 3, España

위의 봉투를 살펴보자. 발신자의 이름과 주소는 왼편 위쪽에 적는다.

Rte.는 remitente(발신인)의 약자이다. 수신인의 이름은 바른편 아래쪽에 적는데 지면 관계로 될 수 있으면 모든 것을 약자로 적는 게 좋다. 그러면 하나씩 하나씩 풀이해 보기로 하자.

Profa. : profesora (여교수)의 약자

C : calle (거리)의 약자

Limón 13 : Limón은 거리 이름이고 13은 번지수이다. 그리고 Madrid 8에서 8은 우편번호이다.

Izq. : izquierda의 약자이다. 그러니까 4층 왼쪽이라는 말이다. 오른쪽이라면 Dcha.(derecha의 약자)라고 표기한다.

> **주의** 4층은 한국에서는 5층을 말한다. 우리나라의 1층은 그곳에서는 아래층이라 하고 2층부터 1층, 2층…으로 계산하니까 말이다. 외국인들이 많이 혼동한다. 저자를 포함해서….

98. 약자 Abreviatura

usted → Ud.
señor → Sr.
señora → Sra.
señorita → Srta.
profesor → Prof.

ustedes → Uds.
señores → Sres.
señoras → Sras.
señoritas → Srtas.
profesores → Profs.

주의 약자 다음에는 반드시 구두점을 찍어야 한다.

99. 동서남북 Puntos cardinales

el este 동
el sur 남

el oeste 서
el norte 북

❋용법

Mi tía vive al sur de Seul. 나의 숙모님은 서울 남쪽에 살고 계십니다.
Quiero viajar por la América del Sur. 나는 남아메리카를 여행하고 싶습니다.

주의 América del Sur할 때 de Sur라고 하는 초보자들이 많으니, 각별히 조심할 것.

DIALOGO

- Carmen, el cartero acaba de dejarte una carta. Aquí la tienes.
- Gracias, mamá. ¿De quién es? No conozco la dirección. ¿Quién vive en la Calle Lope de Vega 9-2° Dcha, Barcelona 3?

(Ella rompe el sobre, saca la carta y la lee.)

Mamá, es de la señora de González y ella me ha invitado a visitarla. Voy a leerte la carta. (Empieza a leer en voz alta.)

Barcelona, 11 de abril de 2010

Querida Carmen:

Ayer recibí una carta de tu madre. Esta escribió que pensaba hacer un viaje de tres o cuatro semanas con tu padre por Portugal, y yo quiero invitarte a mi casa, durante ese tiempo. Mi sobrina, Catalina, y mi sobrino, Carlos estarán aquí y tú podrás pasar un buen rato con ellos. Como ya sabes, Barcelona es una ciudad interesante y te encantarán un parque grande, donde se encuentran un museo, un jardín zoológico y un teatro al aire libre.

Si no quieres hacer el viaje en avión, será más agradable venir por tren que en autobús. ¿Quieres escribirme qué día y a qué hora llegarás? Espero verte pronto. Con recuerdos a tus padres, quedo de ti.

Sinceramente,

María de González

- María es muy amable, ¿eh?
- Sí, es verdad, mamá. ¿Me das permiso para ir?
- ¡Ya lo creo!
- Muchísimas gracias, mamá.

❖ PREGUNTAS

1. ¿Escribe Ud. las cartas a sus amigos con frecuencia?
2. ¿Ha escrito Ud. una carta en español? Pues, ¿a quién?
3. Durante las vacaciones, ¿escribe Ud. a sus profesores? Y, ¿le contestan ellos?
4. ¿Quiere Ud. invitar a un amigo suyo a pasar con su familia en la casa de campo?
5. ¿Contesta Ud. inmediatamente cuando recibe Ud. una carta?

❖ EJERCICIOS

1. 다음 단어들의 약자는?

ⓐ usted ⓑ señor ⓒ señora ⓓ don
ⓔ doña ⓕ remitente ⓖ derecha ⓗ izquierda

2. 다음의 동사나 형용사들을 명사로 고쳐라.

ⓐ recordar
ⓑ viajar
ⓒ invitar
ⓓ amable
ⓔ visitar
ⓕ permitir
ⓖ hablar
ⓗ descubrir

❖ COMPOSICION

1. 여기 나의 주소(dirección 또는 señas)가 있습니다 : 대한민국 서울 종로구 삼오동 1~5.
2. 나의 스페인 친구 하나가 내게 편지를 보내 왔더군요. 그의 주소를 가르쳐 드리지요. 스페인 마드리드 3구 프린세사가(街)(C. Princesa) 15번지 5층 오른쪽.
3. 나는 서울 북쪽에 살고 있다. 우리 할아버지는 서울 동쪽에 살고 계시다.
4. 남아메리카는 한국에서 멀리 떨어져 있다. 그러므로 아르헨티나에 가기 위해서

는 비행기로 여행을 해야 한다.

5. 나는 게으르기 때문에 편지를 자주 쓰는 것을 좋아하지 않습니다. 그러나 애인에게는 매일 편지를 씁니다.

❖ TRADUCCION

1. ¿De quién es aquella máquina de escribir?
2. Mis señas son: C/Felipe II 12-4° Izq., Barcelona 3.
3. Tengo que gozar de mi juventud pero sin dejar de estudiar.
4. Para vistarme, tienes que decirme qué día y a qué hora llegarás.
5. Con recuerdos a tus hermanos, quedo de ti. Sinceramenta.

LECCION CUARNTA Y SIETE

❖ GRAMATICA

100. 접속법 현재 Presente de Subjuntivo

Hablar, comer, vivir의 접속법 현재

habl***e***	com***a***	viv***a***
habl***es***	com***as***	viv***as***
habl***e***	com***a***	viv***a***
habl***emos***	com***aos***	viv***amos***
habl***éis***	com***áis***	viv***áis***
habl***en***	com***an***	viv***an***

주의 위의 세 동사는 규칙적으로 변하는 것들이다. -er동사와 -ir동사는 어미변화가 똑같다.

101. 접속법은 어느 경우에 사용되나? ¿En qué caso se usa el subjuntivo?

접속법은 불확실한 것, 의심스러운 것, 아직 행위가 완전히 끝나지 않은 것 등을 나타낼 때 사용된다. 그러나 그 용법이 복잡하고 다양해서 많은 초보자들이 곤혹을 느끼고, 심하면 공포증마저 갖는다. 그러므로 여기서는 될 수 있는 데로 문법적인 설명을 피하고 요령 있게 접속법을 익힐 수 있는 방법을 제시하고자 한다.

여기에 desear라는 동사가 있다. '나는 말하고 싶다'할 때 'yo deseo hablar'라고 한다는 것은 우리가 이미 잘 알고 있다. 그리고 또한 deseo나 hablar의 주어가 다 yo라는 것도 또한 우리가 잘 알고 있는 사실이다. 결론적으로 말해서 deseo와 hablar의 인칭이 같은 것이다. 이렇게 인칭이 같을 때는 접속법이 성립되지 않는다. 그러면 언제 성립되는가. 주문(主文)의 동사의 인칭과 종속문의 동사의 인칭이 각각 다를 때 접속법은 성립된다. 즉, '나는 당신이 말하기를 원한다'라고 할 때 비로소 접속법은 성립되는 것이다. 이때 '원한다(주문의 동사)'는 직설법이 되고 '말하기를

(종속문의 동사)'는 접속법이 된다. 그리고 주문과 종속문은 que로 연결된다. 물론 주문의 동사가 현재이면 종속문의 동사도 현재가 된다.

Yo deseo que Ud. hable.

그렇다고 아무 문장이나 인칭이 다르다고 해서 마구잡이로 접속법이 되는 것이 아니고 주문 동사의 성격에 따라 접속법의 성립 여부가 결정된다. 예를 들면 desear 다음에 que가 오면 다음 종속문의 동사는 무조건 접속법이 된다. 그러면 어떤 동사들이 접속법을 수반하는 것일까. 그것들을 문법적으로 따지기 전에 그런 동사들을 무조건 외우는 것이 더 효과적이다. 아래에 적은 동사들은 que 다음에 반드시 접속법을 필요로 하는 동사들이다.

주의 que는 반드시 주문과 종속문의 인칭이 서로 다를 때 사용된다는 것을 다시 명심하라.

desear 원하다
querer 원하다
decir 말한다(명령적으로)
pedir 청하다
rogar 간청하다
ordenar 명령하다
esperar 기대하다
exigir 요구하다
impedir 중단시키다
aconsejar 충고하다

주의 decir는 뜻이 명령적 요소가 있을 때에는 que 다음에 접속법을 사용한다.
이 밖에도 접속법을 필요로 하는 동사들이 많지만 앞으로 배워나가면서 점차로 익히도록 하고, 아무튼 위의 동사들 다음에 que가 올 때는 무조건 접속법을 사용하도록 반복적인 연습을 해야 된다.
Yo deseo que Ud. hable. 나는 당신이 말하기를 원한다.
Ud. quiere que coma yo. 당신은 내가 먹는 것을 원한다.
Ella le dice que estudie. 그녀는 그에게 공부하라고 말한다.

DIALOGO

- Marta, yo deseo que tú me ayudes a hacer planes para conmemorar el Día de la Raza, el doce de octubre.1)
- Con mucho gusto, Dolores. ¿Qué piensas hacer? Te pido que me hables en concreto tus planes.
- En primer lugar, vamos a decidir si habrá banquete o no.
- ¡Claro que sí! Además, hay que haber porgrama de música, baile y canciones de Hispanoamérica.2) ¿Qué te parcece?
- ¡Qué buena idea! Y te ruego que prepares la comida. Ya sé que tú eres una buena cocinera, y te gusta cocinar, ¿eh? Ana María y unas muchachas podrían ayudarte.
- Tal vez, José podría encargarse de las decoraciones. Vamos a colgar las banderas de las naciones panamericanas en las paredes.
- ¡Magnífica idea! Y yo me encargo del programa de música y bailes. Yo conozco a un matrimonio andaluz que sabe bailar flamenco muy bien. Voy a pedirles que lo bailen. A propósito, ¿qué vas a concinar?
- Estaba pensando en preparar paella a la valenciana. ¿Qué te parccc?
- ¿Cómo sabes que a mí me gusta mucho la paella? ¿Sabes que, después de tanto hablar de las cosas de comer, se me ha abierto3) el apetito?
- Pues, entonces, hasta luego.
- Hasta luego.

주 1) 콜럼버스가 신대륙을 발견한 날(1492년 10월 12일)을 기념하기 위하여 「민족의 날」이라고 명명하고 여러 가지 행사를 벌린다.

주 2) 중남미 대륙을 스페인 사람들은 Hispanoamérica라고 부르는 경향이 있고 라틴 아메리카인들은 Latinoamérica라고 부른다.

주 3) Abrirse el apetito(식욕이 나다)는 간접목적 대명사를 통해서 인칭을 나타낸다.

❖ PREGUNTAS

1. ¿Desea Ud. que el profesor le hable en español?
2. ¿Aconseja Ud. a los enfermos que coman mucho?
3. ¿Ordena Ud. a su hermano menor que estudie mucho más?
4. ¿Dice el profesor a sus alumnos que escriban en letra clara(깨끗한 글씨로)?
6. ¿Quién impide que Uds. compren aquel coche?

❖ EJERCICIOS

1. 다음 동사들의 접속법 현재의 단수 1인칭을 써라.

   comprender, abrir, pronunciar, esperar,
   cubrir, amar, presentar

2. 다음 (　　) 안에 직설법 또는 접속법 현재 동사를 인칭에 맞게 변화시켜 넣어라.

   ⓐ Ella sabe que yo (ser) coreano.
   ⓑ Ellas quieren que Ud. (aprender) francés.
   ⓒ Yo le *exijo a Ud. que (hablar) bien el español.
   ⓓ Ella espera que Ud. la (amar).
   ⓔ Yo le digo a Ud. que ella (ser) bonita.

   *exigir: exijo exiges exige

❖ COMPOSICION

1. 나는 당신이 내가 광복절(Día de la Liberación)을 기념하기 위한 계획들을 짜는 데 도와주기를 원합니다.
2. 당신은 내가 한국 여자라는 것을 알고 있습니다. 그래서 당신은 내가 한국식으로 요리하는 것을 원합니다.
3. 김치를 생각하게 되면 식욕이 납니다.
4. 김씨는 나보고 테니스를 치지 말라고 말합니다.
5. 나는 너에게 여기서 나를 기다릴 것을 명령한다.

❖ TRADUCCION

1. Para conmemorar el Día de la Raza, el doce de octubre, hay que hacer muchos planes.
2. Digo que debe haber programa de música, baile y canciones de Hispanoamérica.
3. Ella no quiere encargarse de las decoraciones.
4. ¿Quién va a colgar las banderas en las paredes?
5. Mis abuelos quieren que viva yo a la coreana.

LECCION CUARENTA Y OCHO

❖ GRAMATICA

102. 불규칙동사의 접속법 현재 Presente de subjuntivo del verbo irregular

불규칙동사의 접속법 현재를 변화시키는 방법은 요령만 알면 아주 간단하다. 즉 직설법 1인칭에다가 접속법 현재 어미변화를 적용시키면 된다. 아무튼 몇 개 외우다 보면 다른 것들은 저절로 알게 된다.

llegar → llego → llegue	**poder → puedo → pueda**	**salir → salgo → salga**
llegue	pueda	salga
llegues	puedas	salgas
llegue	pueda	salga
lleguemos	podamos	salgamos
lleguéis	podáis	salgáis
lleguen	puedan	salgan

tocar → toco → toque	**tener → tengo → tenga**	**traducir → traduzco → traduzca**
toque	tenga	traduzca
toques	tengas	traduzcas
toque	tenga	traduzca
toquemos	tengamos	traduzcamos
toquéis	tengáis	traduzcáis
toquen	tengan	traduzcan

주의 poder처럼 어간 변화 (o→ue)를 하는 동사는 직설법 현재와 마찬가지로 접속법 현재에서도 복수 1, 2인칭은 어간변화를 하지 않는다. 다음의 동사들은 접속법 현재에서 예외적인 변화를 한다.

ser	***estar***	***haber***
sea	esté	haya
seas	estés	hayas
sea	esté	haya
seamos	estemos	hayamos
seáis	estéis	hayáis
sean	estén	hayan

ir	*saber*	*dar*
vaya	sepa	dé
vayas	sepas	dés
vaya	sepa	dé
vayamos	sepamos	demos
vayáis	sepáis	deis
vayan	sepan	den

103. 접속법을 필요로 하는 주문(主文)들

bastar que : Basta que Ud. me lo diga. 당신이 나한테 그것을 말하는 것으로 충분하다.

importar que : Me importa que Ud. me lo comunique. 당신이 그것을 내게 통보하는 것이 내게는 중요하다.

ser necesario que : Es necesario que Ud. me lo pague. 당신은 나한테 그것을 지불하는 것이 필요하오.

✻ser posible que, ser imposible que, ser probable que, ser preciso que, ser dudoso que 다음에도 다 접속법이 온다.

aunque : Aunque no me ames, no te olvidaré. 설사 그대가 나를 사랑하지 않는다 할지라도 나는 그대를 잊지 않으리라.

Aunque no me amas, no te olvedaré. 비록 그대가 나를 사랑하지는 않지만 나는 그대를 잊지 않겠노라.

*위의 문장은 말하는 사람이 여인이 자기를 사랑하는지 안 하는지 확실히 모르는 경우이고 아래 문장은 자기를 사랑하지 않는 것을 확실히 알고 있는 것을 뜻한다.

en caso que : En caso que Ud. no estudie mucho, Ud. no recibirá una buena nota. 당신이 공부를 열심히 안할 경우에는 좋은 점수를 받지 못할 거요.

para que : Yo te ayudaré para que ganes la beca. 나는 자네가 장학금을 얻도록 도와주겠네.

hasta que : Yo te esperaré hasta que vengas aquí. 나는 네가 여기에 올 때까지 너를 기다리겠다.

이 밖에도 접속법을 요구하는 경우가 많으니 초보자들은 문장을 읽으면서 접속법이 나오는 대목에 가서는 주의 깊게 살펴보기 바란다.

❀Creer는 주문이 긍정문일 때는 종속문의 동사가 직설법이지만 그렇지 않고 부정문일 때는 종속문의 동사는 접속법이 된다.

Sí, creo que ella viene (또는 vendrá) aquí. 네, 나는 그녀가 이곳에 오리라고 믿습니다.

No, no creo que ella venga aquí. 아니오, 나는 그녀가 이곳에 오리라고는 믿지 않습니다.

104. 명령법 Modo imperativo

명령법은 논리상 시제가 현재 뿐이고 그리고 단수 1인칭은 존재하지 않는다는 것은 극히 당연한 사실이다.

Esperar		
인칭 \ 수	단 수	복 수
1	없음	esper***emos***
2	esper***a***	esper***ad***
3	esper***e***	esper***en***

comer		***vivir***	
—	comamos	—	vivamos
come	comed	vive	vivid
coma	coman	viva	vivan

그런데 다음 동사들의 단수 2인칭은 불규칙적으로 변한다.

poner → pon
tener → ten
venir → ven
valer → val
salir → sal

decir → di
ir → ve
ser → sé
hacer → haz

poner의 명령법		decir의 명령법	
—	pongamos	—	digamos
pon	poned	di	decid
ponga	pongan	diga	digan

여기서 우리가 알 수 있는 것은 명령법의 단수 3인칭 그리고 복수 1인칭 3인칭은 접속법현재 변화와 똑같다는 점이다.

✽부정명령일 때는 접속법 현재형을 취한다.

No salgas de aquí. 너는 여기서 나가지 말아라.

No salgáis de aquí. 너희들은 여기서 나가지 말아라.

✽재귀동사의 명령형은 다음과 같이 변화한다.

Levantarse

—	levantémonos
levántate	levantaos
levántese	levántense

주의 재귀대명사는 동사가 운형, 현재분사, 명령법일 때는 바로 뒤에 달라붙는다. 그리고 위의 예문에서 보는 악센트는 음절상의 관계로 생겨난 것이고 복수의 1인칭·2인칭의 변형은 발음상의 이유로 해서 그렇게 된 것이다. 즉 levantémosnos, levantados하면 발음하기도 물편하거니와 또 의미상의 혼란도 일어날 염려도 없지 않아 있기 때문이다.

✽재귀대명사와 마찬가지로 직접·간접 목적대명사도 명령형 뒤에 달라붙는다.

Dígale que venga aquí. 그보고 여기 오라고 말하시오.

Tráeme una taza de té. 차 한 잔을 가져 오너라.

주의 악센트가 있다는 것을 명심할 것.

DIALOGO

- Oye,[1] María. Voy a invitarte al cine esta tarde. Será imposible que rechaces[2] mi invitación.
- Estás demasiado orgulloso de ti mismo.
- Perdóname, si te he molestado con mis palabras. Pero insisto en que me acompañes. Sin ti, tampoco iré al cine, aunque el emperador chino me lo ordene.
- Está bien. Te acompañaré con mucho gusto.
- Muchísimas gracias, guapita.
- Pero hay una condición para que yo[3] te acompañe. Primero, aféitate y lávate la cara. En caso que no me obedezcas, serás castigado debidamente.
- No me dés susto, por favor. Ahora mismo, me afeitaré y me lavaré no solamente la cara sino también[4] el cuello.
- Eres un chico muy obediente. Por eso te quiero tanto. Ven acá, querido mío. Te daré un besito en la mejilla.

주 1) oir의 명령법 단수 2인칭

주 2) rechazar의 접속법 단수 2인칭.

주 3) acompañe의 인칭을 명확히 하기 위해서 yo를 표시한다.

주 4) no solamente … sino también: '~ 뿐만 아니라 ~도 역시'

❖ PREGUNTAS

1. ¿Es posible que Ud. me ayude a traducir esta frase?
2. ¿Qué hace Ud. para que sus padres se sientan orgullosos de Ud.?
3. ¿Es necesario que los alumnos estudien todos los días?
4. ¿Cree Ud. que ella vendrá aquí aunque no sea invitada?
5. ¿Estarás en esta cafetería hasta que ella te llame por teléfono?

❖ EJERCICIOS

1. 다음 (　　　)에 맞는 동사 변화형을 써 넣어라.
   ⓐ (Traer) una pluma y escribirás.
   ⓑ No es necesario que ella (venir).
   ⓒ (Oir) Ud. ¿Cree Ud, que ella (poder) hablar bien el español?
   ⓓ (Salir) de aquí. No quiero verte más.
   ⓔ Antes de que el maestro me (castigar), yo saldré de aquí.

2. 다음 문장들 중에서 틀린 것을 고쳐라.
   ⓐ Vamosnos pronto.
   ⓑ Levantate a las seis de la mañana.
   ⓒ Ella insiste que yo hable en voz baja(낮은 목소리로).
   ⓓ ¿Es posible que Juanito lo hace?
   ⓔ No lo diga a tu madre. (명령형)

❖ COMPOSICION

1. 그녀의 어머니는 그녀가 영화관에 가는 것을 원하지 않는다.
2. 내가 아무리 공부를 잘 못한다 할지라도 너보다는 더 현명하다. (*실제로 공부를 못 한다.)
3. 마리아는 비단 스페인어뿐만 아니라 한국어도 역시 말한다.
4. 나에게 책 한 권을 주세요. 책을 주지 않으면 나는 공부를 하지 않겠습니다.
5. 여기에 두 개의 병원이 있다는 것을 나는 믿을 수가 없습니다.

❖ TRADUCCION

1. ¿Cómo puede Ud. rechazar mi invitación?
2. Te digo que no estés orgulloso de ti mismo.
3. Aféitate pronto, si no quieres dar susto a aquellas señoras.
4. Haz como quieras. Ya sé que eres desobediente.
5. Ella tiene no solamente la casa sino también la joya.

LECCION CUARENTA Y NUEVE

❖ GRAMATICA

105. Valer(가치가 있다)의 직설법현재· 단순미래 · 가능법 불완료형 · 접속법현재

valgo	valdré	valdría	valga
vales	valdrás	valdrías	valgas
vale	valdrá	valdría	valga
valemos	valdremos	valdríamos	valgamos
valéis	valdréis	valdríais	valgáis
valen	valdrán	vadrían	valgan

✽ 현재분사 과거분사 불완료과거 부정과거는 규칙적으로 변한다.

✽ 용법

Este libro vale mil wones. 이 책값은 천원이다.

Esta casa no vale mucho. 이 집은 별로 가치가 없다.

No vale la pena de verlo. 그것을 볼 가치(필요)가 없다.

Vale más venderlo. 그것을 파는 게 더 낫겠다.

106. 관계대명사 Pronombres relativos

quien: ① 사람에 한하여 사용된다.

② 선행사의 수에 따라 수변화(數變化)를 한다. 그러나 성변화는 하지 않는다.

③ 앞에 전치사를 받는다.

Ayer visité al abuelo, quien estaba enfermo. 어제 조부님을 찾아뵈었는데, 조부님은 앓고 계셨다.

Los jóvenes esperaban a los maestros, quienes venían de Seul. 젊은이들은 그들의 선생님들을 기다리고 있었는데, 선생님들은 서울로부터 오는 중이었다.

El señor Yi a quien respeto está en casa. 내가 존경하는 이선생님은 댁에 계십니다.

> **주의** quien에는 절대로 관사가 붙지 않는다.
> quien은 관사 없이 부정대명사(不定代名詞)가 된다.
> Quien sabe mucho, habla poco. 많이 아는 자는 말수가 적다.

que : ① 사람이나 사물을 가리지 않고 사용된다.
② 수나 성의 변화를 하지 않는다.
③ 필요에 따라 관사를 취한다. 그러나 이런 경우에는 선행사가 두 개 이상이어서 que가 어느 것을 받는지 잘 모를 때 그 받는 선행사의 성·수에 따라 que에 관사를 붙여 모호한 소속을 명확히 밝힌다.

Es el diccionario que compré anteayer. 그것은 그저께 내가 산 사전이다.

Los señores que estaban aquí no hablaron nada. 여기 있던 분들은 아무 말도 하지 않았다.

Mi padre me envió a una escuela en el Perú, de la que era director un amigo suyo. 나의 아버지는 페루에 있는 한 학교에 나를 보내셨는데, 아버지의 친구 한분이 그 학교의 교장 선생님이었다.

✽세 번째 예문에서는 que가 여성명사 escuela를 받고 있으니까 de la que가 되었다. 이때 escuela가 만약에 남성 복수라면 que는 de los que, 여성 복수라면 de las que, 남성 단수라면 del que가 됐을 것이다.

✽que도 quien과 마찬가지로 부정대명사(不定代名詞)가 되는데 단지 다른 것은 관사가 붙는다는 점이다.

El que (=quien) sabe mucho, habla poco. 많이 아는 자는 말수가 적다.

Tú eres el que (=quien) se equivocas. (남성) 오해한 사람은 바로 너다.

Tú eres la que (=quien) se equivoca. (여성) 오해한 사람은 바로 너다.

No sabe lo que (=qué) habla. 그는 자기가 무엇을 말하고 있는지 모른다.

✽Cual (el cual, la cual, los cuales, las cuales, lo cual); que와 마찬가지로 사람이나 사물을 받지만 반드시 관사를 취한다는 점이 그 특징이다. 그러니까 관사를 취함으로써 관계대명사의 자격을 획득하는 것이다. 사용 목적은 선행사가 불확실하고 모호할 때 조금이나마 그 분명함을 나타내기 위해서이다. 그러나 다음과 같은 문장에서는 혼란이 야기될 수 있다.

Me dió este libro el hijo del Sr. Kim el cual me quería. 나를 좋아하는 김씨의 아들이 내게 이 책을 주었다.

❀ 여기서 혼란이 야기되는 이유는 quería의 주어가 누구냐를 확실히 가릴 수 없기 때문이다. 그래서 이 경우에는 주어가 아들이면 Sr. Kim 다음에 coma(,)를 찍으면 된다.

❀ Lo cual은 중성관계대명사이므로, 선행문을 몽땅 받는다.

lo cual : yo decidí ayudar a los pobres, lo cual no era cosa fácil. 나는 가난한 사람들을 도와주기로 결심했는데, 그것은 쉬운 일이 아니었다.

107. 관계형용사 Adjetivos relativos

Cuyo (cuya, cuyos, cuyas)는 다음에 오는 명사의 성·수와 일치한다.

Yo conozco a aquel señor, cuyas hijas son bonitas. 나는 저 분을 알고 있는데, 그의 따님들은 예쁩니다.

Cuanto (cuanta, cuantos, cuantas): 이것도 cuyo와 마찬가지로 다음에 오는 명사의 성·수와 일치한다. 그리고 한 가지 특기할 것은 cuanto는 todo + 정관사 + 명사 + que의 뜻을 가지고 있다는 점이다.

José quiere vender cuantas ovejas tiene(= todas las ovejas que tiene). 호세는 그가 가지고 있는 양들 전부를 팔려고 한다.

❀ Cuanto más···, tanto más는 '···하면 할수록 더욱 더'라는 뜻을 가지고 있다.

Cuanto más la quiero, tanto más ella me odia. 내가 그녀를 사랑하면 사랑할수록 그녀는 더욱더 나를 미워한다.

DIALOGO

(El señor Umbral quien viaja en coche se para en una estación de gasolina, de la que es dueño don Benito Pérez. Y un empleado, de cuyo nombre no quiero acordarme[1]), se acerca.)

- Buenos días, señor. ¿En qué puedo servirle?
- Necesito cuantos litros de gasolina tiene su casa.[2])
- (Muy sorprendido) ¿De veras?
- No me mire así. Yo se lo dije en broma. En realidad, necesito veinte o más litros de gasolina.
- Es Ud. un buen bromista[3]). De todos modos, quiere Ud. llenar el tanque, ¿eh?
- ¡Ya lo creo! Siempre vale más tener gasolina, ¿verdad?
- Ud. tiene razón, señor. ¿Qué tal aceite?
- Necesito un poco.
- ¿Qué marca?
- Es siempre igual. También hay que ver, si hay bastante agua en el radiador, lo cual siempre me inquieta.
- No se preocupe más. Lo llenaré ahorita. ¿Ponemos aire en las llantas?
- Sí, treinta y dos libras en estas y en la llanta de repuesto también, por favor.
- Ahora limpiaré el parabrisas y todo estará listo, si Ud. no desea lavar el coche hoy mismo.
- No vale la pena. No tengo tiempo de esperar. Tengo mucha prisa porque soy uno de los hombres más ocupados del mundo. Además, cuánto más se lava, tanto más se hace sucio[4]). ¿Cuánto valen la gasolina y el aceite?
- Nueve mil pesetas, señor.
- Aquí tiene Ud. un billete de diez mil pesetas.

주 1) '동 끼호떼' 본문 첫머리에 나오는 문장.

주 2) 경우에 따라서는 상점, 회사, 가게라는 뜻도 있다.

주 3) 어미가 -ista로 끝나는 것은 주의자(主義者), 또는 가(家)라는 뜻이 있다. Capitalista(자본가, 자본주의자). 남성이나 여성이나 다 -ista로 끝난다.

주 4) Hacerse 다음에 형용사가 오면 '~해진다'는 뜻이 있다.

- Aquí tiene Ud. un billete de diez mil pesetas.
- Y aquí tiene Ud. la vuelta, señor.
- Gracias. ¿Es esta la carretera para Toledo?[5)]
- Sí, señor. Está en buen estado.
- ¿Qué distancia hay de aquí a Toledo?
- Unos cien kilómetros.
- Hay buenos hoteles allí, ¿verdad?
- ¡Cómo no! Hay varios en el centro de la ciudad. El mejor de los hoteles se llama El Greco.[6)]
- Muchísimas gracias.
- ¡Buen viaje!

주 5) 우리나라의 경주 같은 도시임.

주 6) El Greco는 Toledo에 거주했던 유명한 화가의 이름이기도 하다

❖ PREGUNTAS

1. ¿Qué distancia hay de Seul a Busan?
2. ¿Conoce Ud. a aquel señor, cuyo traje es de color gris?
3. ¿Puede Ud. dar a los mendigos cuanto dinero tiene?
4. ¿Vale la pena de estudiar el español en Corea?
5. ¿Conoce Ud. a Toledo?

❖ EJERCICIOS

1. 다음 (　　)에 적당한 관계대명사, 또는 관계형용사를 넣어라.

ⓐ El (　　) no trabaja mucho es perezoso.
ⓑ Yo visité al señor Yi, (　　) esposa estaba triste.
ⓒ Aquella señora (　　) quien respeto es honrada.
ⓓ ¿Sabes (　　) sucede?
ⓔ Ella quiere darme (　　) libros tiene.

2. 다음 문장들 중에서 틀린 것을 고쳐라.

ⓐ No vale pena de decirlo.

ⓑ Yo tengo un amigo francés, las cuyas hermanas me quiere mucho.
ⓒ Siempre él me ayuda, los cuales me alegra.
ⓓ Yo le lo digo en la broma.
ⓔ Tienes que darle todo lo tienes.

❖ COMPOSICION

1. 나는 자동차를 한 대 가지고 있는데, 그 색은 빨간색이다.
2. 나는 이 대학의 학생인데, 이 대학의 총장(el rector)은 로뻬스 박사입니다.
3. 늦게 일어나면 일어날수록, 점점 더 게을러집니다.
4. 그것을 농담으로 말하지 마시오. 나는 진실을 원합니다.
5. 학교에서 당신의 집까지 거리가 얼마나 됩니까?

❖ TRADUCCION

1. ¿Qué marca de aceite desea Ud.?
2. Ella quiere comprar su ropa hoy mismo.
3. Mi tía es una de las mujeres más ocupadas del mundo.
4. Ahorita pondré aire en las llantas.
5. Es necesario llevar siempre la llanta de repuesto.

LECCION CINCUENTA

❖ GRAMATICA

108. 접속법 불완료과거 Pretérito imperfecto de subjuntivo

접속법 불완료과거에는 어미변화가 RA형과 SE형, 이렇게 두 개가 있다. 아무것이나 사용하여도 무방하나 RA형을 쓰는 경우가 더 많다. 따라서 여기서도 주로 RA형만을 사용하겠다.

	amar	*comer*	*vivir*
RA형	am***ara***	com***iera***	viv***iera***
	am***aras***	com***ieras***	viv***ieras***
	am***ara***	com***iera***	viv***iera***
	amá***ramos***	com***iéramos***	viv***iéramos***
	am***arais***	com***ierais***	viv***ierais***
	am***aran***	com***ieran***	viv***ieran***
SE형	am***ase***	com***iese***	viv***iese***
	am***ases***	com***ieses***	viv***ieses***
	am***ase***	com***isese***	viv***iese***
	am***ásemos***	com***iésemos***	viv***iésemos***
	am***aseis***	com***ieseis***	viv***ieseis***
	am***asen***	com***iesen***	viv***iesen***

❀ 접속법 불완료과거도 그 이치를 알면 조금도 힘들이지 않고 외울 수가 있다. 즉 직설법 부정과거 복수 3인칭 -aron과 -ieron에서 on을 빼고 각각 접속법 불완료과거 어미변화를 규칙적으로 붙이기만 하면 된다. 규칙동사나 불규칙동사나 이 법칙에는 예외가 없다. 그러나 이런 것이 복잡하고 귀찮다면 무조건 반복적으로 외우시라.

salir	→	salieron	→	saliera
poder	→	pudieron	→	pudiera
saber	→	supieron	→	supiera
hacer	→	hicieron	→	pusiera

❋용법 용법이 매우 다양하므로 주의를 해서 살펴보지 않으면 안 될 것 같다.

1. 접속법 현재의 용법과 똑같다. 즉 주문(主文)의 동사가 인칭이 다를 때 접속법을 필요로 할 경우 동사가 과거(부정과거 또는 불완료과거)이면 종속문의 동사는 접속법 불완료과거를 취한다.

   Le dije que no saliera. 나는 그보고 나가지 말라고 말했다.

   Era imposible que llegara aquí. 그가 여기 도착하는 것은 불가능했었다.

2. 주문의 동사가 가능법이면 종속문의 동사는 접속법이 불완료과거이다.

   La madre no comería nada hasta que el hijo volviera. 어머니는 아들이 돌아올 때까지 아무것도 들지 않을 것이다.

   *Comería 대신에 comiera를 사용해도 무방하다.

3. 접속법 불완료과거는 가능법 불완료형과 힘을 합쳐서 가상문 현재를 만든다. 그 공식은 다음과 같다.

   Si 불완료과거, 가능법 불완료형.

   Si tuviera yo mucho dinero, yo te compraría este piano. 만약에 내가 많은 돈을 가지고 있다면, 니에게 이 피아노를 사줄 텐데.

   그러니까 돈이 많이 없어서 너에게 피아노를 못 사준다는 뜻이다.

4. 실현 불가능한 것을 간절히 소망할 때 접속법 불완료과거를 사용한다.

   Quisiera yo ganar la beca. 장학금을 탔으면….

   실제로는 장학금을 탈 수 없으니까 그것을 타고 싶다는 간절한 소망을 나타낸 것이다.

5. 접속사 como si ('마치 ~인 것처럼') 다음에는 접속법 불완료과거를 사용한다. 이 때 주문의 시제가 현재이든 과거이든 상관없다.

   Bésame mucho, como si fuera esta noche la última vez. 마치 오늘밤이 마지막인 것처럼 나에게 키스를 많이 해다오.

   *'베사메무쵸'의 첫 부분

DIALOGO

(Es la sala de estar[거실] de los Fernández. José María[남자이름] está sentado en una silla con la mano en la frente y un libro abierto sobre las rodillas. María está mirando varias fotografías. Es un día de diciembre. Nieva[1] sin parar. Se oye la música de la radio.)

- Oye, María, ¿quá toca la radio?
- La canción mexicana 'La luna llena'.[2] ¿Te gusta?
- Más o menos bien, pero es bastante sentimental. Prefiero[3] una música que tenga más animación. Por favor, pon en el fonógrafo algo que hable de sol y de alegría.
- No negarás que es[4] muy bonita la canción 'La luna llena'.
- No niego que sea bonita.[5] Pero te dije que pusiera otra canción. Ahora me pongo nervioso. Si fueras un muchacho, te daría yo palmetazos.
- ¡Qué bruto eres! Hablas, como si fuera un maestro severo. ¡Ojala[6] seas más amable conmigo! No hablaré contigo más hasta que me pidas perdón.
- Está bien. Te pido mil perdones.
- En este caso no hay más remedio que perdonarte porque ya sé demasiado bien que me amas más que nadie.
- Ahora, ¿puedo escuchar la canción que me guste?
- ¡Por qué no! Pues, ¿qué canción quieres? Díme en concreto.
- Quisiera yo escuchar la canción argentina 'La cumparsita'.
- También me gusta esta canción. Ahora mismo la pondré, y bailemos juntos.
- De acuerdo.

주 1) Nevar (눈이 오다)나 llover (비가 나리다)같은 동사는 극히 당연한 말이지만 단수 3인칭 밖에 없다 : Nieva, nevaba, nevó, navará, nieve, nevara; llueve, llovía, llovió, lloverá, llueva, lloviera.

주 2) '만월(滿月)'이라는 뜻을 가지고 있다. 우리나라에는 '희미한 옛사랑의 그림자'라는 제목으로 소개되어 있다.

주 3) Preferir에 전치사가 붙으면 '~보다 ~가 더 좋다'는 뜻이 된다 : prefiero el café al té(나는 차보다 커피를 더 좋아한다).

주 4) 마리아는 노래가 멋있다는 것을 기정사실로서 인정하고 있다. 그러므로 종속문에서 직설법을 사용하고 있다.

주 5) 호세 마리아는 노래가 멋있다는 것을 반신반의하고 있다. 그러므로 종속문에서 접속법을 사용하고 있다. 우리는 이 두 개의 문장을 통하여 접속법의 성격을 어느 정도 알 수 있을 것 같다.

주 6) Ojalá는 아랍어에서 파생한 말로서 본래의 뜻은 '오, 알라 신이여!'였다고 한다. 지금에 와서는 간절한 소망을 나타내는데 쓰인다.

❖ PREGUNTAS

1. ¿Quién le dijo a Ud. que aprendiera español?
2. ¿Se podría decir que las canciones latinoamericanas son muy populares en Corea?
3. ¿Está lloviendo mucho ahora?
4. ¿No creyó Ud. que ella volviera a casa temprano ayer?
5. ¿Daría Ud. muchos palmetazos a su hermano, si este no le obedeciera?

❖ EJERCICIOS

1. 다음 동사들의 접속법 불완료과거의 1인칭 단수를 써라.

traducir	llover	estar	tener
andar	comenzar	decir	ser

2. 다음 (　　) 에 적당한 동사변화형을 넣어라.
   ⓐ Ella siempre me ordena, como si (ser) yo su criado.
   ⓑ María no dijo nada, para que me (poner) nervioso.
   ⓒ Se puede decir que Ud. (ser) la más inteligente de su clase.
   ⓓ Si ella (ser) un poco más amable conmigo, me (casar) con ella.
   ⓔ ¿Por qué no busca Ud. un libro español que (ser) muy útil?

❖ COMPOSICION

1. 나는 스페인어를 잘하는 여학생을 만나고 싶다.
2. 만약에 당신이 한국에 있다고 한다면, 나는 당신에게 지금 서한사전을 한 권 보낼 수 있을 텐데.
3. 그녀는 나를 마치 자기 동생이나 되는 것처럼 대한다(tratar).
4. 당신이 빨리 여기에 올 수 있도록 하기 위해서 나는 당신에게 차를 보냈다.
5. 그는 그의 아버지에게 삼천원만 달라고 요청했다.

❖ TRADUCCION

1. María está sentada en un sofá con un libro abierto sobre las rodillas.
2. Yo no niego que tú eres la alumna más simpática de nuestra clase.
3. Te ordené que me pidieras mil perdones.
4. Ud. no tiene la música que me guste. Deseo que Ud. la busque pronto.
5. Si cantaras una canción coreana, te daría una revista coreana.

LECCION CINCUENTA Y UNA

❖ GRAMATICA

109. 접속법 완료과거 Pretérito perfecto de subjuntivo

접속법 완료과거는 다음과 같이 만든다.

Haber의 접속법 현재 + 과거분사

haya hayas haya	+ 과거분사	hayamos hayáis hayan	+ 과거분사

접속법 현재를 사용할 경우, 그 내용이 이미 행위의 완료를 뜻하는 것이라면 접속법 현재 대신에 접속법 완료과거를 사용한다.

No creo que haya venido. 나는 그가 왔다고 믿지 않는다.

주의 종속문에서 접속법 완료과거를 사용할 경우 주문의 동사는 직설법 현재·미래·명령형이다.

- 현재 : Me alegro de que no me hayas abandonado. 그대가 나를 버리지 않는 것이 매우 기쁘다.
- 미래 : Será imposible que el me haya escrito una carta. 그가 내게 편지를 썼다는 것은 불가능할 것이다.
- 명령형 : Vámonos a un sitio donde no hayamos ido. 우리가 가보지 못했던 곳을 방문합시다.

110. 접속법 대과거
Pretérito pluscuamperfecto de subjuntivo

접속법 대과거는 다음과 같이 만든다.

Haber의 접속법 불완료과거 + 과거분사

hubiera hubieras hubiera	+ 과거분사	hubiéramos hubierais hubieran	+ 과거분사

❋용법

1. 접속법 불완료과거를 사용할 경우, 그 내용이 이미 행위의 완료를 뜻하는 것이라면 접속법 불완료과거 대신에 접속법 대과거를 사용한다.

   No creía yo que él hubiera salido. 나는 그가 외출했으리라고는 믿지 않고 있었다.

2. 접속법 대과거 가상문과거를 만들기 때문에, 그 공식은 다음과 같다.

   Si hubiera + 과거분사, habría + 과거분사

   Si hubiera venido Ud. aquí, le habría dado yo (= hubiera dado) este libro.

   만약에 당신이 여기에 왔었더라면 나는 당신에게 이 책을 주었을텐데….

3. 접속구 como si 다음에 오는 문장의 내용이 완료적 표현을 의미할 경우 접속법 대과거를 사용한다.

   Ella me saludó, como si ya me hubiera conocido. 그녀는 마치 나를 이미 알고 있었던 것처럼 인사했다.

＊como si me conociera 한다면 '마치 나를 알고 있는 것처럼…'으로 해석해야 된다.

111. 접속법 불완료미래와 접속법 완료미래 Futuro imperfecto de subjuntivo y futuro perfecto de subjuntivo

amare	amáremos
amares	amareis
amare	amaren

❀ 무슨 동사든지 접속법 불완료과거 SE형의 S를 R로 바꾸어 놓이면 저절로 접속법 불완료미래가 된다.

hubiera hubieras hubiera	+ 과거분사	hubiéramos hubiereis hubieran	+ 과거분사

❀ 근래에 와서는 접속법 불완료미래와 접속법 완료미래를 거의 사용하지 않고 있다. 다만 고문(古文)에서만 엿볼 수 있다. 그러므로 여기서는 그 용법에 관한 설명을 생략하겠다. 초보자들은 그저 이런 것들이 있다는 것을 아는 것으로서 충분하다고 본다.

DIALOGO

- Me alegro mucho de que Ud. haya venido a mi casa, don Leopoldo.
- ¿Cómo podría yo rechazar su amable invitación?
- Pero Ud. no apareció aquí hace dos años, cuando ye le mandé una carta de invitación.
- No me lo diga más. En aquel entonces, estaba yo fuera del país para hacer un largo viaje por Europa. Pero, si hubiera sabido yo que había un gran banquete en su casa, habría venido aquí sin vacilar.
- No lo sabía yo. No creía yo que Ud. estuviera en el extranjero.
- ¿No ha recibido Ud. una tarjeta postal que le mandé en Suiza?
- No, no la he recibido.
- ¿Qué extraño! Creía que Ud. la había recibido.
- A porpósito, ¿cómo fue el viaje? ¿Le gustó?

- Sí, me gustó mucho. Sobre todo, España me encantó tanto, que quería vivir allí para siempre.
- Son amables los españoles, ¿verdad?
- ¡Desde luego[1])! Todos ellos me sonreían, como si me hubieran conocido ya.
- ¿Encontró Ud. a nuestro gran amigo, señor Roales que vive en Madrid?
- Me duele[2]) decirle a Ud. que el señor Roales murió de alta presión arterial el año pasado.
- ¡Qué sorpresa! No puedo creer que el señor Roaless ya esté en el otro mundo.
- Cuando lo supe, dije a la familia del difunto que era lástima que un hombre de tanto mérito hubiera fallecido.

주 1) '물론이죠'라는 뜻이다

주 2) '내가 당신에게 말하기가 고통스럽다'라는 뜻임.

❖ PREGUNTAS

1. ¿Sintió Ud. que su amiga Isabel hubiera faltado al seminario ayer?
2. ¿Cree Ud. que el profesor de español haya llegado al salón de clase?
3. ¿Cómo se llama aquel señor que estaba muy triste, como si hubiera perdido una joya carísima?
4. ¿Temió Ud. que el profesor de español no le hubiera dado la nota?
5. ¿Quién habría podido (=hubiera podido) hablar español con aquel caballero uruguayo?

❖ EJERCICIOS

1. 다음 가상문 현재를 가상문 과거로 고쳐라.

ⓐ Si ***tuviera*** yo novia, ***sería*** yo feliz.

ⓑ Si ***pudieras*** hablar español, yo te ***recomendaría*** al señor Blanco.

ⓒ Si ella supiera que yo la amo, ella estaría muy contenta.

ⓓ Si hicieras pregunta al profesor, sabrías mucho más.

ⓔ Si nos sentáramos a la mesa, la camarera traería la comida inmediatamente.

2. 다음 문장들 중에서 틀린 것을 고쳐라.

ⓐ Creo que haya llegado.
ⓑ Ella no creyó que había ganado yo la beca.
ⓒ Es imposible que él ha llegado a tiempo.
ⓓ Habla, como si haya estado en España.
ⓔ Crcyó que su madre no lo habría comprado.

❖ COMPOSICION

1. 그는 마치 내가 그것을 샀던 것처럼 내게 말했다.
2. 후안이 나와 같이 이번 여름을 시골에서 보내지 않았던 것이 유감스러웠다.
3. 만약에 그가 그것을 나에게 말했었더라면, 나는 그를 방문하였을 텐데.
4. 설사 그가 그것을 받았다 할지라도 그는 우리에게 고마워하지 않았을 것이다.
5. 비록 그가 그것을 받았지만 그는 내게 고마워하지 않았다.

❖ TRADUCCION

1. ¿Cómo podría Ud. salir a la calle a estas horas?
2. En aquel entonces, el gerente(지배인) estaba fuera del país.
3. ¿Se alegra Ud. de que María le haya mandado una tarjeta postal?
4. ¡Desde luego! Todos ellos me sonríen, como si fuera yo su amigo
5. No puedo creer que el señor Roales esté en el otro mundo.

모범답안

LECCION 1

PREGUNTAS

1. Sí, hablo español.
2. No, no hablo chino.
3. No, no hablo japonés.
4. Sí, hablo portugués.
5. Sí, hablo inglés.

EJERCICIOS

1. MAR-co, AI-BER-to, Ar-Tu-Ro, To-MAS, Te-o-DO-ro, PA-blo, LUIS,Le-o-NAR-do, Do-LO-res, Car-LO-ta, Le-o-NOR, MAR-ta, Te-RE-sa, Do-ro-TE-a.
2. ⓐ preparo, preparas, prepara, preparamos, preparáis preparan
3. ⓑ estudio, estudias, estudia, estudiamos, estudiáis, estudian
4. ⓒ amo, amas, ama, amamos, amáis, aman
5. ⓓ ayudo, ayudas, ayuda, ayudamos, ayudáis, ayudan
6. ⓐ la ⓑ la ⓒ el ⓓ el ⓔ el ⓖ el ⓗ el ⓘ la ⓙ el ⓚ la

COMPOSICION

1. Ud. habla español.
2. Nosotros hablamos coreano.
3. Ellos hablan francés.
4. ¿Hablan Uds. español?
5. Ellos no hablan inglés.

TRADUCCION

1. 나는 스페인어를 말합니다만 그러나 서투르게 합니다.
2. 당신은 한국어도 역시 말하십니까?
3. 네, 선생님, 그는 독일어를 말합니다.
4. 내일 만납시다.
5. 나는 독일어를 말합니다.

LECCION 2

PREGUNTAS

1. Sí, ellos hablan español.
2. Sí, yo hablo español con ellos.
3. Sí, yo estudio mucho.
4. Sí, yo hablo español con él.
5. Sí, yo hablo inglés y francés.

EJERCICIOS

1. (생략)
2. ⓐ los alumnos ⓑ los profesores ⓒ las lecciones ⓓ las ciudades ⓔ las paredes ⓕ las secciones
3. ⓐ en ⓑ en ⓒ con ⓓ con ⓔ con, con ⓕ en

COMPOSICION

1. Los alumnos coreanos hablan coreano.
2. Nosotros preparamos las lecciones de español en casa.
3. ¿Habla usted español en la clase de spañol?
4. Yo hablo español con el profesor de spañol.
5. Los alumnos estudian español en casa.

TRADUCCION

1. 당신은 집에서 학과를 준비합니까?
2. 나는 집에서 스페인어를 공부 안합니다.
3. 우리들은 스페인어교수와 더불어 에스파냐어를 말합니다.
4. 나는 당신들과 더불어 단어들과 문장들을 공부합니다.
5. 그녀는 집에서 에스파냐 학과들을 준비한다. (즉 예습한다)

LECCION 3

PREGUNTAS

1. Si, yo pronuncio bien las palabras.
2. Yo busco la pluma y el papel.
3. Yo busco el mapa de Corea.
4. No, no deseo preparar la lección de español en casa.
5. No, no deseo buscar el lápiz en casa.

EJERCICIOS

1. ⓐ libros ⓑ lápices ⓒ papeles ⓓ mapas
2. ⓐ el ⓑ el ⓒ el ⓓ la
3. ⓐ pronunciamos ⓑ desea ⓒ buscáis ⓓ desea ⓔ preparan

COMPOSICION

1. Los profesores hablan bien el español.
2. La señorita Kim no habla bien el español, porque no estudia mucho.
3. Yo busco el mapa de España ahora.
4. Pronuncio bien las palabras de espoñol.
5. ¿Qué busca usted ahora?

TRADUCCION

1. 나는 스페인어 책을 공부합니다.
2. 나는 지금 스페인어 낱말들을 발음하고 싶습

니다.
3. 고메스씨는 메히꼬 지도를 찾는다.
4. 까르멘은 지금 프랑스어학과목을 준비하고 있다. 후안은 무엇을 공부하고 있습니까?
5. 그녀들은 언제나 집에서 학과들을 준비한다. (즉 예습한다)

LECCION 4

PREGUNTAS

1. Sí, es fácil estudiar el español.
2. Hay colores blanco, azul y negro.
3. Sí, es muy interesante hablar español.
4. Hay un libro español.
5. Sí, es bonita la bandera de Guatemala.

EJERCICIOS

1. ⓐ us-TED, ⓑ a-DIOS ⓒ pa-RED
   ⓓ NE-gro
2. (생략)
3. ⓐ mesas altas ⓑ paredes negras
   ⓒ hombres felices ⓓ colores azules
   ⓔ manos blancas ⓕ profesores bajos.

COMPOSICION

1. Hay un libro en la mesa.
2. ¿De qué color es su pluma?
3. Las alumnas estudian mucho. Pero los alumnos no estudian mucho.
4. Yo deseo hablar de España.
5. Ella es alumna. El padre de ella es profesor.

TRADUCCION

1. 스페인어 학과들은 쉽습니다.
2. 교수는 한국에 관해서 말하기를 원한다.
3. 탁자에는 파란 색의 책들이 다섯 권 있다.
4. 한국기는 예쁩니다.
5. 마리아의 아버지는 일을 많이 합니다. 그는 한국어 교수이기 때문입니다.

LECCION 5

PREGUNTAS

1. Soy de Corea.
2. Sí, soy un alumno coreano.
3. No, no es difícil estudiar espanol.
4. Sí, yo trabajo mucho en casa.
5. No, no es pequeña la Ciudad de Seul.

EJERCICIOS

1. ⓐ Yo hablo español en casa.
   ⓑ Ella estudia español en la escuela.
   ⓒ El padre de Juan es porfesor.
   ⓓ Juana es una argentina bonita.
   ⓔ Las mesas son azules.
2. ⓐ francés francesa
   ⓑ alemán alemana
   ⓒ inglés inglesa
   ⓓ español española
   ⓔ chino china
   ⓕ portugués portuguesa

COMPOSICION

1. Yo miro el mapa de Corea.
2. Yo soy español. Ud. es francesa.
3. Preparamos el ejercicio difícil en casa.
4. Jorge no estudia. María estudia mucho.
5. La casa es muy cómoda. Alejandro desea estudiar en casa.

TRADUCCION

1. 천정에는 여섯 개의 등이 있다.
2. 스페인어로 말하는 것은 쉽다.
3. 당신은 어느 곳(나라 또는 지방) 출신이요? 나는 한국 출신이요.
4. 의사들은 편합니다.
5. 천만에.

LECCION 6

PREGUNTAS

1. Es alto y gordo.
2. Sí, soy un alumno de universidad.
3. Es de plata.
4. Sí, yo hablo español despacio.
5. Yo aprendo espáol.

EJERCICIOS

1. comprendo, compredes, comprende, comprendemos, comprediéis, compreden, como, comes, come, comemos, coméis, comen
2. ⓐ de ⓑ del ⓒ un ⓓ hay ⓔ para

COMPOSICION

1. Yo comprendo bien cuando el profesor lee despacio.
2. Seul es una ciudad moderna.
3. Somos simpáticos. Ellos no son simpáticos.
4. Soy pobre pero feliz.

5. El reloj de José es viejo pero es de oro.

TRADUCCION

1. 나는 오늘 배울 학과의 문장들을 읽고 있다.
2. 나는 순이에게 스페인어 책 한 권을 사주고 싶습니다.
3. 서울은 오래된 도시입니다. 그러나 매우 현대적입니다.
4. 그들은 가난하지만 매우 행복합니다.
5. 리마에는 외국인 여학생들이 많이 있습니다.

LECCION 7

PREGUNTAS

1. Sí, escribo cartas en español al profesor de español.
2. Sí, mi familia vive en Seul.
3. Enseña la matemática en la universidad.
4. Yo vivo con mis padres.
5. Sí, es muy amable.

EJERCICIOS

1. ⓐ mi ⓑ sus ⓒ nuestro ⓓ su ⓔ vuestra
   ⓕ su ⓖ sus ⓗ su
2. ⓐ Es el hijo de una amiga de mi madre.
   ⓑ Yo amo a mi padre.
   ⓒ Mis padres viven en Seul.
   ⓓ Ella es francesa.
   ⓓ Ud. es un alumno coreano.
3. (생략)

COMPOSICION

1. Mis padres siempre escriben cartas en español.
2. Mi familia vive en Madrid. Su familia vive en Buenos Aires.
3. ¿Qué aprende Ud? Aprendo chino.
4. Ella vive con sus padres.
5. Mis tíos no viven con mi familia.

TRADUCCION

1. 나는 마드리드 대학교에서 공부하고 있는 한 친구에게 스페인어로 편지 한 장을 씁니다.
2. 후안·로드리게스는 프랑스인이고 그의 부인은 포르투갈 여자이다.
3. 당신은 매우 상냥합니다.
3. 빠꼬가 누구인가요? 그는 나의 숙부님의 친구 되는 분의 아드님입니다
5. 당신은 누구와 같이 삽니까? 나는 나의 조부모님과 같이 살고 있습니다.

LECCION 8

PREGUNTAS

1. Sí, tengo que leer muchas páginas del libro de español.
2. Tengo que escribir el tema sobre mi familia.
3. Hablan coreano en Corea.
4. Tengo diez y nueve años.
5. Hay cuarenta alumnos en mi clase.

EJERCICIOS

1. ⓐ Ella tiene calor.
   ⓑ Ud. tiene mucho frío.
   ⓒ veintiún alumnos.
   ⓓ cien mujeres.
   ⓔ dieciocho plumas.
2. (생략)

COMPOSICION

1. Mi madre tiene cuarenta y cinco años.
2. Hablan coreano en Corea. Yo tengo muchas revistas coreanas.
3. Ella desea hablar en francés con Jorege, porque tiene que escribir una carta en frencés a un amigo que vive en París.
4. Hay ocho mexicanos en Seul.
5. Yo tengo mucha sed.

TRADUCCION

1. 남아메리카에서는 브라질을 제외한 모든 나라들이 스페인어를 말합니다. 브라질서는 포르투갈어를 말합니다.
2. 의자 위에 있는 스페인어 책은 누구의 것입니까?
3. 우리들은 내일 해야 할 주제를 써야 합니다.
4. 기꺼이
5. 물론이죠!

LECCION 9

PREGUNTAS

1. Es la una y media.
2. Generalmente yo tomo el desayuno a las ocho y cuarto.
3. Generalmente yo tomo el almuerzo a la una menos diez.
4. Sí, yo tengo un examen.
5. Yo deseo estudiar en la biblioteca porque deseo estudiar con mis amigos.

EJERCICIOS

1. ⓐ Ella va a hablar español con Ud.
   ⓑ *Son* las tres y *media*. Tengo que ir a casa.
   ⓒ Tengo una clase de historia a las cinco.
   ⓓ Yo tomo el desayuno a las nueve de la mañana.
   ⓔ Nosotros deseamos ir a su casa.
2. (생략)
3. ⓐ voy ⓑ son ⓒ tienen ⓓ somos
   ⓔ leemos

COMPOSICION

1. El porfesor Castro va a tomar el almuerzo. a la una y cuarto de la tarde.
2. Ella va a estudiar el español hasta las once y media de la mañana porque va al teatro por la tarde.
3. ¿Cuántas clases tiene Ud. por la mañana? Tengo tres clases.
4. Yo voy a ir a la biblioteca a las cuatro menos diez de la tarde.
5. Generalmente como a las seis y media en Corea.

TRADUCCION

1. 우선 나는 조반을 들려고 하오.
2. 그녀는 오후에 역사 시간이 있습니나.
3. 나의 친구 호르헤는 2시 15분부터 5시 20분 전까지 공부합니다.
4. 당신은 지금 집에 가야 됩니다. 왜냐하면 당신의 어머니가 당신을 기다리기 때문입니다.
5. 밤에 나는 그녀를 전화로 부르지 않는다.

LECCION 10

PREGUNTAS

1. Generalmente yo tomo café con leche.
2. Yo doy un paseo a las seis.
3. Damos un paseo con mis abuelos.
4. Mi tío es abogado y es un hombre muy inteligente.
5. Generalmente voy a la biblioteca después de clases.

EJERCICIOS

1. (생략)
2. ⓐ estos hombres ⓑ esos libros
   ⓒ aquellos muchachos
   ⓓ estas ciudades ⓔ esas jóvenes
   ⓕ aquellas plumas

COMPOSICION

1. Mi amiga María tiene un coche muevo.
2. Este profesor de español es muy simpá tico. Pero aquel profesor de historia no es simpático.
3. Yo voy a dar un paseo con mi padre a las cinco y media de la tarde.
4. Mi hermana no puede ir a su casa con nosotros, porque tiene una cita con sus amigos esta tarde.
5. Nuestra escuela está cerca de su casa.

TRADUCCION

1. 그 시간에 나는 떼구시갈빠에 살고 있는 나의 숙부님과 약속이 있습니다.
2. 그녀는 내가 블랙커피를 마시고 싶어 한다고 생각하고 있다.
3. 그들은 돈도 없이 아이스크림을 먹고 있다.
4. 나는 같은 시간에 산책을 하려고 합니다.
5. 문 근처에 있는 저 두 소년은 밀크커피를 마십니다.

LECCION 11

PREGUNTAS

1. Estoy muy bien, gracias, ¿Y Ud.?
2. No, no estoy cansado porque soy joven.
3. Yo deseo leer ahora una novela española.
4. Sí estoy sesntado cuando estoy cansado.
5. Sí, yo creo que ella habla español muy bien.

EJERCICIOS

1. (생략)
2. ⓐ está ⓑ estoy ⓒ están ⓓ son
   ⓔ somos ⓕ está ⓖ es
3. ⓐ El agua está fría.
   ⓑ Las hachas son grandes.
   ⓒ Estoy muy bien, gracias.
   ⓓ No estoy en la escuela esta tarde
   ⓔ Mi tía está enferma.
   ⓕ Aquella muchacha está muy triste.

COMPOSICION

1. Ahora tengo que ir al campo, porque mis padres están en el campo.
2. Amalia va a casa cuando está cansada.
3. Hay muchas flores hermosas en el jardín de nuestra escuela.
4. Yo voy a pasar aquí dos o tres horas.
5. Esta tarde ella va a Busan con su madre.

TRADUCCION

1. 나의 집은 그의 대학교 근처에 있다.
2. 마리아는 여기 이 아름다운 나무들 밑에서 독서를 조금 하기를 원합니다.
3. 우리들의 정원에는 매우 아름다운 백장미들이 있습니다.
4. 물은 뜨겁습니다. 그러나 그녀는 찬물 한 잔을 마시고 싶어 합니다.
5. 그녀는 당신들이 아프다고 믿고 있습니다.

LECCION 12

PREGUNTAS

1. Sí, yo busco.
2. No, no lo leo todas las mañanas.
3. Sí, yo lo hablo.
4. Sí, los espero.
5. Sí, la escucho todos los días.

EJERCICIOS

1. ⓐ Ellos las abren. ⓑ Yo lo escucho.
   ⓒ Carlos la ve. ⓓ Le llamamos.
   ⓔ Ella y yo la estudiamos.
   ⓕ Ellos los leen. ⓖ Las abrimos.
   ⓗ Ella lo ven.
2. ⓐ en ⓑ a ⓒ en ⓓ a ⓔ en
3. ⓐ 없음 ⓑ a ⓒ 없음 ⓓ 없음 ⓔ a

COMPOSICION

1. Yo no la busco, porque ella no me ama.
2. La madre trabaja en casa. Yo tengo que ayudarla.
3. Yo no deseo abrir la puerta porque tengo mucho frío.
4. Todos los alumnos le respetan a Ud., porque Ud. los ayuda mucho.
5. Todos los días él desea dar un paseo con su novia pero ella no lo desea.

TRADUCCION

1. 언제나 교수는 여기에 계시지 않습니다.
2. 나의 아버지는 매일 오후 신문을 읽습니다. 왜냐하면 신문 읽는 것을 원하기 때문입니다.
3. 여기서 한서 사전을 가져 왔습니다.
4. 한국 음악은 남아메리카에서 매우 인기가 있다. 나는 나의 라디오로 그것을 듣는다.
5. 그녀는 스페인어로 말하기를 원한다. 그러나 당신은 그렇게 하는 것을 원하지 않는다.

LECCION 13

PREGUNTAS

1. Sí, yo le conozco.
2. No, no las invito a tomar algo en el bar porque no tengo dinero.
3. Lo tomo cuando tengo sed.
4. No lo sé.
5. No, no quiero tomarlo (no lo quiero tomar.)

EJERCICIOS

1. ⓐ conoce ⓑ saben ⓒ conoce ⓓ sé
   ⓔ sabe
2. ⓐ está ⓑ es ⓒ está ⓓ está
   ⓔ estamos

COMPOSICION

1. Yo deseo invitarle pero él no lo desea.
2. Ud. me conoce bien. Pero Ud. no me mira.
3. Casi todos los días yo voy al campo, porque mis abuelos viven allí.
4. ¿Por qué no las invita Ud. al almuerzo?
5. Estoy muy ocupado pero tengo que visitarlos.

TRADUCCION

1. 그는 이 시각에 집에 없다. 그는 학교에 있다.
2. 무슨 새로운 일이라도 있습니까? 특별한 것은 아무것도 없습니다.
3 당신은 마리아가 병중이라는 것을 아세요? 나는 그것을 모르고 있습니다.
4. 거의 매일 그녀는 나를 방문한다.
5. 후안은 무엇을 먹으라고 나에게 권하지 않는다. 왜냐하면 그는 많은 돈을 가지고 있지 않기 때문이다.

LECCION 14

PREGUNTAS

1. Sí, me gusta estudiarlo.
2. No, no lo busco.
3. Espero a mi amiga aquí.
4. Me lo dice Juan.
5. Lo doy a mi hermano.

EJERCICIOS

1. ⓐ le ⓑ nos ⓒ les ⓓ les ⓔ os ⓕ te
1. ⓐ ¿Qué libro busca Ud.?
   ⓑ Me gustan los libros españoles.
   ⓒ Le gusta estudiar el español.
   ⓓ Ella va de compras.

ⓔ Yo voy al centro cada día.

COMPOSICION

1. Cada semana vamos a Seul para comprar las cosas que necesitamos.
2. Yo les doy los libros españoles. Pero ellos no me dan sus libros.
3. Mi madre va de compras. Pero no me gusta ir de compras.
4. Este pañuelo no es caro para estos tiempos. Yo le digo a Ud. la verdad.
5. ¿Por qué no me muestra Ud. aquel diccionario español-coreano? Deseo verlo.

TRADUCCION

1. 우리들은 매주 쇼핑을 하러 갑니다.
2. 얼마입니까?
3. 그 빨간 손수건이 우리들의 마음에 듭니다.
4. 여기 돈 받으세요.
5. 그녀는 우리들이 필요로 하는 물건들을 사기를 원하지 않습니다.

LECCION 15

PREGUNTAS

1. Yo salgo de casa para dar un paseo a las ocho y media de la mañana.
2. Es jueves.
3. Hoy es día de fiesta.
4. No, no tengo clase los domingos.
5. Sí, me gusta el frío. porque soy fuerte.

EJERCICIOS

1. tengo, soy estoy, creo, veo, leo, sé conozco, salgo, hablo, digo
2. ⓐ El jueves voy a la escuela.
   ⓑ Me gusta el calor.
   ⓒ Los viernes ella va de compras.
   ⓓ Hoy es sábado.
   ⓔ Tengo que salir de casa.

COMPOSICION

1. Los martes yo tomo el almuerzo con mi familia en el restarante.
2. El miércoles yo voy a ver al señor López. El vive en el campo.
3. Hay muchos días de fiestar en Corea.
4. ¿Qué día de la semana es hoy? Es domingo.
5. Los jueves ella sale de casa para comprar las cosas que necesita.

TRADUCCION

1. 나의 친구 후안은 외투를 입고 다니지 않는다. 왜냐하면 그는 추위를 좋아하기 때문이다.
2. 그녀는 쇼핑을 하러 가기 위해서 집에서 외출한다.
3. 일요일마다 나의 어머니는 교회에 나가신다. 왜냐하면 어머니는 기독교신자이기 때문이다.
4. 우리들은 일요일을 빼놓고 매일 수업이 있다.
5. 우리 대학에는 토요일에 수업이 없습니다.

LECCION 16

PREGUNTAS

1. Yo llamo por teléfono a mi primo todos los días.
2. Sí, yo quiero salir a la calle con ella cuando no estoy ocupado.
3. Sí, voy al baile con mis amigas los sá bados.
4. No, no es difícil estudiarlo para mí.
5. Sí, estoy muy ocupado esta tarde porque tengo que estudiar.

EJERCICIOS

1. ⓐ mí ⓑ ti ⓒ ella ⓓ ti ⓔ nosotros
2. ⓐ La casa de él es grande.
   ⓑ Yo quiero ir a la escuela.
   ⓒ Nada de particular.
   ⓓ Ella va conmigo.
   ⓔ No voy a salir esta noche.

COMPOSICION

1. Nuestra universidad está cerca del parque.
2. Esta tarde yo quiero ir a la biblioteca contigo.
3. Yo te quiero pero tú no me quieres.
4. Mi padre siempre está ocupado. Casi todos los días trabaja.
5. Es un placer conocerle a Ud. Yo quiero ser su amigo.

TRADUCCION

1. 그렇게 생각합니다. 그렇게 생각하지 않습니다.
2. 언제나 나는 그녀를 오랫동안 기다린다.
3. 재미가 어때, 후안?
4. 당신과 더불어 스페인어로 이야기하는 것은 즐거움이 될 것입니다.

LECCION 17

PREGUNTAS

1. Hace buen tiempo porque hay sol.
2. No, no hace frío en el otoño. Hace fresco.
3. Sí, hace mucho frío en el invierno en Corea.
4. Sí, quiero pasar el verano en Acapulco pero no lo puedo porque no tengo dinero.
5. No, no me gusta el calor.

EJERCICIOS

1. ⓐ tengo ⓑ hay ⓒ hace
   ⓓ hace ⓔ hace
2. ⓐ 그녀는 뜨거운 초콜렛 차를 만든다.
   ⓑ 이 노래는 나를 슬프게 합니다.
   ⓒ 나는 이 페이지에 있는 연습문제들을 만들어야 합니다.
   ⓓ 너 지금 무엇하고 있니?
   ⓔ 날씨가 나쁩니다.

COMPOSICION

1. Hoy hace mal tiempo. El mal tiempo me hace triste.
2. Hace muy buen tiempo en otoño en Corea. Yo quiero ir a Corea en otoño.
3. Ella va a pasar este verano con su abuela en el Brasil.
4. A María no le gusta el invierno porque hace mucho frío.
5. Los días del verano son largos, y tenemos que trabajar mucho.

TRADUCCION

1. 오늘은 날씨가 어떤가요?
2. 그렇지가 않아요. 한국이 겨울일 때 아르헨티나는 여름이니까 말이요.
3. 봄에는 날씨가 좋습니다. 그것은 쾌적한 계절입니다.
4. 겨울 날씨는 어떤가요?
5. 물론! 그러나 금년에는 가능하지 않습니다.

LECCION 18

PREGUNTAS

1. No, no puedo salir a la calle, porque tengo que estudiar en casa.
2. Yo pienso ir a la laya con mis padres durante las vacaciones.
3. Sí, yo quiero hacer el viaje con mis padres.
4. Sí, me gusta viajar en avión.
5. Sí, mi novia es muy guapa.

EJERCICIOS

1. ⓐ Ella va a la escuela en taxi.
   ⓑ Ud. no puede ir conmigo.
   ⓒ Le gusta a ella hablar en francés.
   ⓓ Pensamos volver a casa pronto.
   ⓔ Yo voy a Seul durante las vacaciones.
2. puedo podemos
   puedes podéis
   puede pueden

COMPOSICION

1. Sí es posible, quiero estudiar en el Perú.
2. Ella piensa vivir aquí.
3. Yo quiero viajar en coche, pero no lo puedo porque no tengo dinero.
4. Ud. me pregunta si ella puede venir aquí, ¿no es verdad?
5. Mi amigo Fernando tiene solamente una semana de vacaciones, y no puede viajar a Sevilla conmigo.

TRADUCCION

1. 나는 오늘 오후 도서관에서 공부를 할 생각이다.
2. 만약에 우리들이 충분한 돈을 가지고 있다면, 우리들은 비행기로 여행하기를 원한다.
3. 가능하다면 나는 곧 집에 돌아가려고 한다.
4. 이따 봅시다.
5. 택시 잡기가 매우 힘들군.

LECCION 19

PREGUNTAS

1. Mi madre se levanta a las seis de la mañana.
2. Me acuesto a las once y media de la noche.
3. Me llamo Cholam Park.
4. Sí, me lavo la cara todos los días.
5. Sí, me lavo las manos también cuando me lavo la cara.

EJERCICIOS

1. ⓐ me ⓑ se ⓒ se ⓓ nos ⓔ te
2. ⓐ Ella se lava la cara.
   ⓑ Yo no tengo reloj en la mano.
   ⓒ Ella no llega al comedor.
   ⓓ María está sentada.
   ⓔ Ud. baja al comedor.
3. ⓐ me levanto ⓑ me lavo

ⓒ me llamo ⓓ me acuesto
ⓔ me siento

COMPOSICION

1. Me levanto temprano todos los días.
2. Se llama María Fernández.
3. No se acuesta hasta las once y media de la noche.
4. Yo bajo al comedor para tomar el desayuno.
5. Mi madre me levanta.

TRADUCCION

1. 교수는 테이블 뒤에 앉는다.
2. 나는 곧 식당에 내려간다.
3. 당신의 이름은 호세 셀라입니다.
4. 그렇지 않습니까?
5. 매일 오후 나의 동생은 손을 씻는다.
6. 나의 가족은 식탁에 앉아 있다.

LECCION 20

PREGUNTAS

1. Sí, soy aficionado al básquetbol.
2. Mi hermano menor me acompaña, cuando vuelvo a casa muy tarde.
3. No, no me gusta jugar al golf.
4. Si, voy al partido de fútbol todos los domingos.

EJERCICIOS

1. ⓐ a ⓑ a ⓒ al ⓓ de ⓔ por
2. ⓐ Hasta el viernes.
ⓑ No conocen a muchas personas.
ⓒ Pienso ganar el campeonato.
ⓓ Ella quiere llevarnos en el coche.
ⓔ Todos nuestros jugadores son buenos.

COMPOSICION

1. Mi papá es muy aficionado al fútbol.
2. Yo voy a llevarle a Ud. en coche.
3. El domingo que viene Juan piensa ir a ver el básquetbol.
4. María viene a verme cuando no estoy en casa.
5. Nuestra universidad va a ganar el campeonato este año.

TRADUCCION

1. 나는 내 친구들과 더불어 다음 토요일 테니스를 치러 갑니다.
2. 나의 어머니는 농구 애호가이십니다.
3. 축구경기를 보기 위한 표를 사기가 불가능하다.
4. 훼를로시오씨는 언제나 우리들을 차로 데리고 간다.
5. 세계 배구선수권을 획득한다는 것은 매우 힘듭니다.

LECCION 21

PREGUNTAS

1. Yo llamé por teléfono a mi amiga Suni anoche.
2. Yo fui al centro el martes pasado para comprar un libro español.
3. Mi amiga Suni me acompañó ayer después de clases.
4. Yo tomé el desayuno con mi familia.
5. Vi una película italiana.

EJERCICIOS

1. me acosté, llevé, telefoneé, me senté, volví, tomé, me quedé, preparé, amé, bailé, me levanté
2. ⓐ pasé ⓑ bailó ⓒ levantó
ⓓ acostaron ⓔ llegó ⓕ estudiamos

COMPOSICION

1. Ayer hablé en español con los amigos.
2. ¿A qué hora se acosto Ud. ayer?
3. ¿Le gusta a Ud. la película coreana?
4. Mi madre se levantó tarde ayer por la mañana.
5. Ayer yo le invité al almuerzo.

TRADUCCION

1. 어제 오후 나는 버스를 탔다.
2. 그녀는 다음 목요일치 극장표를 샀다.
3. 나는 그를 그의 집에까지 바래다주었는데 그곳에서 우리는 잠시 이야기를 주고받았다.
4. 우리는 카드놀이를 하기위해서 자리에 앉았다.
5. 우리들은 늦게까지 춤을 추었다. 그러니까 자정까지 잠자리에 들지 않았기 때문에 우리들은 지금 무척 피곤합니다.

LECCION 22

PREGUNTAS

1. Yo llevo a mi novia al cine generalmente
2. Sí, me quedé en casa el sábado pasado.
3. Sí, salí de casa muy temprano esta mañana.
4. Yo vi a mi profesor en el parque.
5. Sí, me gusta mucho

◖EJERCICIOS

1. comprendió, salió, vio, vivió, comió
2. ⓐ Ella partió para Madrid.
   ⓑ Yo salí a la calle la semana pasada.
   ⓒ ¿Se queda Ud. en casa los sábados?
   ⓓ Ella me invitó al almuerzo el lunes pasado.
   ⓔ Yo escribí una carta larga ayer por la tarde.

◖COMPOSICION

1. Yo no le vi en el teatro pero él me llamó.
2. Su abuelo partió para Barcelona ayer por la mañana.
3. Mi amiga Suni me escribió una carta larga el año pasado.
4. Aquella orquesta tocó canciones coreanas ayer.
5. Aprendimos el español la samana pasada, y ahora hablamos español un poco.

◖TRADUCCION

1. 나는 일요일마다 집에 있지 않는다.
2. 지난 토요일 밤 그녀는 나를 극장에 초대하였다.
3. 이 영화에는 한국노래들을 연주하는 오케스트라가 나온다.
4. 한국에는 여러 가지 훌륭한 춤들이 있다.
5. 잠깐만 기다리세요. 누가 나를 부르는군요.

LECCION 23

◖PREGUNTAS

1. Yo fui a la escuela.
2. Yo jugué a los naipes con mis amigos.
3. Vi a mis amigos.
4. Sí, yo me lavé el cabello la semana pasada.
5. No, no doy permiso a mi hermano menor para pasar todo el verano en Busan.

◖EJERCICIOS

1. ⓐ pasó ⓑ dio ⓒ fue ⓓ fue
   ⓔ gustaron
2. ⓐ música peruana ⓑ arte mexicana
   ⓒ pintura argentina
   ⓓ ciudad salvadorena
   ⓔ iglesia costarricense

◖COMPOSICION

1. Yo pienso pasar todo el otoño en esta ciudad.
2. Muchas personas viajan por tren. Pero yo viajo en avión.
3. Ayer ella volvió a casa en taxi.
4. El arte coreana es magnífica.
5. Después de almorzar, Juan fue a la biblioteca.

◖TRADUCCION

1. 우리들은 한국 그림 전시회를 보기 위하여 미술관에 갔다.
2. 나는 프랑스 그림들의 콜렉션을 구경하였다.
3. 어제 나는 머리를 감고 나서 춤추러 갔다.
4. 그녀의 아버지는 그녀에게 피아노를 사라고 돈을 주었다.
5. 나는 지난달 나의 여자 사촌으로부터 장문의 편지를 한 장 받았다.

LECCION 24

◖PREGUNTAS

1. Hoy estamos a tres de mayo.
2. Fue el dos de mayo.
3. La capital tiene casi siete millones de habitantes.
4. Hay unos tres mil quinientos alumnos.
5. El abuelo que vive en el campo víno a mi casa.

◖EJERCICIOS

1. ⓐ cinco míl ⓑ doscientos cincuenta
   ⓒ quinientos setenta y cinco
   ⓓ siete mil novecientos once
   ⓔ mil novecientos setenta y cinco
   ⓕ quince mil cuatrocientos setenta y seis
   ⓖ sesenta y siete mil quinientos setenta y uno
2. ⓐ Es el día en que mi padre volvió de Europa.
   ⓑ Ella tardó tres horas en llegar.
   ⓒ Podemos hacer el viaje en cinco horas.
   ⓓ Esta ciudad tiene tres millones de habitantes.
   ⓔ Mi hermano partió para Córdoba el cinco de abril de mil novecientos sesenta y dos.

◖COMPOSICION

1. ¿A cuántos estamos hoy? Estamos a dos de marzo.
2. El diez y seis de abril es el día en que Ud. fue a España.
3. Hoy día podemos ir a Busan en unas tres en tren.

4. Hay en Seul más de diez millones de habitantes.
5. La menana pasada el profesor Kim volvió de Montevideo.

TRADUCCION

1. 오늘은 며칠입니까? 3월 2일입니다.
2. 오늘날 스페인어를 말하는 한국인들이 많이 있다.
3. 아순숀의 인구는 얼마나 되는지요?
4. 1971년 11월 15일 곤살레스씨는 남아메리카에서 돌아왔다.
5. 후안은 시골에 도착하는데 세 시간이 걸렸다.

LECCION 25

PREGUNTAS

1. ¡Cómo no! Lo deseo mucho.
2. Hablé con ellos acerca de las costumbres de Corea.
3. Es Managua.
4. Es diciembre.
5. El señor Aldecoa me enseñó el español.

EJERCICIOS

1. ⓐ quiso ⓑ vinieron ⓒ hice
   ⓓ dijinos ⓔ dí
2. ⓐ un ⓑ de, en ⓒ a ⓓ del ⓔ un

COMPOSICION

1. Ayer por la tarde no quise salir de casa.
2. ¿Desea Ud. decirme acerca de las costumbres de Corea?
3. Los señores Yi partieron para la Argentina ayer por la mañana.
4. Señor Kim, Ud. me telefoneó ayer, ¿no es verdad?
5. Hoy es domingo, primero de enero.

TRADUCCION

1. 그는 우리들에게 독일인들의 생활에 있어서 모든 변화에 관해 이야기해 주었다.
2. 수아레스 부부는 지난 주일 나의 집에 오지 않았다.
3. 마리아는 너에게 이 나라들의 생활과 풍습에 관하여 재미있는 것들을 많이 말했다.
4. 베아뜨리스는 19689년 11월 14일 레온에 돌아 왔다.
5. 나는 메히꼬에 가기를 원하였지만 그러나 나의 아버지가 내가 그곳에 가는 것을 허락지 않으셨다.

LECCION 26

PREGUNTAS

1. Mi amiga Suni me llamó.
2. Yo vivía en Mokpo.
3. Pasábanos en la playa.
4. No, no iba a la cafetería sino a la taberna.
5. Porque yo tenía que estudiar mucho.

EJERCICIOS

1. · soy era fui · estoy estaba estuve
   · doy daba di · quiero quería quise
   · toco tocaba toqué
   · aplico aplicaba apliqué
2. ⓐ iba ⓑ vi ⓒ vivía hablaba
   ⓓ llegábamos ⓔ soñaba
3. · un séptimo · un quinto · dos tercios
   · tres sextos · tres décimos

COMPOSICION

1. Hacía mucho frío pero llegó María.
2. Alfonso XIII fue el rey de España.
3. No quiero hablar de mi primera novia.
4. Siempre me levantaba tarde, porque estaba muy cansado.
5. Le gustaba a María descansar a la sombra de los árboles después de estudiar.

TRADUCCION

1. 내가 들어갔을 때 너는 무엇을 하고 있었니?
2. 제 1부를 읽은 후에, 우리는 각 동사의 용법을 설명할 수 있다.
3. 내가 발렌시아에 살고 있을 때 매 여름마다 나의 가족은 해변에서 4주일을 지내곤 하였다.
4. 가끔 우리는 말도 타곤 하였다.
5. 나는 잡지를 읽고 있었던 것이 아니라 소설을 읽고 있었다.

LECCION 27

PREGUNTAS

1. Sí, llegué temprano anoche.
2. Sí, yo lo quería comprar cuando lo tenía.
3. Sí, me pruebo antes de comprarlo.
4. Sí, yo volvía al colegio mayor antes de la hore de cenar, cuando vivía en Madrid.
5. Escribí una carta a mi amiga Yuni.

EJERCICIOS

1. · pruebo probaba probó
   · voy iba fue

· hago hacía hice
· soy era fui
· quiero quería quise
· veo veía vi
· llego llegaba llegué
· muestro mostraba mostré
2. · toqué · comence · jugué
· saque · me acerqué

COMPOSICION

1. Escribía una carta cuando entré.
2. Era muy difícil explicar el uso de cada verbo.
3. Le gustaba a mi familia tomar el almuerzo a la sombra de los árboles.
4. A veces, íbamos al centro para comprar las cosas que necesitábamos.
5. Ella iba al bar para tomar una taza de café después de leer el periódico.

TRADUCCION

1. 비록 추웠지만 나는 거리에 나가기를 좋아하였다.
2. 그리고 나서 그는 나에게 신발을 보여줘서 나는 그것이 맞나 안맞나 신어보았다.
3. 나는 그에게 그렇다고 대답하였다.
4. 어떤 상점의 쇼윈도우 앞에 다가갔을 때 마침내 나는 예쁜 옷을 발견했다.
5. 나의 아버지는 언제나 저녁식사 시간 전에 귀가하셨다.

LECCION 28

PREGUNTAS

1. Sí, la ayudé a preparar el desayuno esta mañana.
2. Como en el comedor.
3. Yo llamé por teléfono a mi amigo Fernando.
4. No, no lavé los platos sino mi hermana.
5. Yo estuve en la biblioteca nacional anoche.

EJERCICIOS

1. ⓐ la ⓑ a ⓒ al ⓓ para ⓔ la
2. ⓐ pude ⓑ supo ⓒ quiso
ⓓ pusimos, cenamos ⓔ estuvieron

COMPOSICION

1. Mi madre puso las servilletas, los vasos, los tenedores, los cuchillos y las cucharitas en la mesa.
2. Después de cenar, mi madre y mi hernama lavaron todos los platos.
3. Hay que poner la sal y la pimienta en la mesa.
4. El señor López viene a mi casa a comer todos los días. El sabe muy bien que mi madre es amable.
5. Fuimos a casa de nuestros abuelos y tomamos el alumerzo. El mantel estaba limpio.

TRADUCCION

1. 당신은 식탁에 무엇을 놓았습니까?
2. 나는 식탁 위에 언제나 빵, 설탕, 버터를 놓는다.
3. 나는 점심상을 차리기 위해 어느 상점에서 많은 것들을 사야만 했었다.
4. 물론입니다.
5. 식사를 하기 전에 손을 씻어야 합니다.

LECCION 29

PREGUNTAS

1. Sí, hay muchas casas de apartamientos en Seul.
2. No, no vivo en una casa particular sino en una casa de huéspedes (=pensión).
3. No, no me gustan más las casas de apartamientos sino las casas particulares.
4. Sí, decidí tomarla
5. Mi casa tiene dos pisos.

EJERCICIOS

1. leí leíste leyó leímos leísteis leyeron
2. ⓐ casa de aprtamientos
ⓑ mesa de madera
ⓒ casa de un solo piso
ⓓ decidir aprender
ⓔ cuarto de baño

COMPOSICION

1. Las casas de apartamientos son muy cómodas. Pero yo quiero vivir en una casa particular.
2. Quiero vivir una casa de piedra. Pero es muy cara.
3. Cuando yo vivía en Madrid, no podía encontrar las casas que tenían jardín.
4. ¿Cuántas recámaras hay en su casa?
5. Mi esposa creyó que esta casa era demasiado grande para mi familia.

TRADUCCION

1. 나의 아내는 개인주택 세 채와 아파트 한 가구(家口)를 보았다.
2. 나의 남편이 내일모레 돌아올 것이니 그때 가서 결정해야겠어요.

3. 우리가 이 집을 선택하기로 결정만 하면 금방 들어갈 수 있습니다.
4. 아래층에는 거실과 식당과 부엌과 침실 한 개와 욕실 하나와 그리고 서재가 하나 있다.
5. 나의 집은 일층뿐이지만 당신 집은 이층집 입니다.

LECCION 30

PREGUNTAS

1. Se cierra a las seis de la tarde.
2. Generalmente compro un pañuelo en la tienda para ella.
3. Me gusta la corbata roja.
4. Sí, cuestan mucho en Corea.
5. Se venden en la librería.

EJERCICIOS

1. ⓐ En el Perú se habla español.
   ⓑ Se abren las puertas a las nueve.
   ⓒ Aquí se venden las corbatas bonitas
   ⓓ Se prohibe fumar.
   ⓔ Se exporta el vino español.
2. ⓐ aquél ⓑ ésas ⓒ éstos ⓓ éstas
   ⓔ aquél

COMPOSICION

1. Juan y Alberto viven en esta ciudad. Aquél es alto y éste, bajo.
2. ¿Por qué no me da Ud. la vuelta?
3. Ahora los dependientes no venden las cosas, porque ya son las seis.
4. Esta casa es cara. Pero aquella casa es barata y muy bonita.
5. Tiene un billete de diez mil wones. Lo da a un amigo pobre.

TRADUCCION

1. 점원이 고객에게 하는 공손한 말로서 접대해 드리겠습니다.
2. 점원 한명이 젊은이들에게 다가왔다.
3. 하나에 50뻬세따씩 입니다.
4. 여기 거스름돈과 꾸러미가 있습니다.
5. 저 승강기를 타십시오.

LECCION 31

PREGUNTAS

1. He estado en el comedor.
2. No, no les he escrito todavía.
3. Sí, está cerrado porque ya son las nueve de la noche.
4. Mi amiga Suni me lo ha dicho.
5. Naturalmente, me lo pongo en la playa.

EJERCICIOS

1. ⓐ descubierto ⓑ visto
   ⓒ comprendido ⓓ puesto ⓔ ido
2. ⓐ hacido가 아니라 hecho이다.
   ⓑ Ella me ha amado.
   ⓒ ¿Ha visto Ud. al señor Kim?
   ⓓ ¿Está abierta la oficina?
   ⓔ Hay dos caballos.

COMPOSICION

1. El mes pasado compré un traje de baño. Pero no he ido al mar todavía.
2. Mi hermana ha ayudado a la madre dos veces.
3. No me gusta el agua fría. Pero la criada aún no ha traído el agua caliente.
4. Yo voy a la piscina todos los sábados, y nado.
5. María ha estudiado en Madrid.

TRADUCCION

1. 그는 해안에서 해수욕을 하고 있는 것 같았다.
2. 나는 수영복을 입고 나서 일광욕을 하려고 모래사장에 앉았다.
3. 요 마지막 이주일간 나는 그를 가끔 도와주어야만 했다.
4. 오늘 오후 당신은 어디 있었지요?
5. 해안에는 많은 사람들이 있었다.

LECCION 32

PREGUNTAS

1. El bedel me lo dijo.
2. Mi tía me acompañó.
3. Sí, era de buena calidad.
4. Tengo tres pares de guantes.
5. Sí, todos ellos vinieron a mi casa ayer.

EJERCICIOS

1. ⓐ Ella me dió las mesas que había comprado.
   ⓑ Nosotros tenemos seis pares de guantes.
   ⓒ ¿Es de algodón la camisa?
   ⓓ La he visto el jueves.
   ⓔ Nosotros estamos ocupados porque tenemos que estudiar.
2. ⓐ por, me ⓑ de ⓒ de
   ⓓ pares ⓔ a, en

◖COMPOSICION

1. Cuando llegué a casa, la madre ya había salido.
2. El dijo que había aprendido el español en la escuela.
3. Decidimos volver a casa inmediatamente.
4. Ayer estábamos muy ocupados, porque teníamos que comprar muchas cosas en el centro.
5. Hay muchas tiendas en Seul. La tienda 'Sunbo' está en Rimundong.

◖TRADUCCION

1. 내가 그녀를 전화로 불렀을 때 그녀는 이제 잠자리에 든 뒤였다.
2. 그것은 명주로 된 것인데 내게 참 잘 맞는다.
3. 나는 각종 사이즈의 나일론 양말 만 켤레를 받았다.
4. 나는 하도 바빠서 점심을 들 시간이 없다.
5. 저녁 식사가 준비되어 있었기 때문에 우리들은 곧 식탁에 앉았다.

LECCION 33

◖PREGUNTAS

1. Sí, me parece que el español es fácil e interesante.
2. Sí, se dice que son amables con los extranjeros.
3. Naturalmente. ¿Cómo puedo vivir sin saber gozar de la vida?
4. Generalmente se cena a las seis y media.
5. Lo comencé a estudiar hace medio año

◖EJERCICIOS

1. gozo, gocé
   comienzo, comencé
   recuerdo, recordé
   almuerzo, almorcé
1. ⓐ Comimos en el coche comedor.
   ⓑ Hace tres horas que la ví.
   ⓒ Ella se alegró de verme.
   ⓓ Se dice que se come bien aquí.
   ⓔ Se dan quince pesetas al dependiente.

◖COMPOSICION

1. Cuando yo vivía en Madrid, yo iba al cine con los amigos españoles.
2. Me alegro mucho de verle a Ud. Hace cinco años que le ví.
3. He estado en la América del Sur.
4. He encontrado muchas cosas interesantes en las contumbres coreanas.
5. Hay que trabajar mucho para gozar de la vida.

◖TRADUCCION

1. 나는 그 후 아직까지 그곳에 돌아갈 수 없었습니다.
2. 아암, 우리나라에는 기이하게 보이는 풍습들이 많이 있고말고요.
3. 사람들은 옛날 풍습들이 많이 변하였다고 말들 하더군요.
4. 나는 돈이 없을 때 계산서를 지불할 수 없다.
5. 어떤 스페인 사람이 말하기를 그의 친구가 외국인이라면 종업원(접객업소의)들은 그(외국인)의 돈을 받지 않는다고 말했다.

LECCION 34

◖PREGUNTAS

1. Estoy escribiendo una carta a mi amigo.
1. Era un alumno extranjero que no sabía las costumbres coreanas.
2. Sí, me gusta.
3. El profesor Yi está hablando de literatura.
4. Trata de la economía coreana.

◖EJERCICIOS

1. comiendo, saliendo, pudiendo, yendo, viniendo, creyendo leyendo, haciendo
2. ⓐ de ⓑ ed ⓒ al ⓓ a ⓔ de

◖COMPOSICION

1. Ahora estoy tomando la leche fría.
2. ¿Quién es aquel señor que está gritando en voz alta?
3. Ella está leyendo un libro que trata de las costumbres coreanas.
4. No sé por qué Ricardo levanta un dedo
5. Hablo escribiendo.

◖TRADUCCION

1. 어떤 친구가 며칠 전에 그의 나라에 대해 그 어떤 것을 내게 말해 주고 있었다.
2. 모든 사람들이 매일 카페테리아에 가서 이야기하고 피우고 마시면서 여러 시간을 보내고 있는 것처럼 보인다.
3. 그들은 항상 먹습니까?
4. 우선 종업원이 커피를 따른다. 그리하여 (커피

가) 충분히 있다 하면 손님은 손가락 하나를 쳐든다. 그러면 손님은 뜨거운 우유를 붓는다.
5. 가끔 사람들은 커피를 (커피)잔으로 마시지 않고 (우유)컵으로 마신다.

LECCION 35

PREGUNTAS

1. No, no las acompaño.
2. Yo compro una corbata de buena calidad.
3. Sí, es de cuero.
4. No, no quiero comprarlo, aunque es de la última moda.
5. Mi novia me la compró.

EJERCICIOS

1. encuentro encontrado
   devuelve devuelto
2. ⓐ Yo puedo dártelo.
   ⓑ Ella está mirándome por segunda vez.
   ⓒ Antes de comprarlo, quería yo probármelo, y me lo probé.
   ⓓ Me encontré con ella en la calle.

COMPOSICION

1. Hay muchas cosas preciosas en el escaparate.
2. Ayer la madre me dio el dinero, y compré un par de guantes.
3. Es de moda jugar al tenis.
4. Ella me lo devolvió pero no lo recibí.
5. Se lo dijimos a Ud. Pero Ud. no se lo dijo a ella.

TRADUCCION

1. 어제 나는 중심가에서 프랑스어 교수와 마주쳤다.
2. 나는 나의 형님의 생일을 위해 금시계를 샀다.
3. 곧 두 젊은이는 셔츠류를 파는 진열장 앞에 섰다. (서있는 자신들을 발견하였다)
4. 두 번째로 그것을 입어보고 (신어보고, 끼어보고) 곧 값을 지불하였다.
5. 저 셔츠는 내게 잘 맞는다. 그러나 나는 다시 한 번 그것을 입어보고 싶다.

LECCION 36

PREGUNTAS

1. Es Cholsu Kim.
2. Sí, lo soy.
3. Se llama Seul.
4. No, no vine en avión sino en coche(*차).
5. No, no tengo más libros que él.

EJERCICIOS

1. ⓐ María es más alta que Suni.
   ⓑ Ella descuelga el auricular.
   ⓒ El es más alto que Juan.
   ⓓ Juan tiene menos de cinco libros.
   ⓔ Ricardo es el más bajo de sus amigos.
2. ⓐ el ⓑ que ⓒ en ⓓ al ⓔ 없음

COMPOSICION

1. El tiene más de diez libros.
2. Ud. es la más bonita de las señoritas que he visto.
3. Yo tengo menos dinero que Ud. Pero soy más feliz que Ud.
4. ¿Quién es aquella señora que descuelga el auricular?
5. Quiere verme mañana por la mañana.

TRADUCCION

1. 무슨 전하실 말씀이라도 있으신지요?
2. 내가 한 것 중에서는 가장 즐거운 여행이었다.
3. 우리는 여행의 많은 부분을 밤 속에 묻힌 산들을 통해서 했다. 그런데 달빛에 보는 경치는 낮보다 더 아름다웠다고 나는 생각한다.
4. 이번 여름은 그 어느 때 보다도 더 아름답게 보인다.
5. 나는 야회(夜會)에 가야 됩니다.

LECCION 37

PREGUNTAS

1. Se llama Cholsu Kim.
2. Sí, es mejor pero cuesta mucho dinero.
3. Sí, son simpáticos.
4. Sí, es tan agradable como aquí.
5. No, no soy tan alto como el señor Nam.

EJERCICIOS

1. hermosísimo, bonísimo, malísimo, inteligentísimo, certísimo, larguísimo, antiquísimo, novísimo
2. ⓐ Ud. es mejor que él.
   ⓑ Ella es tan bonita como Ud.
   ⓒ El habla español peor que Ud.
   ⓓ Mi hermano es menor de edad.
   ⓔ Nosotros tenemos tantos libros como ellos.

COMPOSICION

1. Es mayor que yo pero es más pequaño que yo.

2. Como el clima de Corea es agradable, muchos turistas extranjeros vienen a Corea.
3. Ud. tiene razón. Pero no puedo ir a México con Ud.
4. Por fin, estoy en su casa. Es mi gran placer.
5. Mi hermana mayor saluda a mi amigo.

◖TRADUCCION

1. 지금 당장 당신은 나를 보러 올 수 있습니까?
2. 대부분의 학생들은 국립도서관에서 공부를 하고 있다.
3. 그녀는 내가 본 소녀들 중에서 가장 예쁘다.
4. 그도 역시 당신만큼 많은 책들을 갖고 있지 않습니다.
5. 대단히 고맙습니다.
6. 그것은 발코니와 창살이 달려있는 스페인 양식(様式)입니다.

LECCION 38

◖PREGUNTAS

1. Tendría veinticinco años.
2. ¡Cómo no! Siempre hago lo que dice mi profesor.
3. Sí, se lo dije.
4. Creo que no.
5. Sí, saldré temprano mañana por la mañana.

◖EJERCICIOS

1. amaré amaría, comeré comería
   saldré saldría, podré podría
   querré querría, pondré pondría
   cubriré cubriría, vendré vendría
   diré diría, seré sería
1. ⓐ Don Carlos está trabajando en su despacho.
   ⓑ Yo vendré aquí a las cuatro en punto.
   ⓒ Estamos seguros.
   ⓓ Ella me dijo que vendría.
   ⓔ Si aprendemos mucho, sabremos mucho.

◖COMPOSICION

1. ¿Dónde estará Ud. mañana?
2. Ella tiene mucho interés por la música.
3. Ella dijo que compraría el periódico.
4. ¿Dónde estará el restaurante más famoso en Madrid?
5. Yo quiero invitarle a Ud. al cine mañana por la noche.

◖TRADUCCION

1. 몇 시니? 몇 시일까? 몇 시나 되었을까?
2. 나의 동업자는 이 잡지에 난 어떤 기사를 읽고 있는 중이다.
3. 이렇게 해서 우리는 모든 것을 곧 알게 될 것입니다.
4. 저 투우장에서 투우 경기가 있을까?
5. 그녀는 내일 표를 사겠다고 나에게 말하였다.

LECCION 39

◖PREGUNTAS

1. Quiero hacerme médico.
2. Estoy enamoradito de ti.
3. Quiero casarme contigo, como ya sabes.
4. ¡Desde luego! Lo soy.
5. Cuando mi novia no me quiere, lo tengo.

◖EJERCICIOS

1. Chiquito, Pedrito, Concha, Dora, mujercilla, pajarito, madrecita, abuelito, casita, hijito, hombrecito
2. ⓐ con ⓑ El ⓒ el ⓓ de ⓔ se

◖COMPOSICION

1. Estuve enamorado de Lola, y decidí casarme con ella.
2. Ella siente compasión por los pobres.
3. Mi hermana mayor ha dado calabazas a más de diez jóvenes.
4. Le agradezco a Ud. sinceramente, porque me ha ayudado a preparar las lecciones.
5. Cuando ella tenía quince años, quería hacerse profesora.

◖TRADUCCION

1. 그렇다면, 왜 너는 공부를 하지 않지? 내일 시험이 있다는 것을 모르니?
2. 그 가여운 것이 그 어떤 소녀에게 반했다나 그렇지만 소녀는 다른 사람을 알게 되었는데 그 사람을 더 사랑한데.
3. 나는 매우 슬픈 얼굴을 한 이 소년에게 동정심을 느끼고 있어.
4. 나는 정말이지 진실한 마음으로 당신에게 감사를 드려야겠습니다. 왜냐하면 당신은 나의 아들 녀석에게 퇴짜를 놓지 않았으니 말이요.
5. 우리들은 같은 동네 출신입니다, 내가 젊었을 때 나는 당신에게 연정을 품었었지요.

LECCION 40

PREGUNTAS

1. Creo que habría llegado a casa.
2. Iría yo al teatro después de clases.
3. Sí, estoy seguro de ello.
4. Creo que sí.
5. Con mucho gusto.

EJERCICIOS

1. ⓐ en ⓑ de ⓒ la, a ⓓ en ⓔ de
2. ⓐ Ayer me encontré con Juan.
   ⓑ Le dije que mandría yo por correo aéreo.
   ⓒ Está enfrente del edificio.
   ⓓ Con su permiso.
   ⓔ María se acerca rápidamente.

COMPOSICION

1. Te presento a mi amigo Ramón.
2. Creo que habría llegado aquí.
3. ¿Qué está haciendo Ud. aquí?
4. Me alegro mucho de verle.
5. ¿Irá Ud, en taxi? Será(sería) deficil tomar un taxi aquí.

TRADUCCION

1. 그녀는 은행에서 이미 수표를 현금으로 바꾸었을 것이다.
2. 나는 그가 항공편으로 두 통의 편지를 부치러 우편국에 가려는지도 모른다고 생각한다.
3. 그도 역시 시간 맞추어 도착하지 않는군.
4. 당신에게 나의 조카를 소개하겠습니다.
5. 흥행은 곧 시작하기로 되어 있습니다. 실례합니다.

LECCION 41

PREGUNTAS

1. Me parece muy simpático.
2. Iré a la sala de fiestas.
3. Me casaré después de diez años.
4. La pasaré en la Isla de Chechu.
5. Iba a abrir el libro español.

EJERCICIOS

1. ⓐ San Juan ⓑ algún día
   ⓒ Santo Domingo ⓓ ningún libro
   ⓔ tercera mujer
2. ⓐ de ⓑ a ⓒ en ⓓ en ⓔ a

COMPOSICION

1. ¡Qué bonita es! El novio de aquella machacha será muy feliz.
2. Elena cantó mejor que nunca.
3. Nunca puedo recordar a aquel señor que acaba de llegar.
4. ¡Ánimo! Si Ud. está tan triste, llorará María.
5. Ningún hombre podrá levantarme porque estoy muy cansado.

TRADUCCION

1. 나는 방금 스페인어 수업을 끝냈다. 지금 나는 후안과 테니스를 치기 위해서 그의 집으로 가려고 한다.
2. 그녀는 아까뿔꼬에서 밀월을 보낸 후에 멕시코시로 가는 도중이다.
3. 그는 그의 여행에서 찍은 사진들을 많이 가지고 있을지도 모른다.
4. 그 어떤 사람도 그 이상 현명할 수가 없다.
5. 그녀는 그 누구보다도 요리를 잘한다.

LECCION 42

PREGUNTAS

1. La mía está en Seul.
2. El nuestro está allá.
3. Generalmente tomo la naranja.
4. No, no la dejo para el camarero en el restaurante porque nunca como en el restaurante.
5. Sí, lo tomo después de almorzar.

EJERCICIOS

1. ⓐ La casa mía, la suya, la mía ⓑ Las plumas nuestras, las suyas ⓒ el tuyo ⓓ suyo ⓔ las copas suyas, las nuestras
2. ⓐ soy, estoy ⓑ está ⓒ está ⓓ es ⓔ estamos, es

COMPOSICION

1. Su tío vive en España y el mío, en Costa Rica.
2. Voy a invitarle a Ud. al almuerzo. ¿No está Ud. ocupado ahora?
3. No quiero beber nada, porque no tengo sed ahora.
4. El profesor Kim se acuerda de mí pero el profesor Yi no se acuerda de mí. porque hace diez años que vi a éste.
5. Si la sopa está fría, no la tomaré. No me gusta la fría.

TRADUCCION

1. 모든 사람들이 이 음식점의 음식맛이 아주 좋다고 말합니다.
2. 왜 당신은 나에게 전화를 늦게 거셨습니까?
3. 나는 블랙커피를 마시는 것을 좋아합니다.
4. 불행중 다행이로군요.
5. 로뻬스씨는 저 음식점을 나가면서 종업원에게 팁을 주지 않았습니다. 왜냐하면 종업원은 그에게 봉사를 잘 못했기 때문입니다.

LECCION 43

PREGUNTAS

1. Creo que partiré para la capital de Caracas pasado mañana.
2. ¡Por supuesto! Ya estoy dispuesto a morir por la patria.
3. No, no me alegro de verlos cuando estoy con ella, porque ellos no se comportan bien.
4. No, no me empeño en leerlo en voz alta cuando mi familia está durmiendo porque ellos no se comportan bien.
5. No, no necesito pedírselo poque ya tengo uno.

EJERCICIOS

1. ⓐ por ⓑ para ⓒ por ⓓ para ⓔ por
2. ⓐ Yo conseguí encontrar un puesto de empleo.
   ⓑ Ella se decidió a consolar a su marido.
   ⓒ Ud. insistió en venir aquí.
   ⓓ Ella cesó de llorar.
   ⓔ No puedo olvidarme de ella.

COMPOSICION

1. El año pasado presenté el examen final del curso.
2. ¿Respetan u odian las alumnos a los profesores que dan los exámenes muy difíciles?
3. Yo reservé el boleto (=billete) para mañana en una agencia de turismo ayer.
4. Si tiene Ud. inconveniente de llevarme al aeropuerto en su coche, yo iré en taxi.
5. Se dice (= dicen) que María va a casarse a fines de julio. Parece que ya ha mandado las invitaciones.

TRADUCCION

1. 마리아의 혼례식이 언제 거행되는지 저한테 말씀해 주시겠어요?
2. 나는 내 큰 트렁크들을 부치는 것을 좋아하지 않습니다. 왜냐하면 나는 게으르기 때문입니다.
3. 당신들은 내가 내일 미국을 향해 출발한다는 것을 알면서 왜 송별회를 열어주지 않는 거지요?
4. 천만에요. 아암, 물론이죠.
5. 한국은 매우 신비스런 나라입니다. 나의 하숙집 여주인은 한국에 대해 많은 관심을 가지고 있어요.

LECCION 44

PREGUNTAS

1. No, no deseo tomar nada.
2. No, no he estado jamás en España.
3. Sí, le hemos visto anteayer.
4. Sí, yo la probé cuando yo vivía en la Ciudad de México.
5. Es una especie de ensalada fermentada y bien condimentada. Pero, ¡qué picante es! De todos modos, es uno de los platos más importantes de Corea.

EJERCICIOS

1. ⓐ Ninguno ⓑ nadie ⓒ Nunca ⓓ nada ⓔ nada
2. ⓐ Es una torta delgada de maíz.
   ⓑ Ninguno de Uds. lo sabe.
   ⓒ Es una salsa que se hace con guajolote.
   ⓓ Son huevos fritos con salsa de chile.
   ⓔ La próxima vez lo tomaré.

COMPOSICION

1. No sé nada de la comida coreana. ¿Sabe Ud. dónde está el restaurante coreano?
2. Todos los creanos comemos 'kimchi'. 'Kimchi' es uno de los platos más famosos coreanos
3. La próxima vez le invitaré a Ud. Hoy estoy ocupado más que nunca.
4. Anoche tomé café solo y no pude dormir.
5. Me llamó por teléfono, para preguntarme si podía ir al restaurante mexicano con él.

TRADUCCION

1. 나도 한국 풍습에 관해서는 아무것도 모르니, 당신이 그것을 나에게 가르쳐 주셔야겠습니다.
2. 많은 사람들이 또르띠야에 프라이에그를 싸서 먹는다.
3. 칠면조 소스는 칠면조와 고추와 낙화생과 쵸콜렛과 기타 다른 것들로 만들어진 소스입니다.
4. 김치를 맛 본 후에 그것이 맛이 없다고 말하

는 사람은 아무도 없다.
5. 나는 당신에게 제공할 것이 많이 있습니다.

LECCION 45

PREGUNTAS

1. No, no lo he leído todavía.
2. Sí, quiero comprarle un piano pero no tengo bastante dinero.
3. Sí, están cerradas porque ahora son las nueve de la noche.
4. Sí, soy amado de ellos pero estos aman a todos sus alumnos.
5. Vivió en el siglo XVI.

EJERCICIOS

1. ⓐ está
   ⓑ están, de (* …로 할 때는 de를 사용한다.)
   ⓒ es, por ⓓ es, por ⓔ somos, de
2. abierto, cubierto, puesto, escrito, compuesto

COMPOSICION

1. Ahora ella vive felizmente por haberse casado con Juan.
2. Los grandes escritores siempre son recordados de todo el mundo.
3. Aquella tienda está abierta todo el día pero esta siempre está cerrada.
4. Juan fue recibido por sus amigos.
5. Ella me compró un coche. Sin embargo, no le agradecí, porque el coche estaba descompuesto.

TRADUCCION

1. 로뻬스씨는 세르반떼스에게 경의를 표하기 위한 연설을 하려고 한다.
2. 여기에 '여기에 각종 서적들을 판매한다'라고 쓰여진 포스터가 있군요.
3. 동 끼호테의 값싼 판(版)은 아무것도 없었다.
4. 이 공원 내에서 언제 도서전시회가 있나요?
5. 호세는 유명한 소설에 대해 가장 훌륭한 논문을 써서 '세르반떼스'상(賞)을 탔다. (* 논문을 쓴 것이 상을 받은 것보다 먼저 일어난 사실이므로 완료형을 사용하였다.)

LECCION 46

PREGUNTAS

1. No, no las escribo a mis amigos con frecuencia, porque soy perezoso.
2. Sí, la he escrito a mi amigo quien estudia en la Universidad de Santiago.
3. Sí, les escribo y algunos de ellos me contestan.
4. Sí, quiero invitar a un amigo mío pero no sé a quién invitar.
5. No, no contesto inmediatamente porque siempre estoy muy ocupado.

EJERCICIOS

1. ⓐ Ud. ⓑ Sr. ⓒ Sra. ⓓ D. ⓔ D. ⓕ Rte.
   ⓖ Dcha. ⓗ Izq.
2. ⓐ recuerdo ⓑ viaje ⓒ invitación
   ⓓ amabilidad ⓔ visita ⓕ permiso
   ⓖ habla ⓗ descubrimiento

COMPOSICION

1. Aquí tiene Ud. mis señas(=dirección) : 1~5 Sosingdong, Chongrogu, Seul, Corea.
2. Un amigo español mío me ha escrito una carta. Yo le enseñaré a Ud. sus señas: c/Princesa 15-5^0 Dcha., Madrid 3.
3. Vivo al norte de Seul. Mi abuelo vive al este de Seul.
4. La América del Sur está muy lejos de Corea. Por eso hay que viajar en avión para ir a la Argentina.
5. Como soy perezoso, no me gusta escribir cartas. Pero escribo a mi novia todos los días.

TRADUCCION

1. 저 타자기는 누구의 것입니까?
2. 나의 주소는 바르셀로나 시(市) 3구(區) 휄리뻬 이세가(街) 12번지 4층 좌편(左便)입니다.
3. 나는 나의 젊음(青春)을 향락해야겠습니다. 그러나 공부를 중단하면 안 되겠지요.
4. 나를 방문하려거든 네가 몇 날 몇 시에 도착할는지 내게 말해야 된다.
5. 너의 형제들에게 안부를 전하면서 이만 펜을 놓는다. J. K. N. 근배

LECCION 47

PREGUNTAS

1. No, no deseo que el profesor me hable en español porque no le comprendo bien todavía.
2. Sí, les aconsejo que coman mucho, si es posible.

3. Sí, le ordeno que estudie mucho más para ganar la beca.
4. Sí, les dice que escriban en letra clara. Si no, no puede leer bien.
5. Este señor impide que lo compre mos.

EJERCICIOS

1. comprenda, abra, pronuncie, cubra, espere, ame, presente
2. ⓐ soy ⓑ aprenda ⓒ habla ⓓ hable ⓔ ame ⓕ es

COMPOSICION

1. Yo le deseo a Ud. que me ayude a hacer planes para conmemorar el Día de la Liberación, el 15 de agosto.
2. Ud. sabe que soy coreana, por eso Ud. desea que yo cocine a la coreana.
3. Se me abre el apetito al pensar en 'kimchi'.
4. El señor Kim me dice que yo no juegue al tenis.
5. Yo te ordeno que me esperes aquí.

TRADUCCION

1. 10.12 민족의 날을 기념하기 위해서는 많은 계획들을 짜야 된다.
2. 나는 중남미의 음악, 춤, 노래의 프로그램이 있어야 된다는 것을 말하는 바입니다.
3. 그녀는 데코레이션을 맡기를 원하지 않는다.
4. 누가 벽에 깃발들을 달 것인가?
5. 나의 조부모님은 내가 한국식으로 살기를 원한다.

LECCION 48

PREGUNTAS

1. No, no es posible que yo le ayude a traducirla.
2. Yo estudio mucho para ganar la beca para que mis padres se sientan orgullosos de mí.
3. Sí, es necesario que los alumnos estudien todos los días.
4. Sí, creo que ella viene aquí aunque no sea invitada.
5. Sí, estaré aquí hasta que ella me llame por teléfono.

EJERCICIOS

1. ⓐ trae ⓑ venga ⓒ oiga, podrá ⓓ sal ⓔ castigue
2. ⓐ Vámonos pronto.
   ⓑ Levántate a las seis de la mañana.
   ⓒ Ella insiste en que yo hable en voz baja.
   ⓓ ¿Es posible que Juanito lo haga?
   ⓔ No lo digas a tu madre.

COMPOSICION

1. Ella va al cine todos los domingos. Pero su madre no quiere que vaya allá
2. Aunque no estudio bien, soy más inteligente que Ud.
3. María no solamente habla bien el español sino también el alemán
4. Déme un libro. En caso que no me lo dés. no estudiaré.
5. No puedo creer que haya dos hospitales aquí.

TRADUCCION

1. 아니 그래, 당신이 내 초대를 어떻게 거절할 수 있단 말입니까?
2. 나는 너에게 네 자신에 대해 자만하지 말도록 말하는 바이다.
3. 저 부인들에게 겁을 주고 싶지 않거든 곧 면도를 해라.
4. 너 하고 싶은 대로 해라. 이미 나는 네가 복종을 하지 않는 사람이라는 것을 알고 있다.
5. 그녀는 단지 집만 가졌을 뿐만 아니라, 보석도 가지고 있다. 그녀는 굉장한 부자이다.

LECCION 49

PREGUNTAS

1. Unos cuatrocientos kilómetros.
2. No, no lo conozco.
3. Sí, puedo darles cuanto dinero tengo (=todo el dinero que tengo) cuando voy con mis amigas.
4. ¡Cómo no! Hoy día el español es muy importante en Corea.
5. No, no lo conozco. Pero quiero visitarlo algún día.

EJERCICIOS

1. ⓐ que ⓑ cuya ⓒ quien ⓓ lo que ⓔ cuanto
2. ⓐ No vale la pena de decirlo
   ⓑ Yo tengo un amigo francés cuyas hermanas me quieren mucho.
   ⓒ Siempre me ayuda, lo cual me alegra

mucho.
ⓓ Tienes que darle todo lo que tienes.

COMPOSICION

1. Tengo un coche, cuyo color es rojo.
2. Soy alumno de esta universidad cuyo rector es el doctor López.
3. Cuanto más se levanta tarde, tanto más se hace tarde.
4. No lo diga en broma. Yo deseo la verdad.
5. ¿Qué distancia hay de la escuela a su casa?

TRADUCCION

1. 무슨 상호의 기름을 원하십니까?
2. 그녀는 오늘 당장 그녀의 옷을 원합니다.
3. 나의 숙모님은 세계에서 가장 분주한 부인들 중의 한 분입니다.
4. 지금 곧 타이어에 공기를 넣겠습니다.
5. 언제나 예비 타이어를 가지고 다니는 것이 필요합니다.

LECCION 50

PREGUNTAS

1. Mi hermano mayor que está ahora en Buenos Aires me dijo que lo aprendiera.
2. Sí, se podría decir que son muy populares en Corea.
3. Sí, está lloviendo a cántaros.
4. No, no creía que ella volviera a casa temprano ayer porque yo creía que estaba con su novio.
5. Sí, se los daría, si no me obedeciera.

EJERCICIOS

1. tradujera lloviera estuviera
2. tuviera anduviera comenzara
4. dijera fuera
5. ⓐ fuera ⓑ pusiera ⓒ es
ⓓ fuera, casaría ⓔ sea

COMPOSICION

1. Prefiero conocer a una alumna que hable bien el español.
2. Si Ud. estuviera allí, yo le podría mandar un diccionario español-coreano.
3. Ella me trata, como si yo fuera su hermano menor.
4. No había más remedio que llamarle por teléfono para que Ud. pudiera venia aquí pronto.
5. Pidió a su padre que le diera tres mil wones.

TRADUCCION

1. 마리는 무릎 위에 책을 펴놓은 채 소파에 앉아 있다.
2. 나는 네가 우리 반에서 가장 마음이 고운 여학생이라는 사실을 부인하지 않았다.
3. 나는 너에게 나한테 손이 발이 되도록 용서를 빌라고 명령했다.
4. 당신은 내가 좋아할만한 음악을 가지고 있지 않군요. 감상적인 노래를 한 곡 들어 보았으면!
5. 만약에 네가 한국에 관해 말하는 그 무엇을 녹음기에 틀어준다면 나는 너에게 한국 잡지를 한 권 줄 텐데…

LECCION 51

PREGUNTAS

1. Sí, sentí mucho que ella hubiera faltado al seminario ayer.
2. Sí, creo que ha llegado al salón de clase.
3. Se llama Cholsu Kim.
4. Sí, temí mucho que me hubiera dado la mala nota.
5. Nadie habría podido hablar con él, si no hubiera llegado a tiempo.

EJERCICIOS

1. ⓐ hubiera tenido, habría sido
ⓑ hubieras podido, habría recomendado.
ⓒ hubiera sabido, habría estado
ⓓ hubieras hecho, habría sabido
ⓔ hubiéramos sentado, habría traído
2. ⓐ Creo que ha llegado.
ⓑ Ella se alegró mucho de que yo hubiera ganado la beca.
ⓒ Es imposible que él haya llegado a tiempo.
ⓓ Habla como si hubiera estado en España.
ⓔ Sentía que su madre no lo hubiera comprado.

COMPOSICION

1. Me dijo, como si yo lo hubiera comprado.
2. Yo sentía que Juan no hubiera pasado este verano conmigo en el campo.
3. Si me lo hubiera dicho, yo le habría visitado.
4. Aunque él lo hubiera recibido, no nos habría agradecido.
5. Aunque él lo había recibido, no nos agradecieron.

◖TRADUCCION

1. 아니 이 시각에 거리에 어떻게 나갈 수 있단 말입니까?
2. 그 당시 지배인은 국외에 있었다.
3. 당신은 마리아가 당신에게 우편엽서를 보낸 데 대해서 기뻐합니까?
4. 물론이죠! 그들 전부가 마치 내가 자기들의 친구나 되는 것처럼 나한테 미소 짓고 있었다.
5. 이라이소스씨가 타계(他界)하셨다는 것을 믿을 수가 없습니다. 그렇게 실력이 있는 분이 별세(別世)하셨다는 것은 유감스런 일입니다.

규칙 및 불규칙 동사 활용표

VERBOS REGULARES E IRREGULASRES

1. 규칙동사 ***amar*** (사랑하다)

직설법		접속법	
현재	완료과거	현재	완료과거
amo	he amado	ame	haya amado
amas	has amado	ames	hayas amado
ama	ha amado	ame	haya amado
amamos	hemos amado	amemos	hayamos amado
amáis	habéis amado	améis	hayáis amado
aman	han amado	amen	hayan amado
불완료과거	대과거	불완료과거 RA형	대과거 RA형
amaba	había amado	amara	hubiera amado
amabas	habías amado	amaras	hubieras amado
amaba	había amado	amara	hubiera amado
amábamos	habíamos amado	amáramos	hubiéramos amado
amabáis	habías amado	amarais	hubierais amado
amaban	habían amado	amaran	hubieran amado
부정과거	직전과거	불완료과거 SE형	대과거 SE형
amé	hube amado	amase	hubiese amado
amaste	hubiste amado	amases	hubieras amado
amó	hubo amado	amase	hubiera amado
amamos	hubimos amado	amásemos	hubiéramos amado
amasteis	hubisteis amado	amaseis	hubierais amado
amaron	hubieron amado	amasen	hubieran amado
불완료 미래	완료 미래	불완료 미래	완료 미래
amaré	habré amado	amare	hubiere amado
amarás	habrás amado	amares	hubieres amado
amará	habrá amado	amare	hubiere amado
amaremos	habremos amado	amáremos	hubiésemos amado
amaréis	habréis amado	amareis	hubieseis amado
amaron	habrán amado	amaren	hubiesen amado

가능법		명령법	
불완료형	완료형		현재분사
amaría	habría amado	-	amando
amarías	habrías amado	ama	
amaría	habría amado	ame	과거분사
amaríamos	habríamos amado	amemos	amado, da
amaríais	habría amado	amad	
amarían	habrían amado	amen	

2. 규칙동사 ***comer*** (먹다)

직설법		접속법	
현재 como cmoes come comemos coméis comen	완료과거 he comido has comido ha comido hemos comido habéis comido han comido	현재 coma comas coma comamos comáis coman	완료과거 haya comido hayas comido haya comido hayamos comido hayáis comido hayan comido
불완료과거 comía comías comía comíamos comíais comían	대과거 había comido habías comido había comido habíamos comido habías comido habían comido	불완료 RA comiera comieras comiera comiéramos comierais comieran	대과거 RA형 hubiera comido hubieras comido hubiera comido hubiéramos comido hubierais comido hubieran comido
부정과거 comí comiste comió comímos comísteis comíeron	직전과거 hube comido hubiste comido hubo comido hubimos comido hubisteis comido hubieron comido	불완료과거 SE형 comiese comieses comiese comiésemos comieseis comiesen	대과거 SE형 hubiese comido hubieras comido hubiera comido hubiéramos comido hubierais comido hubieran comido
불완료 미래 comeré comerás comerá comeremos comeréis comerán	완료미래 habré comido habrás comido habrá comido habremos comido habréis comido habrán comido	불완료 미래 comiere comieres comiere comiéremos comiereis comieren	완료미래 hubiere comido hubieres comido hubiere comido hubiésemos comido hubieseis comido hubiesen comido
가능법		**명령법**	
불완료형 comería comerías comería comeríamos comeríais comerían	완료형 habría comido habrías comido habría comido habríamos comido habría comido habrían comido	현재 - come coma comamos comed coman	현재분사 comiendo 과거분사 comido, da

3. 규칙동사 ***vivir*** (살다)

직설법		접속법	
현재	완료과거	현재	완료과거
vivo	he vivido	viva	haya vivido
vives	has vivido	vias	hayas vivido
vive	ha vivido	viva	haya vivido
vivimos	hemos vivido	vivaos	hayamos vivido
vivis	habéis vivido	viváis	hayáis vivido
viven	han vivido	vivan	hayan vivido
불완료과거	대과거	불완료 RA	대과거 RA형
vivía	había vivido	viviera	hubiera vivido
vivías	habías vivido	vivieras	hubieras vivido
vivía	había vivido	viviera	hubiera vivido
vivíamos	habíamos vivido	viviéramos	hubiéramos vivido
vivíais	habías vivido	vivierais	hubierais vivido
vivían	habían vivido	vivieran	hubieran vivido
부정과거	직전과거	불완료과거 SE형	대과거 SE형
viv	hube vivido	viviese	hubiese vivido
viviste	hubiste vivido	vivieses	hubieras vivido
vivió	hubo vivido	viviese	hubiera vivido
vivimos	hubimos vivido	viviésemos	hubiéramos vivido
vivisteis	hubisteis vivido	vivieseis	hubierais vivido
vivieron	hubieron vivido	viviesen	hubieran vivido
불완료 미래	완료미래	불완료 미래	완료미래
livieré	habré vivido	viviere	hubiere vivido
vivirás	habrás vivido	vivieres	hubieres vivido
viviremos	habrá vivido	viviere	hubiere vivido
viviréis	habremos vivido	viviéreos	hubiésemos vivido
vivirán	habréis vivido	viviereis	hubieseis vivido
	habrán vivido	vivieren	hubiesen vivido
가능법		**명령법**	
불완료형	완료형	현재	현재분사
viviría	habría vivido	-	viviendo
vivirías	habrías vivido	vive	
viviría	habría vivido	viva	과거분사
viviríamos	habríamos vivido	vivamos	vivido, da
viviríais	habría vivido	vivid	
vivirían	habrían vivido	vivan	

	직설법	접속법	명령법
4. ***Vencer***	현재	현재	현재
(정복하다)	venzo	venza	-
G. venviendo	vences	venzas	vence
P. vencido	vence	venza	venza
	vencemos	venzamos	venzamos
	vencéis	venzáis	venced
	vencen	venzan	venzan
5. ***Coger***	cojo	coja	-
(잡다, 붙들다)	coges	cojas	coge
G. cogiendo	coge	coja	coja
P. cogido	cogemos	cojamos	cojamos
	cogéis	cojáis	coged
	cogen	cojan	cojan
6. ***Sacar***	부정과거		
(뽑아내다)	saqué	saque	-
G. sacando	sacaste	saques	saca
P. saacado	sacó	saque	saque
	sacamos	saqueos	saquemos
	sacasteis	saquéis	sacad
	sacaron	saquen	saquen
7. ***Pagar***	pagué	pague	-
(지불하다)	pagaste	pagues	paga
G. pagando	pagó	pague	pagues
P. pagado	pagamos	paguemos	paguemos
	pagastéis	paguéis	pagad
	pagaron	paguen	paguen
8. ***Alzaar***	alcé	alce	-
(올리다, 높이다)	alzaste	alces	alza
G. alzando	alzó	alce	alce
P. alzado	alzamos	alcesmos	alcemos
	alzasteis	alcéis	alzad
	alzaron	alcen	alcen

※ *G.* 현재분사, *P.* 과거분사

	직설법	접속법	명령법
9. ***Pensar*** (생각하다) *G.* pensando *P.* pensado	현재 pienso piensas piensa pensamos pensáis piensan	현재 piense pienses piense pensemos penséis piensen	현재 - piensa piense pensemos pensad piensen
10. ***Perder*** (잃다, 놓치다) *G.* perdiendo *P.* perdido	pierdo pierdes pierde perdemos perdéis pierden	pierda pierdas pierda perdamos perdáis pierdan	- pierde pierda perdamos perdad pierdan
11. ***Contar*** (세다. 계산하다)	cuento cuentas cuenta contamos contáis cuentan	cuente cuentes cuente contemos contéis cuenten	- cuenta cuente contemos contad cuenten
12. ***Mover*** (움직이다) *G.* moviendo *P.* movido	muevo mueves mueve movemos movéis mueven	mueva muevas mueva movamos mováis muevan	- mueve mueva movamos moved muevan
13. ***Nacer*** (출생하다) *G.* naciendo *P.* nacido	nazco naces nace nacemos nacéis macen	nazca nazcas nazca nazcamos nazcáis nazcan	- nace nazcamos naced nazcan

	직설법	접속법	명령법
14. ***Ofrecer*** (주다, 제공하다) *G.* ofreciendo *P.* ofrecido	현재 ofrezco ofreces ofrece ocrecemos ofrecéis ofrecen	현재 ofrezca ofrezcas ofrezca ofrezcamos ofrezcáis ofrezcan	현재 - ofrece ofrezca ofrezcamos ofreced ofrezcan
15. ***Conocer*** (알다, 인식하다) *G.* conociendo *P.* conocido	conozco conoces conoce conocemos conocéis conocen	conozca conozcas conozca conozcamos vonozcáis conozcan	- conoce conozca conozcamos conoced conozcan
16. ***Enviar*** (보내다) *G.* enviando *P.* enviado	envío envías envía enviamos enviáis envían	envíe envíes envíe enviemos enviéis envíen	- envía envíe enviemos enviad envíen
17. ***Actuar*** (행동하다) *G.* actuando *P.* acutado	actúo acrúas actúa acutamos actuáis actúan	actúe actúes actúe actuemos actuéis actúen	- actúa actué actuemos actuad actúen

	직설법		
	현재	불완료과거	부정과거
18. ***Dar*** *G.* dando *P.* dado	doy das da damos dais dan		dí diste dió dimos disteis dieron
19. ***Ver*** (보다, 바라보다) *G.* viendo *P.* visto	veo ves ve vemos veis ven	veía veías veía veíamos veíais veían	vi viste vió vimos visteis vieron
20. ***Ser*** (이다) *G.* siendo *P.* sido	soy eres es somos sois son	era eras era éramos erais eran	fuí fuiste fué fuimos fuisteis fueron
21. ***Ir*** (가다, 나아가다) *G.* yendo P. ido	voy vas va vamos vais van	iba ibas iba íbamos ibais iban	fuí fuiste fue fuimos fuisteis fueron

※ G. 현재분사, P. 과거분사

접속법				명령법
현재	불완료과거(RA형)	불완료과거(SE형)	불완료미래	현재
dé	diera	diese	diere	-
des	dieras	dieses	dieres	da
dé	diera	diese	diere	dé
demos	diéramos	diésemos	diéremos	demos
deis	dierais	dieseis	diereis	dad
den	dieran	diesen	dieren	den
vea	viera	viese	viere	-
veas	vieras	vieses	vieres	ve
vea	viera	viese	viere	vea
veamos	viéramos	viésemos	viéremos	veamos
veáis	vierais	vieseis	viereis	ved
vean	vieran	viesen	vieren	vean
sea	fuera	fuese	fuere	-
seas	fueras	fueses	fueres	sé
sea	fuera	fuese	fuere	sea
seamos	fuéramos	fuésemos	fuéremos	seamos
seáis	fuerais	fueseis	fuereis	sed
sean	fueran	fuesen	fueren	sean
vaya	fuera	fuese	fuere	-
vayas	feras	fueses	fueres	ve
vaya	fuera	fuese	fuere	vaya
vayamos	fuéramos	fuésemos	fuéremos	vamos
vayáis	fuerais	fueseis	fuereis	id
vayan	fueran	fuesen	fueren	vayan

	직설법			가능법
	현재	부정과거	불완료미래	불완료형
22. ***Poner*** (놓다) G. poniendo P. ponido	pongo pones pone ponemos ponéis ponen	puse puses puso pusimos pusisteis pusieron	pondré pondrás pondrá pondramos pondéis pondrán	pondría pondrías pondría ponfríamos pondríais pondrían
23. ***Tener*** (가지다) G. teniendo P. tenido	tengo tienes tiee tenemos tenéis tienen	tuve tuviste tuve tuvimos tuvisteis tuvieron	tendré tenedrás tendrá tendremos tendréis tendrán	tendría tendrías tendría tendríamos tendríais tendrían
24. ***Venir*** (오다, 나오다) G. veniendo P. venido	vengo vienes viene venimos venís vienen	viene viniste vino vinimos vinisteis vinieron	vendré vendrás vendrá vendremos vendréis vendrán	vendría vendríais vendría vendríamos vendríais vendrían
25. ***valer*** (값이 나가다) G. valiendo P. valido	valgo vales vales valemos valéis valen		valdré valdrás valdrá valdremos valdréis valdrán	valdría valdrías valdrías valdríasmos valdríais valdrían
26. ***Salir*** (떠나다, 출발하다) G. saliendo P. salido	salgo sales sale salimos salís salen		saldré saldrás saldrá saldremos saldréis saldrán	saldía saldrias saldría saldríamos saldríais saldrían

접속법				명령법
현재	불완료과거(RA형)	불완료과거(SE형)	불완료미래	현재
ponga pongas ponga ponfamos pongáis pongan	pusiera pusieras pusiera pusieramos pusierais pusieran	pusiese pusieses pusiese pusiésemos pusieseis pusienen	pusiere pusieres pusiere pusiéremos pusiereis pusieren	- pon ponga pongamos poned pongan
tenga tengas tengamos tengáis tengan	tuviera tuvieras tuviera tuviéramos tuvierais tuvieran	tuviese tuvieses tuviese tuviésemos tuvieseis tuviesen	tuviere tuvieres tuviere tuviéremos tuviereis tuvieren	- ten tenga tengamos tened tengan
venga vengas venga vengamos vengáis vengan	viniera vinieras viniera viniéramos vinierais vinieran	viniese vinieses viviese viniésemos vinieseis viniesen	viniere vinieres viniere vinieéremos viniereis vinieren	- ven venga vengamos venid vengan
valga valgas valga valgamos valgáis vangan				- val o vale valga valgamos valed valgan
salga salgas salga salgamos salgáis salgan				sal salgas salgamos salid salgan

	직설법			가능법
	현재	부정과거	불완료미래	불완료형
27. ***Haber*** (있다- 조동사) G. habiendo P. habido	he has ha o hay heos habéis han	hub hubieste hubo hubimos hubisteis hubieron	habré habrás habrá habremos habréis habrán	habría habrías habría habríamos habríais habrían
28. ***Caber*** (담을 수 있다) G. cabiendo P. cabido	quepo cabes cabe cabemos cabéis caben	cupe cupiste cupo cupimos cupisteis cupieron	cabré cabrás cabrá cabremos cabréis cabrán	cabría cabrías cabría cabríamos cabríais cabrían
29. ***Saber*** (알다, 인식하다) G. sabiendo P. sabido	sé sabes sabe sabemos sabéis saben	supe supist supo supimos supisteis supieron	sabré sabrás sabrá sabremos sabréis sabrán	sabría sabrías sabría sabríamos sabríais sabrían
30. ***Poder*** (할 수 있다) G. podiendo P. podido	puedo puedes puede puedemos podéis pueden	pude pudiste pudo pudimos pudisteis pudieron	podré podrás podrá podremos podréis podrán	podría podrías podría podríamos podríais podrían
31. ***Querer*** (좋아하다) G. queriendo P. querido	quiero quieres quiere queremos queréis quieren	quise quisiste quiso quisimos quisisteis quisieron	qurré querrás querrá querremos querréis querrán	querría querrías querría qurríamos querríais querrían
32. ***Hacer*** (하다, 되게 하다) G. haciendo P. hacido	hago haces hace hacemos hacéis hacen	hice hiciste hizo hicimos hicisteis hicieron	haré harás hará haremos haréis harán	haría harías haría haríamos haríais harían

접속법				명령법
현재	불완료과거(RA형)	불완료과거(SE형)	불완료미래	현재
haya	hubiera	hubiese	hubiere	-
hayas	hubieras	hubieses	hubieres	he
haya	hubiera	hubiese	hubiere	haya
hayamos	hubiéramos	hubiésemos	hubiéremos	hayamos
hayáis	hubierais	hubieseis	hubiereis	habed
hayan	hubieran	hubiesen	hubieren	hayan
quepa	cupiera	cupiese	cupiere	-
quepas	cupieras	cupieses	cupieres	cabe
quepa	cupiera	cupiese	cupiere	quepa
quepamos	cupiéramos	cupiésemos	cupiéremos	quepamos
quepáis	cupierais	cupieseis	cupiereis	cabed
quepan	cupieran	cupiesen	cupieren	quepan
sepa	supiera	supiese	supiere	-
sepas	supiereas	supieses	supiereses	sabe
sepa	supiera	supiese	supiere	sepa
sepamos	supiéraos	supiésemos	supiéremos	sepamos
sapáis	supierais	supiesis	supiereis	sabed
sepan	supieran	supiesen	supieren	sepan
pueda	pudiera	pudiese	pudiere	-
puedas	pudieras	pudieses	pudieres	puede
pueda	pudiera	pudiese	ppudiere	pueda
podamos	pudiéramos	pudiésemos	pudiéremos	podamos
podáis	pudierais	pudieseis	pudrereis	poded
puerdan	pudieran	pudiesen	puderen	puedan
quiera	quisiera	quisiese	quisiere	-
quieras	quisieras	quisieses	quisieres	quiere
quiera	quisiera	quisiese	quisiere	quiera
queramos	quisiéramos	quisiésemos	quisiéremos	queramos
queráis	quisierais	quisieseis	quisiereis	quered
quieran	quisieran	quisiesen	quisieren	quieran
haga	hiciera	hiciese	hiciere	-
hagas	hicieras	hicieses	hicieres	haz
haga	hiciera	hiciese	hiciere	haga
hagamos	hiciéramos	hiciésemos	hiciéremos	hagamos
hagáis	hicierais	hicieseis	hiciereis	haced
hagan	hicieran	hiciesen	hicieren	hagan

	직설법			가능법
	현재	부정과거	부완료미래	불완료형
33. ***Decir*** (말하다, 이야기하다) G. diciendo P. dicho	digo dices dice decimos decís dicen	dije dijiste dijo dijimos dijisteis dijeron	diré direás dirá diremos diréis dirán	diría dirías diría diríamos diríais dirían
34. ***Sentir*** (느끼다) G. sitiendo P. sentido	siento sientes siente sentimos sentís sienten	sentí sentiste sintió sentimos sentisteis sintieron		
35. ***Pedir*** (청하다, 요구하다) G. pidiendo P. pedido	pido pides pide pedimos piden	pedí pediste pidió pedimos pedisteis pidieron		
36. ***Reir*** (웃다) G. riendo P. diore	río ries rio reímos reís rien	reí reíste rió reímos reísteis rieron	reiré reirás reirá reieremos reiréis reirán	reiría reirias reiria reiríamos reiríais reirían
37. ***Elegir*** (뽑다, 가려내다) G. eligiendo P. elegido	elijo eliges elige elegimos elegís eligen	elegí elegiste eligió elegimos elegisteis eligieron		

접속법				명령법
현재	불완료과거 (RA형)	불완료과거 (SE형)	불완료미래	현재
diga	dijera	dijese	dijere	-
digas	dijeras	dijeses	dijeres	di
diga	dijera	dijese	dijere	diga
digamos	dijeramos	dijésemos	dijéeos	digamos
digáis	dijerais	dijeseis	dijeris	decid
digan	dijeran	dijesen	dijeren	degan
sienta	sintiera	sintiese	sintiere	-
sientas	sintieras	sintieses	sintieres	siente
sienta	sintiera	sintiere	sintiere	sienta
sintamos	sintiéramos	sintiésemos	sintiéreos	sintamos
sintáis	sintierais	sintieseis	sintiereis	sentid
sientan	sintieran	sintiesen	sintieren	sientan
pida	pidiera	pidiese	pidiere	-
pidas	pidieras	pidieses	pidieres	pide
pida	pidiera	pidiese	pidiere	pida
pidamos	pidiéramos	pidiéemos	pidiéremos	pidamos
pidáis	pidierais	pidieseis	pidiereis	pedid
pidan	pidieran	pidiesen	pidieren	pidan
ría	riera	riese	riere	-
rías	rieras	rieses	rieres	rie
ría	riera	riese	riere	ría
riamos	riéamos	riésemos	riéremos	riamos
riais	rierais	rieseis	riereis	reíd
rían	rieran	riesen	rieren	rían
eliha	eligiera	dligiese	eligiere	-
elijas	eligieras	eligieses	eligieres	elige
elija	eligiera	eligiese	eligiere	elija
elijamos	eligiéramos	eligiésemos	eligiéremos	elijamos
elijáis	eligierais	eligieseis	eligieris	eligid
elijan	eligieran	eligiesen	eligieren	elijan

	직설법			가능법
	현재	부정과거	불완료미래	불완료형
38. ***Seguir*** (계속하다, 따라가다) G. siguiendo p. seguido	sigo sigues sigue siguimos seguís siguen	seguí seguiste siguió seguimos seguisteis siguieron		
39. ***Dormir*** (자다, 잠자다) G. durmiendo P. dormido	duermo duermes duerme dormimos dormís duermen	dormí dormiste durmió dorimos doristeis durmieron		
40. ***Traer*** (가져오다) G. trayendo P. taido	traigo traes trae traemos traéis traen	traje trajiste trajo trajimos trajisteis trajeron		
41. ***Caer*** (떨어지다) G. cayendo P. caîdo	caigo caes cae caemos caéis caen	caí caiste cayó caímos caisteis cayeron		
42. ***Oir*** (듣다) G. oyendo P. oído	oigo oyes oye oímos oís oyen	oi oíste oyó oímos oísteis oyeron	oiré oirás oirá oiremos oiréis oirán	oiría oirías oiria oiríamos oiríais oríais oirían
43. ***Leer*** (읽다) G. leyendo P. lech		leí leíste leyó leios leísteis leyeron		

접속법				명령법
현재	불완료과거(RA형)	불완료과거(SE형)	불완료미래	현재
siga	siguiera	siguiese	siguiere	-
sigas	siguieras	siguieses	siguieres	sigue
siga	siguiera	siguiese	siguiere	siga
sigamos	siguiéramos	siguiésemos	siguiéremos	sigamos
sigaîs	siguierais	siguieseis	siguiereis	seguid
sigan	siguieran	siguiensen	siguieren	sigan
duerma	durmiera	durmiese	durmiere	-
duermas	durmieras	durmieses	durmieres	duerme
duerma	durmiera	durmiese	durmiere	duerma
durmamos	durmiéramos	durmiésemos	durmiéremos	duemamos
durmáis	durmierais	durmieseis	durmiereis	dormid
duerman	duemieran	durmiesen	durmieren	duerman
traiga	trajera	trajese	trajere	-
traigas	trajeras	trajeses	trajeres	trae
traiga	trajera	trajese	trajere	traiga
traigamos	trajéramos	trajésemos	trajéremos	traigamos
taigáis	trajerais	trajeseis	trajereis	traed
traigan	trajeran	trajesen	trajeren	traigan
caiga	cayera	cayese	cayere	-
caigas	cayeras	cayeses	cayeres	cae
caiga	cayera	cayese	cayere	caiga
caigamos	cayéramos	cayésemos	cayéremos	caigamos
caigáis	cayerais	cayeseis	cayereis	caed
caigan	cayeran	cayesen	cayeren	caigan
oiga	oyera	oyese	oyere	-
oigas	oyeras	oyeses	oyeres	oye
oiga	oyera	oyese	oyere	oiga
oigamos	oyéramos	oyésemos	oyéreos	oigamos
oigáis	oyerais	oyesies	oyereis	oid
oigan	oyeran	oyesen	oyeren	oigan
	leyera	leyese	leyere	
	leyeras	leyeses	leyeres	
	leyera	leyese	leyere	
	leyéraos	leyésemos	leyéremos	
	leyerais	leyesis	leyereis	
	leyeran	leysen	leyeren	

	직설법			가능법
	현재	부정과거	불완료미래	불완료형
44. Estar (있다, 존재하다) G. estando P. estado	estoy estás está estamos estáis están	estuve estuviste estuvo estuviomos estuvisteis estuvieron		
45. Andar (걷다) G. andando P. andado		anduve anduviste anduvo anduvimos anduvisteis anduvieron		

접속법				명령법
현재	불완료과거 (RA형)	불완료과거 (SA형)	불완료미래	현재
esté estés esté estemos estéis estén	estuviera estuviereas estuciera estuviéramos estuvierais estuvieran	estuviese estuvieses estuviese estuviésemos estuvieseis estuviesen	estuviere estuvieres estuviere estuviéremos estuviereis estuvieren	- está esté estemos estad estén
	anduviera anduvieras anduviera anduviéramos anduvierais anduvieran	anduviese anduvieses anduviese anduviésemos anduvieseis anduviesen	anduviere anduvieres anduviere andviésemos anduviereis anduvieren	

Vocabularios Usales

A

A, a. *f.* 서반아어 alfabeto의 첫 자. *prep.* …을, …에, …까지, …을 위해서, 에.
abajo *adv.* 밑에, 아래로, 낮은 곳에.
abandonar *vt,* 버리다, 무시하다.
abecedario *m.* 자모(표)
abierto, ta *adv.* abrir의 p.p. 열린, 개방적인, 솔직한
abrigo *m.* 외투, 옹호, 보호.
abril *m.* 4월.
abrir *vt,* 열다, 펴다.
abuelo, la *m. f.* 할아버지, 할머니, *m. pl.* 조부모, 선조.
acá *adv.* 이쪽으로.
acabar *vt,* 끝내다, 완성하다. ~ *de* + *inf.* 막 …하는 것을 끝내다.
acción *f.* 활동, 행위, 연기, 작용.
aceite *m.* 기름, 향유.
acento *m.* 강조, 악센트.
acerca *adv.* 가까이, ~ *de* 에 대해.
acercar *vt,* 접근시키다, 가까이하다.
acompañar *adv.* 동반(동행)하다.
aconsejar *vt,* 경계시키다, 조언. 충고하다.
acostar *vt,* 눕히다, 재우다. ~ *se* 눕다, 잠자리에 들다.
activo, va *adj.* 행위의, 능동적인, 활발한.
actriz *f.* 여배우
acuerdo *m.* 의견의 일치, 협정, 기억. *de* ~ 동의, 일치하여.
además *adv.* …의에, 그 위에, 더욱이.
¡adiós! *interj.* 안녕히!
adjetivo, va *adv.* 형용사(의), 서술의.
admiración *f.* 감탄(하는 마음). admirar.
adverbio *m.* 부사
acéreo, a *adj.* 공기의, 공중의 *correo* ~ 항공우편.
aeropuerto *m.* 공항. ~ *de* Kimpo. 김포공항.
afeitar *vt,* 면도하다
aficiondo, da *adv.* …을 좋아하는. *m.* 애호가.
agencia *f.* 대리점 영업소.
agilidad *f.* 경쾌, 민첩.
agosto *m.* 8월
agradable *adj.* 기분 좋은, 민첩
agrdecer *vt,* 감사하다, 고맙게 여기다, 보답하다.
agua *f.* 물, 음료수
aguacate *m.* [식] 로렐배, 배 모양의 에메랄드
águila *f.* 독수리
¡ah! *interj.* 아! 아아.
ahora *adv.* 지금, ~*mismo* 지금 곧, 당장.
aire *m.* 공기, 바람. al ~ libre 실외, (야외, 노천)으로.
alcoba *f.* 침실.
alegrar *vt,* 기쁘게 하다, ~ *se de* …을 기뻐하다.
alegría *f.* 환희, 기쁨, 즐거움.
alemán, na *adj.* 독일의(사람), *m.* 독일어.
alfabeto *m.* 알파벳, 자모.
algo *pron.* 조금, 약간. *adj.* 어떤, 약간의 *adv.* 다소.
algodón *m.* [식] 면화, 솜.
alguien *pron.* 어떤 사람, 누군가.
algún *adj.* alguno의 남성단수 명사의 탈락형.
alguno, na *adj. pron.* 다소, 약간, 어떤 것, 어떤 사람.
almorzar *vt, vi* 점심을 먹다. 점심으로 먹다.
almuerzo *m.* 오찬, 음식, 점심.
alrededor *adv.* 둘레의 , 주의에.
alto, ta *adj.* 높은, 높이의, 키가 큰.
alumno, na *m. f.* 학생, 생도.
allá *adv.* 거기에, 저기에.
amable *adj.* 친절한.
amable *vt,* 사랑하다.
amarillo, lla, *adj.* 노란색의.
ameno, na *adj.* 기분 좋은, 즐거운.
América *f.* 아메리카.
americano, na *adj.* 아메리카의, *m. f.* 아메리카인.
amigo, ga *m. f.* 벗, 친구.
amo, a *m. f.* 주인, 소유주.
amor *m.* 사랑, 애인.
ancho, cha *adj.* 넓은, 광대한.
¡anda! *interj.* 어머! (놀라움)
andaluz, za *adj.* 안달루이사의(사람).

andar *bi.* 걷다, 운행하다.
animación *f.* 활력, 응원.
ánimo *m.* 원기, 기력 : 정신.
anche *adv.* 지난밤에, 간밤에.
anteayer *adv.* 그저께.
anterior *adj.* 이전의, 앞의.
antes *adv.* 이전에, 첫째로, 맨 먼저.
antiguo, gua *adj.* 고대의, 구식의, 고풍의.
año *m.* 해, 연도, 연령. *el* ~ 1976.
aparecer *vi.* 나타나다, 보이다.
apartamiento *m.* 아파트(의 방).
appellido *m.* 성(姓).
apetito *m.* 식욕, 욕망.
aplauso *m.* 박수갈채, 찬양.
aprender *vt,* 배우다.
aquel, lla *adj.* (지시형용사) 저, 그.
aquél, lla *pron.* (인칭지시대명사) 저것, 그 사람, 그 여자, 전자.
aquí *adv.* 여기에.
árbol *m.* 나무, 수목.
arena *f.* 모래.
argentino, na *adj.* 은의, 은색의 아르헨티나의, *m. f.* 아르헨티나 사람.
arte *m.* 기술, 예술.
articulo *m.* 관사, 마디.
¡arre! *interj.* 이랴! (말, 소몰이꾼의 소리).
arriba *adv.* 위에, 위로 향하여.
arroz *m.* 벼, 쌀.
arterial *adj.* 동맥의, *alta presión* ~ 고혈압.
ascensor *m.* 승강기, 엘리베이터.
asistenta *f.* 파출부
asno *m.* 당나귀.
aspecto, ta *adj.* 눈치 빠른, 교활한.
asunción *f.* 인수, 등위·즉위식 *A* ~ 아순숀.
atrver(se) *vt,* ~ *a* + *inf.* 감히 …하다.
aún *adv.* 아직(도).
aunque *conj.* …하다 할지라도, …이지만, 도리어.
ausente *adj.* 결석한, 부재중의.
autobús *m.* 버스.
auxiliar *vt,* 도와주다. *adj.* 보조의.
averiguar *vt,* 연구하다. 탐구하다. 조사하다.
avión *m.* 비행기.
¡ay! *interj.* 아아!, 아, 슬프도다.
ayer *adv.* 어제.
ayudar *vt,* 도와주다, 구하다.
azúcar *m.* 설탕, 사탕.
azul *adj.* 푸른.

B

bailar *vt,* 춤추게 하다, 춤추다.
bailarin, na *adj.* 춤추는 *m. f.* 무용가.
baile *m.* 무도회, 춤, 댄스.
bajo, a *adv.* 낮은, 하급의, 키가 작은. *adv.* 낮게, *prep.* …아래, …밑에.
balcón *m.* 발코니.
banana *f.* [식] 바나나.
banco *m.* 벤치, 은행.
bandera. *f.* 깃대, 깃발.
banquete *m.* 연회, 향연.
bañar *vt,* 목욕시키다, ~*se* 목욕하다.
baño *m.* 목욕. *el curto de* ~ 목욕실.
bar *m.* 스낵코너.
baratísimo *adj.* (baraato의 절대최상급) 매우 싼.
barato, ta *adj.* 값이 싼.
barco *m.* 선박, 큰 배.
barrio *m.* 농구.
bastante *adj.* 상당한, 충분한.
bastar *vi.* 충분하다.
bastallón *m.* 보병대대.
baúl *m.* 상자, 트렁크.
beber *vt,* 마시다. *m.* 마실 것.
beca *f.* 장학금 becario 장학생.
bedel 대학의 수위.
béisbol *m.* 야구.
besar *vt,* 입 맞추다.
besito *m.* beso(입맞춤)의 축소형.
biblioteca *f.* 도서관.
bien *m.* 선함. 이익. *adv.* 잘, 훌륭히. *pl.* 재산.
biftee *m.* 비프스테이크.
bigote *m.* 콧수염.
billete *m.* 지폐, 승차권, 표. ~ *de ida y vuelta* 왕복차표. ~ *de favor* 무료입장권.
blanco, ca *adj.* 흰: 공백의.
blusa *f.* 표.
bliviano, na *adj.* 친절한, 상냥한.
bonito, ta *adj.* 깨끗한, 예쁜.
bosque *m.* 숲, 산림.
boxeo *m.* 권투, boxeador 권투 선수.
brasileño, ña *adj. s.* 브라질의(사람).

brillar *vi.* 빛나다. 번쩍이다.
broma *f.* 농담, 조롱.
bromista *adj.* 농담하는, 농담의. *m. f.* 농담 잘하는 사람.
bruto, ta *adj.* 무지한, 바보의.
buen *adj.* bueno의 어미탈락형.
bueno, na *adj.* 좋은, 선량한, 건강한.
buscar *vt,* 구하다. 찾다.
butaca *f.* 안락의자.

C

ca *interj.* 아니, 천만에.
caballero. *m.* 신사.
caballo *m.* 말.
cabello *m.* 머리카락.
cabeza *f.* 머리, 두뇌.
cucahuete *m.* 남학생.
cada *adj.* 각각의, 각자의.
cafetería *f.* 커피점, 카페테리아.
calabaza *f.* 호박. dar ~ s (남자를) 퇴짜 놓다.
calcetín *m.* 남자용 양말.
calidad *f.* 질, 성능, 자격.
caliente *adj.* 따뜻한, 뜨거운.
calor *m.* 열, 더위. *Hace ~* 날씨가 덥다.
calzado, da *adj.* 신을 신은, *m.* 신이나 양말의 총칭.
callar *vt,* 조용하게 하다. *vi.* 조용히 하다.
calle *f.* 거리.
camarero, ra *m. f.* 시종, 급사.
cambiar *vt,* 변화시키다, 교환하다.
cambio *m.* 변화, 변경, 교환, 무역.
caminar *vt,* 걷다.
camino *m.* 길, 통로.
camión *m.* 들, 평원, 시골.
canción *f.* 노래, 민요, 서정시.
cansado, da *adj.* 피곤한, 지친, 싫증나는, 지리한.
cantar *vi.* 노래하다, 낭송하다.
capital *adj.* 우두머리의. *m.* 자본. *f.* 수도, 대문자.
capitalista *adj.* 자본가(의).
cara *f.* 얼굴, 표정, 표면.
caramba *interj.* 제기랄!
¡caray! *interj.* 제기랄!, 아이쿠!
cardinal *adj.* 기본의, 중요한, *números ~ es* 기수.
carey *m.* [동] 귀갑, 거북의 껍질.
carne *f.* 고기.
caro, ra *adj.* 값비싼.
carta *f.* 편지, *~ de amor* 사랑의 편지.
cartel *m.* 플래카드, 포스터, 광고.
cartero *m.* 우편배달부.
carrera *f.* 경주로, (행렬의)진로, 가도.
carretera *f.* 차도, 한길.
carretero *m.* 마부, 자동차 전용로.
casa *f.* 집. *~ de huéspedes* 하숙집. *~ de campo* 별장.
casar *vt, vi.* ~와 결혼시키다, 결혼하다. *casarse con.*
casi *adv.* 거의.
caso *m.* 사건, 경우, 일어난 일.
¡cáspita! *interj.* 히야!
castigar *vt,* 징벌하다, 혼내주다, 괴롭히다.
catorce *adj.* 열넷의, 14의, 14번째의.
cebolla *f.* 양파.
celebrar *vt,* 축하하다, 개최하다.
cena *f.* 저녁밥, 만찬.
centro *m.* 중심, 중심지, 본부. *~ de la ciudad.*
centroamericano, na *adj. s.* 중남미의 (사람).
cerca *adv.* 가까이. *~ de* …의 근처에.
cerveza *f.* 맥주. *cervecería* 맥주집.
cerrado, da *adj.* 닫힌.
cerrar *vt,* 패쇄 하다, 닫다.
cesar *vt,* 그치다, 그만두다. *sin ~* 끊임없이.
cien *adj.* ciento(100)가 명사나 mil의 앞에 올 때 어미탈락형.
ciento, ta *adj.* 확실한. *m.* 확실한 것. *adv.* 확실히.
cinco *adj. m.* 5(의)
cincuenta *adj. m.* 50(의)
cine *m.* 영화관.
cita *f.* 지정, 임명, 약속. *~ amorosa* 데이트.
ciudad *f.* 시, 도시, 도회.
ciudadano, na *adj.* 시의, 시민의. *m. f.* 시민, 공민.
claro, ra *adj.* 밝은, 갠, 맑은, 명확한.
clase *f.* 학급, 반, 수업, 교실.
cláusula *f.* 조항, 짧은 글귀, 문장, (문법) 절.
cliente *m. f.* 고객, 단골손님.
clima *m.* 기후, 풍토, 지방.

cobrar *vt,* (돈을) 수취하다, 징수하다. *~ se* (건강을) 회복하다.
cocina *f.* 부엌.
cocinero, ra *m. f.* 요리사.
cocodrilo *m.* 악어(무리).
coche *m.* 자동차. *en ~* 차로.
color *m.* 색. *pl.* 국기.
colección *f.* 수집.
colegio *m.* 자동차. *en ~* 차로.
colgar *vt,* 걸다, 매달다. *vi.* 걸리다, 매달리다.
colombiano, na *adj. s.* 콜롬비아의(사람).
coma *f.* 콤마.
comedor *m.* 식당.
comenzar *vi.* 시작하다. *~ a + inf.* …하기 시작하다.
comer *vi.* 식사하다.
comida *f.* 식사. 음식들.
comillón, na *adj. s.* 대식가(의).
comillas *f. pl.* ≪ ≫의 부호.
como *adj. conj.* …과 같은, …처럼, …때문에, …하자마자.
cómo *adv.* 어떻게.
cómodo, *da adj.* 안락한, 편리한.
compañero, ra *m. f.* 벗, 동료.
comparación *f.* 비교, 대조. *en ~ con* …과 비교하여 볼 때.
comparativo, va *adj.* 비교의 *m.* 비교어. *f.* 비교의 접속사.
compasión *f.* 동정, 연민.
complemento *m.* 보어.
coplemento *m.* 조립하다. 구성하다, 수선하다.
composición *f.* 조립, 구성.
compara *f.* 매입, 구입. *ir de ~s* 장보러가다. 쇼핑하러가다.
comprar *vt,* 사다. *f.* compra.
comprender *vt,* 이해하다. 깨닫다.
comunicar *vt, vi.* 알리다. 전하다. 통신하다.
con *prep.* …와 함께, …와 더불어.
concordancia *f.* 일치, 상응, 조화, *en ~ con* …과 일치해서.
concreto, ta *adj.* 구체적인. *en ~* 구체적으로.
condición *f.* 조건, 사정, 상황.
conxión *f.* 관련, 관계.
conjugación *f.* (동사의) 활용.
conjución *f.* 접속사.
conmemorar *vt,* 기념하다.
conocer *vt,* 알다, 인식하다. *~ se* 만나다, 알다.
conseguir *vt,* 얻다, 성공하다.
consentir *vi.* 동의하다, 허용하다.
consecar *vt* 보존, 보관하다. *~ se* 유지하다, 오래가다.
consolar *vt,* 위로하다, *~ se* 만족하다, 스스로 위로하다. *m. consuelo.*
consituir *vt,* 건조하다, 건축하다, 제작하다.
contento, ta *adj.* 만족해하는, 흡족해하는, 만족한.
contestar *vt, vi.* 확인하다, 대답하다.
convenir *vi.* 의견이 일치하다, 합치다, 보이다.
concersación *f.* 회화.
corbata *f.* 넥타이.
coreano, na *adj.* 대한민국의. *m.* 한국사람, 한국어.
cortao, ta *adj.* 짧은.
correctamente *adv.* 정확하게.
correo *m.* 우편, 우편물. *casa de ~ s* 우체국.
corrida *f.* 진로, 질주. *de ~* 유창하게, 쉽게, *~ de toros* 투우경기.
cosa *f.* 물건, 일.
costar *vi.* 비용이 들다. 가치가 있다.
costarricense *adj. s.* 코스타리카의(사람).
costumbre *f.* 습관, 버릇.
creer *vt,* 믿다, 생각하다.
criado, da *adj.* 낳은, 길러진, *m. f.* 하인, 머슴, 시종.
crimen *m.* 범죄, 죄.
cristiano, na *adj.* 기독교도의. *m. f.* 기독교도.
Cristo *m.* 그리스도. *inter.* 저런!
cuaderno *m.* 잡기장, 노트.
cuadro *m.* 사각, 정방형, 그림.
cual *conj.* …처럼, …과 같은, …과 같이.
cuál *adj, interrog.* 어느, 어떠한.
cuando *conj.* …할, …했을 때.
cuándo *adv.* 언제.
cuánto *adj.* 몇 개의. *adv.* 어느 정도, 얼마.
cuarenta *adj. m.* 40(의).
cuarto, ta *adj.* 4번째의, *m.* 4분의 1, 방.
cuatrocientos, tas *adj. m.* 400(의).
cubano, na *adj.* 큐바나라의, 큐바섬, *m. f.* 큐바사람.
cubierto, ta *adj. pp.* (…으로) 덮인, *f.* 커버, *~ de mesa* 책상보, *a ~ de* …의 구실로.

cucharilla *f.* 작은 숟가락.
cucharita *f.* 찻숟가락.
cuchillo *m.* 작은 칼, 나이프.
cuello *m.* 목, 칼라.
cuenta *f.* 계산서, 계산.
cuero *f.* 껍질, 가죽, 피부.
cuestión *f.* 문제, 물음, 논점.
cuidado *m.* 열심, 열의, 보호, 주의. ~! 조심해, 주의해.
cumbre *f.* 마룻대, 꼭대기, 정상.
cumpleaños *m.* 생일.
cupón *m.* 떼어내는 표, 철도의 연락 승차권.
curso *m.* 진로, 과정, 경로.
¡cuz! *interj.* (개를 부르는 소리).

CH

charlar *vi.* 지껄이다. 잡담하다.
cheque *m.* 수표.
chico, ca *adj.* 작은, 어린. *m. f.* 중국말.
chito *interj.* 쉿! 조용히!
chocolate *m.* 쵸콜렛.

D

dar *vt,* 주다.
de *f.* 문자 "d"의 명칭. *prep.* …의, …이, 가진, …에 속하는.
dabajo *adv.* 아래에, 아래로.
debidamente *adv.* 바르게, 완전히.
decidir *vt,* 결정하다, 해결하다, 또는 ~ *se a.*
décimo, ma *adj.* 10번째의, 10등분한, *m.* 10분의 1.
décimocuarto, ta *adj.* 14번째의.
décimoquinto, ta *adj.* 15번째의.
décimosexto, ta *adj.* 16번째의.
decir *vt,* 말하다.
decoración *f.* 장식, 무대장치.
dedo *m.* 손가락, 발가락.
definido, da *adj.* 한정된, 일정한.
dejar *vt,* 남기다, 두고 가다, 포기하다, *vi.* 자포자기하다. 태만하다. ~ *de* 중지하다.
delgado, da *adj.* 연약한, 가벼운, 얇은.
demasiado, da *adj.* 과도한, *adv.* 너무, 과도히.
demostrativo, va *adj.* 지시적, 논증적, 시위적.
departamento *m.* 부문, 구획, 부, 국, 학과.
dependiente *m. f.* 종업원, 점원.
deporte *m.* 운동, 스포츠.
derecho, cha *adj.* 곧은, 수직의, 오른쪽의, *m.* 올바름, 진리.
desayunar(se) *vi.* 아침식사를 하다.
desayuno *m.* 조반, 아침식사.
descansar *vi.* 쉬다, 휴식하다.
descolgar(se) *vi.* (걸었던 물건을) 내리다, 커튼을 내리다.
descubierto, ta *adj.* descubrir의 p.p.
descubrir *vt,* 발견하다, 노출하다,
desde *prep.* …부터, ~ *entonces* 그때부터. ~ *luego* 곧, 물론, 그런 까닭으로. ~ *niño* 아이 때부터.
desear *vt,* 바라다. 희망하다.
desobediente *adj.* 순종하지 않는, 불효한, 위반하는.
despacio *adj.* 숙고하여, 천천히, 유유히.
despacho *m.* 사무실, 발송, 서재.
despedida *f.* 결별, 고별.
después *adv.* 후에, 뒤에, 다음에, 나중에.
destruir *vt,* 구금하다. ~ *se* 멈춰서다. 연기하다.
detrás *adv.* …의 뒤에.
devolver *vt,* 돌려주다, 갚다.
día *m.* 일, 낮, 천기. *Buenos días.* 아침 인사. *de~ en ~* 하루하루. *de día* 낮에. *hoy día* 요즈음, 오늘날. *el otro~* 일전에. *todos los días* 매일.
diálogo *m.* 대화, 문답.
diccionario *m.* 사전.
dicho, cha *adj.* decir의 p.p.
diéresis *f.* u에 붙이는 음가부호(예 : vergüenza).
diez *adj.* 10(의).
difícil *adj.* 어려운, 힘든.
difunto, ta *adj. s.* 죽은, 고… *m.* 시체.
diligencia *f.* 근면, 기민, 민활, 마차.
diligente *adj.* 근면한, 기민한, 조심성 있는, 신속한.
dinero *m.* 돈, 화폐.
diptongo *m.* 2중 모음.
dirección *f.* 방위, 방향, 주소.
director, ra *adj.* 지휘하는, 지도하는. *m. f.*

지배인.
disco *m.* 원반, 레코드.
discurso *m.* 사고, 연설.
dispuesto, ta *adj.* disponer의 p.p.
distancia *f.* 간격, 거리, 차이.
distinción *f.* 식별, 구별, 차별.
dividir *vt,* 나누다, 쪼개다, 분배하다.
doce *adj. m.* 12(의)
doler *vi.* 고통을 느끼다, 슬퍼하다.
doler *m.* 고통, 비탄.
domingo *m.* 일요일.
dominicano, na *adj. s.* 도미니카 공화국(사람).
don *m.* (남자 이름 앞에 붙이는), 경어
dónde *adv.* (의문부사) 어디에, 어디로.
donde *adv.* (관계부사) 곳에.
doña *f.* (여자 이름 앞에 붙이는) 경어.
dormilón, na *m.* 잠꾸러기.
dormir *vi.* 자다.
dos *adj. m.* 둘(의).
doscientos, tas *adj. s.* 200(의).
dudoso, sa *adj.* 의심을 품고 있는, 확실치 않는.
dueño, ña *m. f.* 소유주, 주인.
duodécimo, ma *adj. m.* 제12의, 12분의 1.
duque *m.* 공작.
durante *adv.* …동안에(중에).

E

ecuatoriano, na *adj. s.* El Ecuador의(사람).
echar *vt.* 던지다. ~ *una carta* 편지를 붙이다.
edad *f.* 연령, 시대.
edición *f.* 출판.
edificio *f.* 건물, 구성, 조직.
¡eh! *interj.* 옛! 뭐야!
ejemplar *adj.* 모범적인. *m.* 모범, 본보기.
ejemplo *m.* 표본, 모범, 예 *por~* 예를 들면.
ejercicio *m.* 연습, 체조.
el *art.* 남성 단수정관사.
él *pron.* 그이, 그사람.
ella *pron.* 그여자, 그녀.
ello *pron.* 그것, 저것, 그일.
ellos, as *pron.* (제 3인칭 복수 주격 대명사) 그들(이).
empañar(se) *vi.* 저당 잡히다, 보증하다.
emperador *m.* 황제, 제왕.
emperatriz *f.* 황후, 여제(女帝).
empezar *vi.* 시작하다. ~ *a.*
empleado, da *m. f.* 사무원, 고용인.
empleo *m.* 사용, 직업, 고용.
en *prep.* …안에,(서), … (안)으로, …내에. ~ *coreano* 한국어로.
enamorado, *da adj.* 사랑에 빠진, 반한. *m. f.* 애인.
enamorar *vt,* 사랑을 구하다, 구애하다. ~ *se de* …에 반하다, …와 연애하다.
encantar *vt,* 매혹시키다.
encargar *vt,* 부탁하다, 주문하다. ~ *se* 만나다, 있다.
enero *m.* 1월.
enfrente *adv.* 정면에.
ensalada *f.* [요리] 샐러드.
ensayo *m.* 시험, 수필.
enseñar *vt,* 가르치다, 보이다.
entonces *adv.* 그때에, 당시에.
entrada *f.* 입구, 들어감.
entrar *vi.* 들어가다, 참가하다.
entre *prep.* …사이에.
entretanto *adv.* 그동안, 다른 한편으로는.
equiop *m.* 장비, 용구, 설비.
equivocar *vt,* 오해하다, ~의 생각을 잘못하다.
escapatate *m.* 찬장. 진열장, 쇼윈도.
escribit *vt,* 쓰다, 저술하다.
escrito, ta *adj.* escribir의 p.p. *m.* 쓰기, 눈서.
escritor, ra *m. f.* 작가, 저술가.
escuchar *vt,* 듣다, 귀 기울이다.
escudero *m.* 방패 만드는 사람, 하인.
escuela *f.* 학교.
ese, sa *adj.* 그것의.
ésa, sa *pron.* 그것.
España *f.* 서반아.
español, la *adj.* 서반어의, *m. f.* 서반아 사람. *m.* 서반아어.
especialmente *adv.* 특히.
esperar *vt,* 기다리다, 희망하다.
esposo, sa *m. f.* 남편, 부인. ~ *sos* 부부.
esquina *f.* 모퉁이, 구석.
estacién *m. f.* 계절, 역, 정거장.
estado *m.* 상태, 신문.
estar *vi.* 있다, 존재한다.

este, ta *adj.* 이것의, 이, *m.* 동쪽.
éste, ta *pron.* 이것, 이 물건, 이 사람, 후자.
estilo *m.* 형태, 양식.
estimar *vt,* 존경하다, 고맙다 생각하다, 존중하다.
estos, tas *adj.* este, esta의 복수형.
éstos, tas *pron.* éste, ésta의 복수형.
estudiar *vt, vi.* 학습하다, 공부하다, 스케치하다.
etcétera *f.* … 등, 따위.
eterno, na *adj.* 영원의, 끝이 없는.
Europa *f.* 유럽.
examen *m.* 시험, 조사.
examinar *vt,* 조사하다, 시험하다, 검사하다.
excepto *adv.* 제외하고.
exhibición *f.* 전람회, 박람회.
exigir *vt,* 요구하다, 청구하다.
explicar *vt,* 설명하다, 명백히 하다, 밝히다.
exportar *vt,* 수출하다.
exposición *f.* 표명, 천명, 설명, 해설.
expresar *vt,* 표시하다, 나타내다.
extranjero, ra *adj.* 외국의. *m. f.* 외국인.
extraño, ña *adj.* 이상한.

F

fácil *adj.* 쉬운, 용이한.
facturar *vt,* 보내다, 송달하다.
falda *f.* 스커트.
faltar *vi.* 없다, 부족하다, 필요하게 하다.
fallecer *vt,* 죽다.
familia *f.* 가족, 가정.
famoso, sa *adj.* 유명한.
favor *vt,* 호의, 지지, 도움, 친절. *a ~ de* …을 위해서, …때문에, …의 대신에.
fecha *f.* 날자, 기일.
feliz *adj.* 행복한, 대행한.
femenino, na *adj.* 여자의, 여성의, 유연한.
feo, a *adj.* 보기 싫은, 추한, 흉한.
feria *f.* 시장.
fiesta *f.* 축제, 무도회.
filosofia *f.* 철학.
fin *m.* 끝, 완성, 목적. *al ~* 드디어. *por fin* 최후로, *a fines de* …의 끝에.
final *adj.* 최후의, 최종의, *m.* 종국, 결말.
flamanca, ca *adj.* 플런더즈의 (사람), 집시적인 경향의. *m.* 플라멩코 춤.
flan *m.* 디저트용 커스터드.
flor *f.* 꽃.
fonógrafo *m.* 축음기.
forma *f.* 끝, 형상, 의형.
foto *f.* fotografía 의 생략형.
fotografía *f.* 사진.
francés, sa *adj.* 프랑스(사람). *m.* 프랑스어.
franse *f.* 구, 어귀, 문장.
frecuencia *f.* 빈번, 도수. *con ~* 자주.
frente *f.* 이마, 얼굴, 전면.
fresco, ca *adj.* 신선한, 서늘한, 새로운, 뻔뻔스런.
frijol *m.* 강남콩.
frio, a *adj.* 추운, 냉담한. *m.* 한랭, 냉담.
frito, ta *adj.* p.p. *de freir* 튀기다.
fuego *m.* 불, 불꽃.
fuente *f.* 샘, 분수.
fuera *adv.* 밖에, 바깥에, 외부에.
fuerte *adj.* 힘센, 강력한.
fumar *vi.* 연기가 나오다, 흡연하다.
función *f.* 작용, 기능, 직무.
fútbol *m.* 축구.
futuro *adj.* 미래의, *m.* 미래, [문법의] 미래형.

G

gana *f.* 의욕, de buena ~ 기꺼이. *tener ~ s de + inf.* …하고 싶다.
ganar *vt,* 얻다, 벌다.
gasolina *f.* 기름, 석유.
género *m.* 종류, [문법]성, 성질.
generalmente *adv.* 일반적으로.
genio *m.* 성질, 성향, 재능, 천재.
gente *f.* 사람, 민족.
gereate *m.* 지배인, 단속, 이사.
gerundio *m.* [문법] 현재분사.
golf *m.* 골프 *campo de ~.*
gorgo, da *adj.* 살이 찐, 비대한.
gozar *vt.* 즐기다, *~ de.*
gracia *f.* 기품, 우아, 매력, 자비 *~ s* 감사하다.
grado *m.* 계급, 등급, 학년, 학급.
gran *adj.* grande의 어미탈락형.
grande *adj.* 큰, 위대한.
gramática *f.* 문법.
gramatical *adj.* 문법의, 문법적인.

gritar *vi.* 큰소리를 지르다.
grupo *m.* 그룹, 우리, 단체.
guacamole *m.* 아보카도 배를 넣은 샐러드.
guajolote *m.* 칠면조.
guapo, pa *adj.* 미남의, 미녀의, 멋진.
guante *m.* 장갑.
guatemalteco, ca *adj.* 과테말라의(사람).
guión *m.* 하이픈(-), 시나리오.
gustar *vt,* 맛보다, 좋아하다.
gusto *m.* 미각, 취미, 기호. *a* ~ 기호대로.

H

haber *vt,* 갖다, 잡다, 있다. ~ + p.p. 완료형.
habitante *m.* 주민, 거주자.
hablar *vi.* 말하다.
hacer *vi. vt,* 만들다, 행하다. ~ *se* + 있다.
hambre *f.* 공복, 배고픔. *tener* ~ 배가 고프다.
hasta *prep.* …까지.
hay *vi.* [haber 동사의 변칙 활용] 있다. ~ *que* ~ 해야 된다(무인칭에서 씀).
hecho, cha *adj.* hacer의 p.p.
helado, da *adj.* 동결한, 얼은, 차가운. *m.* 아이스크림.
hermano, na *m. f.* 형제, 자매, ~ *mayor* 형.
hermoso, sa *adj.* 아름다운.
hijo, ja *m. f.* 아들, 딸.
historia *f.* 역사.
¡hola! *interj.* 여보게!
hombre *m.* 남자, 인간.
homdureño, ña *adj. s.* 온두라스의(사람).
honor *m.* 영예, 염치, 영광.
hora *f.* 시간.
hospital *m.* 병원.
hotel *m.* 호텔.
hoy *adv.* 오늘, 지금.
huésped, da *m. f.* 손님, 하숙인 *casa de huéspedes* 하숙집.
huevo *m.* 계란.
¡huy! *interj.* 휴우(놀람 표시).

I

idea *f.* 생각, 의견, 사상.
ido, ida *adj.* ir의 p.p.
iglesia *adj.* 교회.
igual *adj.* 같은, 동등한.
impedir *vt,* 방해하다.
imperfecto, ta *adj.* 불완전한, 불완료의.
impermeable *m.* 비옷.
importar *vt,* 수입하다. *vi.* 중요한 관계를 갖다.
imposible *adj.* 부적당한, 불편한.
indefinido, da *adj.* 불확정의, 부정의.
indicativo, ca *adj.* 지시하는.
infeliz *adj.* 불행한, 비참한.
infinitivo *adj.* 부정법의, *m.* 부정법. (동사의) 부정법.
ingeniero *m.* 공학자, 기사.
inglés, sa *adj.* 영국의(사람). *m.* 영어.
immediatament *adv.* 가까이, 즉시.
insistir *vi.* 고집하다, 주장하다. ~ *en.*
interligente *adj.* 현명한.
interés *m.* 이익 이해관계, 관심, 이자.
interesante *adj.* 흥미로운.
interjección *f.* 간투사.
interrogación *f.* 의문.
intransitivo, va *adj. m.* 자동차(의).
imvasor *m.* 침략자.
invierno *m.* 겨울.
invitación *f.* 초청, 안내.
invitar *vt,* 초대하다.
ir *vi.* 가다, ~ *se* 떠나다.
irregular *adj.* 불규칙한.
isla *f.* 섬.
izquierdo, da *adj.* 왼쪽의. *f.* 왼쪽, 왼손.

J

jamás *adv.* 결코 … 하지 않는다.
japonés, sa *adj.* 일본의, *m.* 일본어.
jarabe *m.* 시럽.
jarabe tapatió 멕시코 민속춤.
jardín *m.* 정원.
joven *adj.* 청춘의, *m. f.* 청년.
joya *f.* 보석.
jueves *m.* 경기자.
jugar *vi.* 놀다, 내기하다. ~ *al tenis.*
julio *m.* 7월.
junio *m.* 6월.
junto, ta *adv.* 결합한, 밀접한.
juventud *f.* 청춘, 청년(시대).

K

kilógramo *m.* 킬로그람.
kilómetro *m.* 킬로미터.

L

la art. (여성 단수명사에 한함) 정관사.
ladrón, na *m. f.* 강도, 도둑.
lago *m.* 호수.
lana *f.* 양털.
lápiz *m.* 연필.
largo, ga *adj.* 긴, 장기간의.
las *art.* (여성 복수) 정관사.
lástima *f.* 슬픔, 연민.
latinoamericano, na *adj. s.* 라틴아메리카의 (사람).
lavar *vt,* 씻다. ~ *se* (자신을) 씻다.
le *pron.* (3인칭 단수 여격대명사) 그(여자)에게, 당신에게.
lección *f.* 과, 수업.
leche *f.* 젖, 우유.
lechuga *f.* [식] 상처.
leer *vt,* 읽다.
lejos *adv.* 멀리에, 먼 곳에.
lengua *f.* 혀, 언어.
león *m.* 사자.
les *pron.* (3인칭 복수 여격대명사) 그들에게, 그 여자들에게, 당신들에게.
letra *f.* 문자, 문장, 필적.
levantar *vt,* 일으키다, 울리다. ~ *se* 일어나다.
ley *f.* 법, 법률.
libre *adj.* 자유로운, 비어있는.
librería *f.* 서점, 서적상.
libro *m.* 책.
limón *m.* 레몬(열매).
limonada *f.* 소제하다.
limpio, pia *adj.* 깨끗한.
lista *f.* 표, 목록.
listo, ta *adj.* 기민한, 영리한, 신속한.
literatura *f.* 문학.
litro *m.* 리터(용량 단위).
lo *art.* (정관사의 중성형) ~임, ~의 일, ~이란 것.
loco, ca *adj.* 미친, 어리석은.
lograr *vt,* 얻다, 달성하다.
los *art.* (정관사의 남성 복수형).
luego *adv.* 바로, 즉시로, 그 후.
lugar *m.* 곳, 장소, 자리. *tener* ~ 일어나다, 개최되다.
luna *f.* 달.
lunes *m.* 월요일.
luz *f.* 빛, 조명, 등.

LL

llamar *vt,* 부르다, 짖다.
llanta *f.* 타이어.
llegar *vi.* 도착하다.
llenar *vt,* …로 가득 채우다.
llevar *vt,* 가지고 가다, 운반하다, 함께 가다.
llorar *vi.* 울다.
llorón, na *adj.* 잘우는 *m. f.* 울보.
llover *vi.* 비가 오다. ~ *a cantaros* 비가 옥수처럼 쏟아지다.

M

maderea *f.* 목제, 나무.
madre *f.* 어머니.
maestro,ra *adj.* 주된, 주요한, 탁월한.
magnífico, ca *adj.* 화려한, 장려한, 위대한.
maíz *m.* 옥수수.
mal *adv.* 나쁘게, *adj.* malo의 축소형, 나쁜, 건강이 좋지 않은.
maleta *f.* 엄마.
mandar *vi, vt.* 명령하다, 보내다, 심부름 보내다.
mano *f.* 손.
mañana *f.* 아침. *adv.* 내일. *pasado* ~ 모레.
mantel *m.* 테이블보.
mantequilla *f.* 버터.
mapa *m.* 지도.
máquina *f.* 기계, 기관, 엔진, ~ *de escribir* 타이프 라이터.
mar *m.* (*f.*) 바다, 해양.
marca *f.* 표시, 마이크.
marido *m.* 남편.
martes *m.* 화요일.
marzo *m.* 3월.
más *adv.* 더, 이상, 이외에, *adj.* mucho의 비교급, 보다 많은. ~ *de* …이상.
masculino, na *adj.* 남자의.

matar *vt.* 죽이다.
matemática *f.* 수학.
matrimonio *m.* 결혼(식), 부부.
mayor *adj.* grande의 비교급, 보다 큰, 연상의, 위대한.
me *pron.* 나에게, 나를.
media *f. pl.* 스타킹.
medianoche *f.* 밤 12경, 자정.
médico *m.* 의사.
medio, a *adj.* 중간의, 반복의.
mejicano, na *adj. s.* 멕시코의(사람).
mejor *adj.* bueno의 비교급, 보다 좋은.
mendigo, ga *m. f.* 거지.
menor *adj.* 더 작은.
menos *adj.* 보다 적은, 열등한 ~ *de* …이하. *no ~ que* …처럼, …그렇게.
mentira *f.* 거짓(말), 허언.
menudo, da *adj.* 작은, 천한, *a* ~ 자주.
mérito *m.* 칭찬, 공, 공적, 장점.
mes *m.* 달, 1개월.
mesa *f.* 책상, 테이블.
metro *m.* 미터, 지하철.
mexicano, na *adj.* 멕시코의. *m.* 멕시코사람.
mi *adj.* 나의.
mí *pron.* yo의 전치사격.
miel *f.* 꿀, 벌꿀, 당밀. *luna de* ~ 밀월.
mientras *adj. conj.* …하는 사이에.
miércoles *m.* 수요일.
mil *adj. s.* 천(의), 천 번째(의).
millón *m.* 100만.
millonario, ria *adj. s.* 백만장자(의), 대부호(의).
minuto *m.* 分. 분.
mío, a *pron.* yo의 소유격 및 소유형용사.
mirar *vt, vi.* 보다, 주시하다.
mismo, ma *adj.* 같은, 동일한.
misterioso, sa *adj.* 신비로운, 신비적.
moda *f.* 유행, 패션, 스타일. *entar de~* 유행하고 있다.
moderno, na *adj.* 근대의, 새로운, 현대적.
modo *m.* 방법, 양식.
mole *adj.* 부드러운, *f.* 고기요리의 일종.
molestar *vt,* 괴롭히다, 방해하다.
momento *m.* 순간, 때.
montaña *f.* 산, 산지.
montar *vi.* …에 타다, 오르다.
morir *vi.* 죽다.
mostrador, ra *adj.* 보여주는, *m.* 판매대, 카운터, 시계의 문자판.
mostrar *vt.* 보이다, 증명하다.
muchacho, cha *m. f.* 소년, 소녀.
mucho, cha *adj.* 많은, 다량의.
muerto, ta *adj.* (morir의 과거분사) 죽은. *m. f.* 고인.
mujer *f.* 여자, 아내.
mundo *m.* 세계, 지구. *todo el* ~ 모든 사람.
museo *m.* 박물관, 미술관.
música *f.* 음악, 연주.
muy *adv.* 매우, 대단히.

N

nacer *vi.* 출생하다.
nación *f.* 나라, 국민, 국가.
nacional *adj.* 나라의, 국민의 *la Biblioteca* ~ 국민도서관.
nacionalidad *f.* 국민성, 국적, 민족.
nada *pron.* 아무것도 없는, *adv.* 조금도 없이. *de* ~ 천만의 말씀.
nadar *vi.* 수영하다.
nadie *pron.* 아무도 …이 아니다.
naipe *m.* 트럼프.
nariz *f.* 코, 후각.
necesario, ria *adj.* 필요한, 필연적인. *f.* 변소.
necesitar *vt.* 필요케 하다.
negar *vt.* 부인하다, 거절하다.
negativo, va *adj.* 부정적, 거부의.
negro, ra *adj.* 검은.
nervioso, sa *adj.* 신경의, 신경과민의.
nevar *vi.* 눈이 오다.
nicaragüensa *adj. s.* 니카라과의(사람).
nieve *f.* 눈.
nilón *m.* 나일론.
ningún *adj.* 남성단수명사 앞에서 어미 o가 탈락.
ninguno, na *adj.* 아무도 …없다.
no *adv.* 아니다.
noche *f.* 밤.
nombre *m.* 이름, 명사, 명성.
norte *m.* 북쪽, 북극.

nos *pron.* nosotros의 대격, 목적격.
nosotros, ras *pron.* 우리들.
notoa *f.* 도장, 기호, 성적. ~ *A* A학점.
notar *vt,* 지적하다, 주의하다.
noticia *f.* 통제, 소직, 뉴스.
novela *f.* 소설, 허구.
novecientos, tas *adj. m.* 900(의), 900번째(의).
noveno, na *adj. m.* 9번째(의), 9번(의).
noventa *adj. m.* 11월.
novio, na *m. f.* 애인.
nuestro, ra *adj.* 우리들의.
nueve *adj. m.* 9(의).
nuevo, va *adj.* 새로운.
número *m.* 수, 번호.
nunca *adv.* 결코, 절대로 …아니다.

O

obedecer *vt, vi.* (+a) …에 따르다, 복종하다.
obediente *adj.* 순종하는, 복종하는.
ocasión *f.* 기회, 원인.
octavo, va *adj.* 바쁜, 점령된.
ocupar *vt,* 차지하다, 점령하다, 사용하다, 취직하다.
ocurrir *vi.* (일이)일어나다, (생각이) 떠오르다.
ochenta *adj. m.* 80(의).
ochenta *adj. m.* 8(의)
ochocientos, tas *adj. m.* 800(의), 800번째(의).
odiar *vt.* 미워하다.
oeste *m.* 서쪽, 서풍.
oficina *f.* 사무실, 관청.
ofrecer *vt.* 제공하다, 주다.
¡oh! *interj.* 오¡ 저런¡
¡ojalá! *interj.* 아무쪼록 …하기를!, 바라건데 …하기를!
olé *m.* 안달루시아의 무용(곡) *interj.* 옳지!(투우장에서의 격려).
olor *m.* 냄새, 기색, 향기.
olvidar *vt,* 잊다, 망각하다.
once *adj. m.* 11(의).
oración *vt,* 명령하다, 주문하다.
orgulloso, sa *adj.* 뽐내는, 오만한. *estar ~ se* …을 자랑하다.
oro *m.* 금, 황금.
orquesta *f.* 오케스트라, 관현악.
os *pron.* vosotros의 대격, 어격.
otoño *m.* 가을.
otro, ra *adj.* 다른, 별개의
oveja *f.* 양, 면양

P

padre *m.* 아버지.
paella *f.* 빠에이야 요리(발렌시아 지방의 육류, 야채를 다져 넣은 쌀요리).
pagar *vi.* 지불하다.
página *f.* 페이지.
país *m.* 나라, 국가.
pájaro *m.* 새.
palabra *f.* 말, 단어.
palmetazo *m.* 때리기.
pan *m.* 빵.
panameño, na *adj. s.* 범미의, 범미주의의 (사람).
panecillo *m.* 조그마한 빵.
pañuelo *m.* 손수건.
papá *m.* 아버지.
papa *f.* 감자.
papel *m.* 종이, 문서.
paquete *m.* 소포, 수화물.
par *adj.* 대하는 , 대등한 것 같은. [數] 우수의, *m* 들, 이인조. *f.* 액면가격.
para *prep.* …을 위하여, …을 향하여, …을 하려면.
parabrisa *m.* 바람막이 유리.
parar *vi.* 그치다, 정지하다 *vi.* 정지시키다.
parecer *vi.* 보이다, 생각되다.
pared *f.* 벽.
paréntesis *m,* 삽입구, 대괄호 [ ]의 이름.
parque *m.* 공원, 유원지.
párrafo 부분, 곳, 장소.
partícipe *adj.* 참가하는.
participio *m.* 분사. ~*pasado* 과거분사.
particular *adj.* 특수한, 사적인 *casa* ~ 독립가옥.
partido, da *adj.* 분열한, *m.* 당파, 정당, (경기의) 팀.
partir *vt,* 나누다, 분배하다.
párrafo *m.* 단락, 문절.
pasado, da *adj.* 지나친, 과거의. *m.* 과거, 옛날 일.
pasaporte *m.* 여권, 통행증.

pasar *vt,* 통과하다, 건너다.
pasear *vt,* 산보하게 하다. *vi.* 산보하다.
paseo *m.* 산보 *dar un ~* 산보하다.
pasivo, va *adj.* 수동적인, 소극적인. *m.* 부채, 채무.
pastel *m.* 생과거.
patio *m.* 뜰, 안뜰, 정원.
patria *f.* 조국, *madre ~* 모국.
patrón, na *m.* 후원자, 은인.
pedir *vt,* 청구하다, 요구하다, 간청하다.
peinar *m.* 빗.
películar *f.* 필름, 영화.
pena *f.* 형벌, 고통, 슬픔, 불행.
penar *vt,* 생각하다.
penúltimo, ma *adj.* 끝에서부터 2번째의.
peor *adv.* mal의 비교급, *adj.* malo의 비교급.
pequeño, ña *adj.* 작은.
peder *vt,* 잃다, 놓치다, 분실하다. (승부에) 지다.
perdón *m.* 용서, 사면, 관대.
perdonar *vt,* 사면하다, 용서하다.
perezoso, sa *adv.* 완전히.
perfecto, ta *adj.* 완전한, 더할나위 없는, 정확한.
periódico *m.* 신문, 정기간행물.
permiso *m.* 허가. *con su ~* 실례합니다.
permitir *vt,* 허가하다, 묵인하다, 가능케 하다.
pero *conj.* 그리나.
persona *f.* 인간, 사람, 인칭.
personal *adj.* 개인의, *m.* 인원, 총원, 구성원.
persuadir *vt,* 설득하다. *~ a + inf.*
peruano, na *adj.* 페루의. *m. f.* 페루사람.
perro *m.* 개.
pescado *m.* (요리된)생선.
peseta *f.* 페세타(서반아의 화폐 단위).
peso *m.* 무게, 중량, 부담.
piano *m.* 피아노. *tocar el ~.*
piedra *f.* 돌.
pimienta *f.* 후추.
pintar *vt,* 그리다, 묘사하다.
pintor, ra *m. f.* 화가.
pintura *f.* 화법, 회화, 도료.
piscina *f.* 풀장.
piso *m.* 층, 아파트 집.
pizarra *f.* 흑판.
placa *f.* 표찰, (사진)건판, 판금.
placer *vt,* 즐겁게 하다. *m.* 기쁨, 쾌락.
plata *f.* 은.
plato *m.* 접시, 요리.
playa *f.* 해변.
plaza *f.* 광장.
pluma *f.* 펜, 깃.
plural *m.* 복수.
pluscuamperfecto, ta *adj. m.* (문법)대과거형(의).
población *f.* 인구, 국민.
pobre *adj.* 빈곤한, 불쌍한.
poco, ca *adj.* 조금, 약간.
poder *vt,* 할 수 있다(조동사).
político, ca *adj.* 정치의, 예의바른 *m. f.* 정치가 *f.* 정치(학), 정책.
pollo *m.* 닭.
poner *vt,* 놓다, 넣다. *~ se* 입다(옷), 끼다(장갑, 안경 등).
popular *adj.* 대중의, 유행의.
por *prep.* …의 의해서, …을 위하여, …을 통하여. *~ eso* 그러므로.
porque *conj.* 왜냐하면, …때문에.
por qué *adv. s.* 포르투갈의(사람). *m.* 포르투갈어.
posesivo, va *adj.* 소유의.
posible *adj.* 가능한.
positivo, va *adj.* 긍정적인, 실제적인, 능동적인.
postal *adj.* 우편의.
postre *m. pl.* 디저트.
postrero, ra *adj.* 최후의.
potencial *adj.* 힘이 있는, 잠재적인. *adj. m.* 가능법(의), *m.* 가능, 능력, 힘.
práctico, ca *adj.* 실용적인.
precio *m.* 가격, 대가.
precioso, sa *adj.* 귀중한, 값비싼.
preciso, sa *adj.* 필요한, 정확한, 정밀한.
preferir *vt.* 더 좋아하다. *… a …*
pregunta *f.* 질문.
preguntar *vt.* 질문하다, 묻다.
pemio *m.* 상. *ganar ~* 상을 타다.
preocupar *vt,* 걱정하다. *~ se de inf.*
preparar *vt,* 준비하다. ~명사 *para inf.*
presentar *vt,* 출석하다, 소개하다, 제출하다.
presión *f.* 압력.

presente *adj.* 출석한, 현재의, *m.* 현재형, 선물. *interj.* 예 !
prestar *vt,* 빌려주다.
pretérito *m.* 과거.
primario, ria *adj.* 최초의, 초보의, 초등의.
primavera *f.* 봄.
primer *adj.* 단수 명사 앞에서 어미 o가 탈락.
primero, ra *adj.* 첫 번째의.
primo, ma *m. f.* 사촌.
princesa *f.* 공주.
prisa *f.* 급함. *de* ~ 급하게.
probable *adj.* 있음직한, …할 듯한.
probar *vt,* 시험하다, 맛보다.
profesor ra *m. f.* 교수, 선생.
programa *m.* 예정표, 계획.
prohibir *vt,* 약속하다.
pronombre *m.* 대명사.
pronto *adv.* 속히, 곧.
pronunciación *f.* 발음.
pronunciar *vt,* 발음하다.
propina *f.* 문, 입구.
pues *conj.* 그래서.
puesto, ta *adj.* poner의 p.p *m.* 장소, 지위, 직.
punto *m.* 점, 구둣점.
puntuación *f.* 구독법, 구독점.
puramente *adv.* 순순히, 순수하게.
puré *m.* 진한 국(음식). ~ *de patata*
puro, ra *adj.* 순수한, 맑은

Q

que *pron.* 관계대명사.
qué *pron.* [이문대명사] 무엇? *adj.* [의문형용사] 어떤.
quedar *vi.* 남다.
querer *vt,* 좋아하다, 바라다.
queso *m.* 치즈.
quién *pron.* 누구.
quince *adj. m.* 15(의).
quinientos, tas *adj. m.* 500(의).
quinto, ta *adj.* 다섯 번째의.

R

radiador *m.* 방열기, 난방기.
radio *m.* 라디오.
ranchero, ra *m. f.* 농부.
rápidamente *adv.* 빨리.
rato *m.* 단시간, 순간.
raya *f.* 선, 경계.
raza *f.* 인종, 종족.
razón *f.* 이성, 이유. *tener* ~ 옳다.
realidad *f.* 사실, 진실.
recado *m.* 전언. *dejar un* ~ 전할 말을 남겨놓다.
recámera *f.* 양복장, 가구, 침실.
receptor, ra *adj. s.* 받아들이는(사람), 수령인. *m.* 수화기.
recordar *vt,* 기억하다.
rechazar *vt,* 기억하다.
rechazar *vt,* 격퇴시키다, 거절하다.
redondeo, da *adj.* 둥근.
reflexivo, va *adj.* 반사의, 재귀의.
regalo *m.* 선물.
regar *m.* 물을 주다, 뿌리다.
regular *adj.* 규칙적인.
reja *f.* 창살.
rejo *m.* 핀, 쇠못.
reloj *m.* 시계, ~ *de oro* 금시계.
remedio *m.* 치료, 수단.
remitente *m. f.* 발신인, 송금인, 발송자.
repuesto *m.* 준비, 예비품.
reservar *vt,* 보유하다, 예약하다.
respertar *vt,* 존경하다. 존중하다, 높이다.
respeto *m.* 존경, 고려.
restaurante *m.* 요리점.
resulta *f.* 결과, 성과.
resultar *vi.* …한 결과가 되다, …로 보이다.
revista *f.* 잡지.
rico, ca *adj.* 부유한.
rincón *m.* 모퉁이, 구석.
rio *m.* 강.
rodilla *f.* 정강이.
rojo, ja *adj.* 빨간, 적색의, 붉은. *m.* 빨간색, 적색.
romper *vt,* 부수다.
ropa *f.* 의류, 옷.
rosa *f.* 장미.
roto, ta *adj.* romper의 p.p.
rumba *f.* 룸바(쿠바의 무용곡).
rumbo *m.* 방향, 진로.

S

sábado *m.* 토요일.
saber *vt,* 알고 있다.
sabroso, sa *adj.* 맛좋은, 풍미·향기있는, 유쾌한.
sacar *vi.* 뽑다, 뽑아내다, 제거하다.
sal *f.* 식염, 소금.
sala *f.* 방, 넓은 방. ~ *de fiestas* 고고클럽.
salir *vi.* 나가다, 외출하다.
salón *m.* 넓은 방, 객실. ~*de clase* 강의실.
salsa *f.* 소스, 식욕을 돋우는 것.
saludar *vt,* 인사 · 경례하다, 환호하다.
salvadoreño, ña *adj. m.* 살바도르의(사람).
san *adj.* santo의 어미탈락형.
santo, ta *adj.* 성자. ~ *Tomas* 성 토마스 *el dia de su* ~ 그의 생일.
se *pron.* 재귀대명사의 원형.
sección *f.* 끊기. 자르기. 절단. ~ *de español.*
sed *f.* 목마름, 갈증, 갈망.
seda *f.* 명주, 생사, 전사.
seguido, da *adj.* 계속된, 연달은, 끝없는, *en seguida* ~ 즉시.
segundo, da *adj.* 제 2의, 2번째의.
seguro, ra *adj.* 안전한, 안심할 수 있는, 확실한.
seis *adj. m.* 6(의), 6 번째의.
seiscientos, tas *adj. m.* 600(의), 600번째의.
sello *m.* 도장, 인지, 우표, 스탬프, 날인.
semana *f.* 주(週). ~ *pasada* 지난주.
seminario *m.* 묘상, 신학교, 세미나르.
sentado, da *adj.* 착석한, 자리에 앉은, 착석.
sentar *vt,* 착석, 시키다, 걸터앉게 하다. ~ *se* 앉다, 가라앉다.
sentimental *adj.* 감상적인, 눈물나는, 다감한. ~*mente* 감상적으로.
señor *adj.* 영유·지배·군림하는, 다스리는, 고귀한. *m.* 신사, 주인, (보통의 경어로) 분.
señora *f.* 여주인, 처, 부인.
señorita *f.* 아가씨, 색시(미혼 여성에 대한 경어로), …양, 당신,
septiembre *m.* 9월.
séptimo, ma *adj. m.* 7번째(의), 7분의 1.
ser *vi.* …이다, …하다.
sevilleta *f.* 냅킨(식탁용 입 닦는 수건).
servir *vi.* 섬기다, 봉공하다.
sesenta *adj. m.* 60(의) 60번째의.
setecientos, tas *adj. m.* 700(의), 700번째(의).
setenta *adj. m.* 70(의), 70번째의.
severo, ra *adj.* 엄격한, 가혹한, 준엄한.
sexo *m.* 성.
sexto, ta *adj. m.* 6번째(의).
si *conj.* 만약에 …한다면.
sí *adv.* (긍정의 부사) 예, 그렇습니다.
siempre *adv.* 항상, 늘, 언제나, *para* ~영원히.
siete *adj. m.* 7(의), 일곱 번째(의).
siglo *m.* 백년, 세기, 시대.
signo *m.* 부호, 기호, 표시.
siguiente *adj.* 계속하다, 다음의, 이하의.
sílba *f.* 음절.
silla *f.* 의자, 안장.
simpático, ca *adj.* 친절한, 동정 깊은, 인정 깊은, 마음에 드는.
sin *prep.* …없는, …없이.
sinceramente *adv.* 성실하게, 정직하게.
sinceridad *f.* 성실, 정직, 성의, 성의 있는, 순수한.
singular *adj.* 단일의, 독특한, 진귀한.
sino *conj.* (부정을 긍정함) …그러나. *no solamente*… ~ *también* …뿐만 아니라 …도 역시 …이다.
sitio *m.* 곳, 장소, 포위.
sobre *prep.* … 위에, … 으로 부터.
sobrino, na *m. f.* 조카, 질녀.
social *adj.* 사회의, 사회적인.
socio, cia *m. f.* 회사원, 사원.
socorro *m.* 구조, 구원.
sofa *m.* 긴 의자.
sol *m.* 태양, 일광, 광명.
solamente *adv.* 단지, 오직, 다만.
soldado *m.* 병사, 군인.
solitario, ra *adj.* 고독한, 황량한, 탁탁한, 파렴치한, *m. f.* 은둔자, 고독한, 생활자.
solo, la *adj.* 단일의, 외로이, 순수한.
sólo *adv.* 단지, 오직.
sombra *f.* 그림자, 영(影).
sombrereo *m.* 모자.
sonado, da *adj.* 유명한, 일반적으로 알려진.
sonar *vi.* 소리 나다, 연주하다, 울리다. *vi.* 소리나게 하다.

sonreir *vi.* 웃다, 미소짓다. *f. sonrisa*
sapa *f.* 스프, 국물.
sorprender *vt,* 놀라게 하다. ~ *se* 놀라다.
sorpresa *f.* 놀라움, 경악.
su *pron.* 그의, 그 여자의, 그들의.
subir *vi.* 오르다, 올라가다, 높이다, 올리다, 일으키다, 세우다, ~ *se* 오르다, 일어나다.
subjuntivo, va *adj. m.* (문법)접속법(의).
sucio, cia *adj.* 더러운, 불결한, 부도덕한, 음란한, 버릇없는.
suelo *m.* 지면, 땅바닥.
sueño *m.* 잠, 수면, 꿈, 환상.
suerte *f.* 운, 운명, 행운.
sujeto, ta *adj.* 복종하는, 속국의, *m.* 제목, 주제, (문법)주어.
superficie *f.* 표면, 면.
superiativo, va *adj.* 정지의.
susto *m.* 놀람, 경악, 우려, 염려. ~ *sustos* 겁주다, 겁나게 하다.
suyo, ya *pron.* (제3인칭대명사의 소유격) 그의 것, 그녀의 것.

T

taco *m.* 나무마개, (당구의) 큐, 타코(음식).
tal *adj.* 그러한, 이러한, *pron.* 그러한 것, 이러한 것, *adv.* 이렇게 해서, 그렇게.
tamaño *m.* 사이즈, 크기.
también *adv.* 또한, …도 역시.
tampoco *adj.* …아니다.
tan *adj.* tanto의 생략형. ~ …*como* …처럼, 그렇게 …한.
tanto *m.* 탱고춤.
tanque *m.* 탱크, 물통.
tanto, ta *adj.* 그렇게 많은, 그 만큼의, …같은 정도의.
tardar *vi.* 늦다, 늦어지다, 지체하다.
tarde *f.* 오후, 초저녁, *adv.* 늦게, 시간이 지나서. *toda la* ~ 오후 내내.
tarea *f.* 과업, 사무, 열심.
tarjeta *f.* 카드, 명함, 증명서, 타이틀, ~ *postal* 우편엽서.
taxi *m.* 택시.
taza *f.* 찻잔, 찻종.
te *pron.* 너를, 너에게.
te *m.* 차.
teatro *m.* 극장, 무대, 장면, 연극.
techo *m.* 청정, 지붕, 집, 주거.
teléfono *m.* 전화. *vielefonear.*
telegrama *m.* 전보.
televisión *f.* 텔레비전.
tema *m.* 주제, 테마.
temer *vt,* 두려워하다, 걱정하다.
temprano, na *adj.* 빠른, 이른, 먼저의, 조생의.
tenedor, ra *m. f.* 소유자. *m.*포크.
tener *vt,* 가지다, 소지· 소유하다, 파악하다, ~ *que* + *inf.* …해야 한다, …하지 않으면 안된다.
tenis *m.* 정구, 테니스. *jugar al* ~.
tercero, ra *adj.* 셋째의, 제3의.
terminar *vt,* 끝내다, 마치다, *vi.* 끝나다 종료하다, ~ *se* 끝나 버리다.
termino *m.* 마침, 종말, 목표. *pl.* 말투, 어휘.
tértulia *f.* 오락회, 야회.
tibio, bia *adj.* 미적지근한, 미온·우유부단한.
tiempo *m.* 때, 시간, 사이, 여유, 날씨, 시기, 계절. *a* ~ 제시간에, *al mismo* ~ 동시에.
tienda *f.* 텐트, 점포.
tierra *f.* 흙, 대지, *la Tierra* 지구.
tilde *f.* (*m.*) "ñ"의 "n"위에 붙은 굽이치는 [~] 꼴 부호.
tiembre *f.* 인자, 우표, 초인종, 벨.
tinta *f.* 잉크.
tio, a *m.* 아저씨, 백부.
tiza *f.* 분필, 백묵.
tocar *vt,* 만지다, 누르다, 두드리다, 연주하다, *vi.* 접촉하다, 상접하다.
todavía *adv.* 아직, 여전히, 그러나.
todo, da *adj.* 모두의, 전부의, 완전한. *m.* 전체, 모든 사람. *adv.* 모두, 전부, *sobre* ~ 특히.
tomar *vt,* 손에 쥐다, 잡다, 움키다. *vi.* 얻다, 취하다, 획득하다.
tomato *m.* 토마토, 일년감.
toro *m.* 투우.
torta *f.* 과일파이, 둥근 케이크.
tortilla *f.* 빈대떡(과 비슷한 것).
tórrido, da *adj.* 열대의, 바싹 마른, 탄.
tostado, da *adj.* 구운, 익힌, *f.* 토스트.
trabajar *vi.* 일하다, 노동하다.
trabaducción *f.* 번역, 번역문.
traducir *vt,* 가져오다, 인도하다, 끌다, 매혹시키다.
trajr *m.* 옷, 착물. ~ *de baño* 수영복.
transitivo, va *adj.* 타동사의, *m.* 타동사.
tratar *vi.* 취급하다, 대우하다. ~ *de* …과 타협하다, 협의하다.
trece *adj. m.* 13(의), 13번째의.
tren *m.* 기차, 열차.
tres *adj. m.* 3(의).
trescientos, tas *adj. m.* 300(의).
triptongo *m.* 삼중모음.
triste *adj.* 슬픈, 비탄에 잠긴.
tu *pron.* (tú의 소유격으로 관사형) 너의.
turismo *m.* 탑승여행, 관광, 여행안내.
turista *m. f.* 관광객.
tuyo, ta *pron.* 너의, 그대의.

U

¡uf! *interj.* 우후! 옷! 왓!
último, ma *adj.* 마지막의, 최근의.
undéciomo, ma *adj. m.* 열한 번째(의).
uno, na *adj.* 하나의, 동일한.
universidad *f.* 종합대학.
universitario, ria *adj.* 대학의.
urguayo, ya *adj.* 우루과이의(사람).
usar *vt.* 사용하다.
uso *m.* 사용.
usted *pron.* 당신, 귀하.
útil *adj.* 유용한, 유익한, *m.* 유익.

V

vacacciones *pl.* 휴가, ~ *de verano.*
vacilar *vi.* 동요하다, 진동하다, 망설이다. ~ *en inf.*
valenciano, na *adj. s.* 발렌시아의(사람).
valer *vi.* … 의 가치가 있다. …에 상당하다, 가치가 있다. 값이 …되다.
vario, a *adj.* 가지각색의, 잡다한, 변화가 많은.
vaso *m.* 그릇, 용기.
veinte *adj. m.* 20(의).
venezolano, na *adj. m.* 베네주엘라의(사람).
venir *vi.* 오다.
ventanas *f.* 창문, abrir la ~.
ver *vt, vi.* 보다.
verano *m.* 여름.
vera(s) *f.* 가장자리 *pl.* 진실. *de* ~진심으로.
verbo *m.* 동사.
verdad *f.* 진실, 진리.
verdad *f.* 녹색의, 설익은.
vestido *m.* 옷.
vez *f.* 횟수, 차례. *a* ~ 때때로, *de* ~ *en cuando* 때때로, *otro* ~ 다시.
viajar *vi.* …을 여행하다, ~ *por* · a España.
viaje *m.* 여행.
vida *f.* 인생, 삶, 생활, *La ~ es sueño.*
viejo, *ja* 늙은.
viento *m.* 바람, 공기.
viernes *m.* 금요일.
visitar *vt,* 방문하다, 왕진하다. *f.* visita.
vista *f.* 시작, 시력, 외관.
visto *adj.* ver의 p.p.
¡viva! 살다, 생존하다.
vocal *adj.* 소리의, 발성의, *f.* 모음.
voliblol *m.* 배구.
volver *vt,* 원상으로 돌리다, 돌려주다. ~ *se* 돌아오다.
vosotros, tras *pron.* 너희들.
voz *f.* 소리, 음성, *en ~ alta* 큰소리로, *en ~ baja* 작은 소리로.
vuelto, ta *adj.* volver의 p.p.
vuestro, ta *adj.* 너희들의, 자네들의.

W· X· Y· Z

y *conj.* 그리고, …과(와), 및, 그래서,
yo *pron.* 나.
¡zape! *interj.* 고양이를 놀래게 하여 쫓아내는데 쓰는 말, 놀라움을 표시하는 말.
zona *f.* 지역, 구역.
zoológicco, ca *adj.* 동물(학)의, *jardín* ~ 동물원.

장선영

한국외국어대학교 스페인어과 졸업
스페인 국립 마드리드대학교 문학석사·박사
한국외국어대학교 서반아어과 교수 역임
펜클럽 번역문학상 수상(1973)
미란다 공로훈장 (베네주엘라 정부, 1986)
한국외국어대학교 도서관장 역임
한국외국어대학교 서양어대학 학장 역임
스페인어 사전 편집위원

『에스파냐 이상』(한길사), 『스페인어 회화』(문예림) 외 다수의 저서를 집필하였고, 『돈키호테』(누멘), 『대중의 반역』(누미노스), 『삶의 비극적 감정』(누미노스), 『영웅의 무덤에서』(벽호), 『녹색의 집』(벽호』, 『유럽·남아메리카 중단편』(계몽사), 『어느 주교님의 휴가』(가톨릭 출판사)외 다수의 도서를 번역하였다.

쉽고 재미있는 스페인어
ES ESPAÑOL FÁCIL E INTERESANTE

1판 1쇄 찍음 • 1975년 4월 25일
2판 3쇄 펴냄 • 2016년 3월 10일

지은이 • 장 선 영
발행인 • 정 현 걸
발　행 • 신 아 사
인　쇄 • 예지인쇄

출판등록 • 1956년 1월 5일 (제9-52호)
서울특별시 은평구 통일로 59길 4 (2층)
전화 02.382.6411 • 팩스 02.382.6401
홈페이지 • www.shinasa.co.kr
이메일 • shinasa@daum.net

ISBN 978-89-8396-661-2 (13770)

정가 15,000원